学术研究系列

桐城派十二讲

江小角 方盛良 盛险峰 主编

北京师范大学出版集团
安徽大学出版社

图书在版编目(CIP)数据

桐城派十二讲 / 江小角,方盛良,盛险峰主编. —合肥:安徽大学出版社,2017.12
ISBN 978-7-5664-1440-3

Ⅰ.①桐… Ⅱ.①江… ②方… ③盛… Ⅲ.①桐城派—文学研究 Ⅳ.①I207.62

中国版本图书馆 CIP 数据核字(2017)第 190008 号

桐城派十二讲
Tongchengpai Shierjiang

江小角　方盛良　盛险峰　主编

出版发行:	北京师范大学出版集团 安徽大学出版社 (安徽省合肥市肥西路 3 号 邮编 230039) www.bnupg.com.cn www.ahupress.com.cn
印　　刷:	合肥远东印务有限责任公司
经　　销:	全国新华书店
开　　本:	170mm×240mm
印　　张:	14.25
字　　数:	199 千字
版　　次:	2017 年 12 月第 1 版
印　　次:	2017 年 12 月第 1 次印刷
定　　价:	62.00 元

ISBN 978-7-5664-1440-3

策划编辑:杨　序　　　　　装帧设计:李　军
责任编辑:汪　君　李加凯　　责任印制:陈　如

版权所有　侵权必究

反盗版、侵权举报电话:0551—65106311
外埠邮购电话:0551—65107716
本书如有印装质量问题,请与印制管理部联系调换。
印制管理部电话:0551—65106311

要把桐城派研究引向深入
——《桐城派十二讲》序

周中明

我校桐城派研究中心主任江小角教授将《桐城派十二讲》书稿送给我看,托我写篇序。我遵嘱拜读该书稿之后,深感它仿佛在我面前展现出一幅桐城派研究蓬蓬勃勃、争奇斗艳、生机盎然的景象,犹如春风扑面、百花竞放,使我满目生辉;桐城派研究后继有人、人才济济,如同雨后春笋,竞相破土而出、势不可挡。这令我备受鼓舞,不禁为之拍手点赞。

令我感受最深、感到最值得点赞的是,该书具有"四性"的特色:

资料的丰富性。该书作者不仅把视野扩展到过去很少涉及的桐城派作家,从而为我们提供了许多新的历史资料,而且对最近十几年来桐城派研究所取得的重大进展和累累成果,皆作了翔实的搜集和列举。这为我们今后把桐城派研究引向深入,奠定了良好的基础,提供了许多便利。

视野的广阔性。该书不仅以主要篇幅把桐城派作为文派来阐述,而且把视野扩展到了桐城诗派和桐城学派。在研究对象上,也不再局限于戴名世、方苞、刘大櫆、姚鼐及姚门四杰、曾国藩及曾门四大弟子,而是扩展到戴、方之前的方以智、钱澄之,与曾国藩同时期或稍后的邵懿辰、孙衣言、刘蓉、孙鼎臣、李元度、俞樾、郭嵩焘、马其昶、高步瀛、李景濂、严修、谷钟秀、籍忠寅、王振尧、邓毓怡、常堉璋、梁建章等过去很少引人注目的桐城派作家。其视野之广,所涉及作家之多,研究领域之深,皆实属罕见,足以制胜。

阐述的概括性。该书虽然只有十二讲,篇幅不长,但具有高度的概括性,对桐城派研究的方方面面,无论是作家的生平、思想、成就和特色,还是流派的创始、形成、发展和衰落,无不作了概括的阐述和介绍,为我们全面了解和正确评价桐城派,提供了一幅颇为简明扼要、一览尽知的蓝图,堪称要言不烦,弥足珍贵。

见解的新颖性。我尤为赞赏书中《桐城派与清末民初社会变革》这一讲,它列举桐城派与洋务运动、桐城派与维新变法、桐城派与清末新政、桐城派与辛亥革命,以确凿的历史事实,说明在近代中国这些具有进步意义的重大社会变革之中,不少桐城派人物几乎都站在历史进步潮流的前沿,成为引领历史前进的进步力量。如该书指出,吴汝纶弟子谷钟秀"在日本早稻田大学留学时受革命派影响而参加了同盟会。辛亥革命后,谷钟秀被推选为直隶省的唯一代表参加各省督抚代表联合会,共同商讨临时政府的筹建""1912年南京临时政府成立,在国会中担任议员的桐城派弟子便有谷钟秀、籍忠寅、王振尧、邓毓怡、常堉璋、李景濂等人。吴闿生曾评价(他们对于)'颠覆帝制,建立民国,多与有力焉'"。这对那些无视历史事实而把桐城派人物说成是:"忠心地服务于中国封建社会末代的统治……其思想、政治倾向,显然是封闭、保守、落后甚至是反动的。"(王献永:《桐城文派》第128页,中华书局1992年版。)该是个多么有力的回击啊！

由于该书具有上述"四性"的特色，所以它就为把桐城派研究引向深入提供了坚实的基础和良好的契机。趁该书出版的机会，我想对如何把桐城派研究引向深入，提出管见"五要"：

要更广泛、更深入地搜集有关桐城派的历史资料，做到一切从历史资料出发，使自己的观点和结论建立在实证的基础之上。这是使桐城派研究具有科学性并引向深入的重要前提。例如本书《桐城派与清末民初社会变革》这一讲中，由于作者搜集到有一批桐城派弟子参加洋务运动、戊戌变法和辛亥革命活动的资料，这就有力地证明桐城派人物在政治上有其进步性，揭穿了强加在其头上的所谓"反动的"谎言。又如姚鼐辞官的原因，不少人认为是由于姚鼐与四库书馆内汉学家的学术分歧，而我则认为是由于他对整个封建官场（当然也包括四库馆）的不满和失望。除了在他的许多诗中早就流露出对封建官场的不满、失望和欲隐退之意外，最有力的证据，是早在乾隆三十七年（1772）二月二十三日，他在与刘大櫆的信中即明言："自家伯见背之后（指伯父姚范于乾隆三十六年正月八日卒），鼐无复意兴，此间尤无可恋。今年略清身上负累，明年必归。杖履无恙，从此长相从矣。"（姚鼐：《惜抱尺牍》卷一，宣统初元小万柳堂据海源阁本重刊，第1~2页。）此时他尚在任刑部郎中，次年才到四库馆。也就是说，他在到四库馆任职前一年，已经下定"明年必归"的决心。到四库馆后只是延迟一年，与四库馆内汉学家的学术分歧，只是更加坚定了他辞官的决心和行动而已，怎么能成为他辞官的"主要原因"呢？科学的结论，只有建立在充分可靠的实证的基础之上，才能经得起历史事实的检验，才能令人信服。

要认清和把握住桐城派所处的清代是个集大成的时代特征。清代是我国历史上空前大一统的时代，无论在政治、经济或文化、学术上,皆达到了我国封建社会最辉煌的鼎盛期。桐城派作家对此有敏锐的感受和清醒的认识。因此,他们不是像明代前后七子那样只偏于专宗秦汉或唐宋,而是要"牢笼百代"(姚鼐称赞刘大櫆是"文笔人间刘海峰,牢笼百代一时穷"。见《惜抱轩诗集》卷七《送朱子颖孝纯知泰安府》。)"囿古今而罗万象"(姚鼐:《惜抱轩诗文集》文集卷九,第140页,上海古籍出版社1992年版。)"尽收具美,能祛末世一偏之弊,为群材大成之宗者"(姚鼐:《惜抱轩诗文集》第105页,上海古籍出版社1992年版。)如果偏离集大成的时代特色,对桐城派的评论就势必陷入"一偏之弊";如果过分夸大桐城派崇尚的宋学及其与汉学的矛盾,把他们说成是势不两立、水火不容的"反动"与"进步"之别。其实,无论宋学或汉学,皆属儒家学派,桐城派绝非反对汉学本身,而是反对某些汉学家的"守一家之偏""穿凿琐屑,驳难猥杂""蒐求残阙""玩物丧志""专己为名"。至于对汉学本身的主要特征——考证,桐城派作家不但不反对,而且给予充分肯定和热烈赞赏:"以考证断者,利以应敌,使护之者不能出一辞。"(姚鼐:《惜抱轩诗文集》第251页,上海古籍出版社1992年版。)因此姚鼐主张:"义理、文章、考证三者之分,异趋而同为不可废。""必兼收之乃足为善。"(姚鼐:《惜抱轩诗文集》第104～105页,上海古籍出版社1992年版。)"以能兼长者为贵。"(姚鼐:《惜抱轩诗文集》第61页,上海古籍出版社1992年版。)所谓"兼收""兼长",就是要互补兼容,相互裨益,集其大成。如果我们不懂集大成的时代特色,也就不可能读懂桐城派和姚鼐,甚至会向他们身上泼污水,或加以种种曲解和非议。

要直面桐城派研究中所提出的种种问题,迎难而上,加以破解。所谓科学研究,就是要发现问题,分析和解决问题。如果对存在的问题采取回避的态度,流于一般的介绍和概述,是难以把桐城派研究引向深入的。事实上，在桐城派研究中已经提出了很多问题，如桐城派与清代统治者的关系，是否"是以清统治者的政治需要和文化政策为直接依据的"？他们的文学作品和文学主张，是否属"为清王朝鼓吹休明的文学"？是否属跟清统治者"一鼻孔出气"的"反动思潮"？在桐城文派、桐城诗派之外，是否还存在桐城学派？桐城学派的内涵和特质是什么？为什么章太炎、郭绍虞都说桐城派崇尚程朱理学只是"门面语"？为什么姚鼐既崇尚程朱理学，又推崇老庄、信奉佛教？又说"鼐于学儒、学佛皆无所得"？对于桐城派作家的作品究竟应如何评价？是否属"在思想内容方面是彻头彻尾为清王朝统治服务的反人民的奴才思想"？"在形式方面是力求模仿古人的极端的复古主义和形式主义"？桐城派集大成者——姚鼐的作品最大的特色究竟是"空"还是"丰韵"？是否属"不关心国计民生"？桐城文派、桐城诗派、桐城学派各有什么特色？它们各自形成和发展的路径及相互关系又是如何？桐城派研究的学术史经历过哪些曲折和发展，又有哪些经验和教训？诸如此类的问题很多，要作出有充分说服力的论证和回答，殊为不易。别小看那些全盘否定和恣意诋毁桐城派的少数人的意见，他们的来头不小，或出自中科院文学所、北大等高校为教育部统编的教材《中国文学史》，或出自中华书局、上海古籍出版社等。有不少意见是20世纪80年代改革开放以后提出来的，他们的影响极为广泛和深远，岂能置若罔闻？这是要把桐城派研究引向深入所不可回避的问题。

要直面文本，对方苞、刘大櫆、姚鼐、梅曾亮、曾国藩、吴汝纶等有代表性的桐城派作家作品，作深入、全面、系统的个案研究。要以他们所创作的文本为主要依据，对其所产生的社会背景，作品的思想内容、进步性和局限性、艺术特色或成就，所提出的文学理论主张的具体内涵，对我国古代文论的继承和发展，作家所走的人生道路，思想的变化和发展,当时的社会思潮、学术思潮对他们的影响等,作深入的研究和具体的剖析,绝不能满足于综合性的概述和一般性的介绍。笔者于2013年5月出版的《姚鼐研究》便是这种尝试之一。如果有更多的人对桐城派主要作家皆作出具体的个案研究,那就势必使桐城派研究深入一大步。

要坚持运用历史唯物主义和唯物辩证法的科学观点和方法。桐城派能在清代延续二百多年,成为我国历史上历时最长、影响最大、作家人数最多的文学流派,绝不是当权者主观人为的因素所能决定的,这当中必然有其自身存在的合理性。文学的发展,固然不能不受到统治者的影响,但也绝不能忽视其自身相对的独立性,抹杀其自身的特点和规律。文学家既对当权的统治者有依附性的一面,又有其作为历史时代和社会思潮的感官、人民呼声的代言人的特殊性。采用简单化、绝对化、主观武断、形而上学的方法,不仅无济于事,而且危害极大。虽然"五四"新文化运动历史性的辉煌功绩彪炳史册,但由于其领导人"没有历史唯物主义的批判精神,所谓坏就是绝对的坏,所谓好就是绝对的好,一切皆好"(毛泽东:《毛泽东选集》第三卷《新民主主义论》,第679页。)的观点对我国传统文化所造成的伤害,也不容忽视。有趣的是,后来否定桐城派的观点和说法,跟"五四"新文化运动的倡导者陈独秀的说法如出一辙。如陈独秀在《文学革命论》中说桐城派"直与八股家之所谓代圣贤立言,同一鼻孔出气"。(见《新青年》第2卷第6期,1917年2月。)1962年,中科院文学所编的《中国文学史》也说桐城派"他们的思想基本上是和统治者一鼻孔出气"。陈独秀把"归、方、刘、姚之文"说成"其伎俩唯在仿古欺人,直无一字有存在之价值"。(见《新青年》第2卷第6期,1917年2月。)1992年,上海古籍出版社出版刘季高校点的《惜抱轩诗文集》,在其《前言》中则说姚鼐"文章虽多,无一字涉及民间疾苦者"。两者的腔调甚至字句几乎都一模一样,可见"五四"新文化运动没有历史唯物主义的批判精神所造成的负面影响之深远。我们必须吸取这个历史教训,坚持运用历史唯物主义和唯物辩证法,既批判和扬弃其封建性的糟粕,又肯定和吸取其民主性的精华,既不脱离当时的历史条件苛求古人,又不对古人恣意美化或拔高,使桐城派研究真正建立在科学的基础之上,才能把它引向深入。

俗话说:"事在人为。"《桐城派十二讲》从策划到写作,从宣讲到定稿,从编辑到出版,以江小角教授为首的安徽大学桐城派研究中心的诸位同仁功不可没。今后要把桐城派研究引向深入亦须依赖海内外的桐城派研究者和安徽大学桐城派研究中心诸公的共同努力。我深信桐城派研究必定越来越具有科学性,越来越深入,越来越成熟。让我们伸出双手,以澎湃的热情迎接桐城派研究的春天吧!

是为序。

2017 年 5 月
于安大老校区寓所

目录

第一讲　桐城派开宗立派概说 ·········· 001
　一、桐城派兴起的时代背景 ·········· 002
　二、桐城派兴起的地理人文因素 ·········· 004
　三、方以智、钱澄之的影响 ·········· 005
　四、戴名世、"桐城三祖"与桐城派的确立 ·········· 009

第二讲　桐城派与清代学术 ·········· 017
　一、概说 ·········· 017
　二、桐城派的学术历程与理路 ·········· 019
　三、桐城派学术研究的开放品格 ·········· 023

第三讲　桐城派与清代文学 ·········· 027
　一、桐城派与清代古文 ·········· 027
　二、桐城派与清代诗歌 ·········· 033
　三、姚鼐的词作 ·········· 037

第四讲　桐城派与清末民初社会变革 ·········· 039
　一、桐城派与洋务运动 ·········· 039
　二、桐城派与维新变法 ·········· 043

三、桐城派与清末新政 …………………………………… 047
　　四、桐城派与辛亥革命 …………………………………… 052
　　五、桐城派与新文化运动 ………………………………… 054

第五讲　桐城派研究世纪回眸 ……………………………… 058
　　一、20世纪20至40年代的桐城派研究 ………………… 058
　　二、中华人民共和国成立后至"文革"前的桐城派研究 …… 061
　　三、改革开放以来的桐城派研究 ………………………… 064
　　四、港、台地区及国外学者的桐城派研究 ……………… 071

第六讲　戴名世与清前期文化政策 ………………………… 075
　　一、对朝廷的认同与"君子"的"狂""狷" ……………… 075
　　二、《南山集》案与清前期的文化政策 ………………… 081
　　三、戴名世与桐城派 ……………………………………… 085
　　四、余论 …………………………………………………… 087

第七讲　方苞的文论思想与创作特色 ……………………… 091
　　一、与文墨相伴的坎坷人生 ……………………………… 091
　　二、忠孝亲善、刚直不阿的崇高品格 …………………… 097
　　三、忠君爱国、为民请命的政治情怀 …………………… 101
　　四、以"义法"说为核心的文论思想 …………………… 104
　　五、情真义挚、寓意深远的散文创作特色 ……………… 110

第八讲　刘大櫆的古文创作及其影响 ……………………… 114
　　一、坎坷不平的人生道路与幕府生涯 …………………… 114
　　二、刘大櫆"神气"说的文论思想 ……………………… 125
　　三、刘大櫆诗文创作及特点 ……………………………… 129

第九讲　姚鼐的文论与诗论 ………………………………… 135
　　一、"道与艺合,天与人一" …………………………… 135
　　二、阳刚阴柔 ……………………………………………… 139

三、文之精粗 ………………………………… 142
四、义理、考据与辞章 ……………………… 147
五、熔铸唐宋 ………………………………… 150

第十讲　曾国藩与桐城派中兴 …………………… 154
一、曾国藩的人生道路与学术交游 ………… 154
二、曾国藩对桐城派的继承与改造 ………… 161
三、深受曾国藩影响的作家群体 …………… 170

第十一讲　"姚门四杰"与桐城派传播 …………… 175
一、"姚门四杰"的形成 ……………………… 175
二、阐发师说，光大本派 …………………… 181
三、推动桐城派由地方发展至全国 ………… 187

第十二讲　"曾门四弟子"与近代文化转型 ……… 192
一、以治文教学为事的张裕钊 ……………… 192
二、兼通新旧、详悉中外的吴汝纶 ………… 196
三、致力经世之学的薛福成 ………………… 201
四、不尽守桐城义法的黎庶昌 ……………… 205

后记 ………………………………………………… 210

第一讲

桐城派开宗立派概说

中国散文源远流长,理论传统深厚悠久,创作成就更是放射出夺目的光彩。春秋战国历史散文和诸子散文的铺张扬厉,两汉史传文学和政论文的疏宕摇曳,魏晋南北朝抒情散文的沉雄博雅,唐宋八大家古文的明白晓畅,晚明小品文的隽永有味,都在中国文学发展史上树立起一座座丰碑。清代散文总体成就不及唐宋,就是与同时代的小说戏曲相比,也略为逊色,但它对几千年来的文学带有总结性,为后来新体散文的萌芽作了铺垫和准备,而且作家众多,作品丰厚,题材广泛,体裁多样,比元、明两朝散文更具文学性,其成就不应该被抹杀。

清代文坛,作家如林,成百上千;文章似海,难以数计,但论及清代散文,"天下文章,其出桐城乎"几成定论。马茂元在《桐城派方、刘、姚三家文论评述》一文中说:"自从桐城派成为宗派以来,作家辈出,衣钵相承,历时二百余年之久,即使到了它的后期,也还有卓然自立的名家,作为殿军。"① 这话自然不错,但平心而论,清代散文并非桐城一派的天下。不少经学大师、考据学家的文集中不乏优秀散文,只是其光芒为其学名掩盖;不少才华横溢的遗民文人遁迹山林,

---

① 马茂元:《桐城派方、刘、姚三家文论评述》,见中国古代文学理论学会编:《古代文学理论研究丛刊》第一辑,上海:上海古籍出版社,1979年,第297页。

抒写孤愤，故而文多不传；康熙、乾隆之际，大兴文字狱，查禁"违碍"作品，导致不少散文佳作散佚、湮没，给我们全面描绘清代散文的文学图景带来了困难。此外，清初侯方域、魏禧、汪琬"三大家"的文人之文，黄宗羲、顾炎武、王夫之等思想家的学者之文，近代龚自珍、魏源的经世派散文，冯桂芬、郑观应、康有为、梁启超等人的改良派"新文体"，在开辟散文新领域、宣传民主思想、反映时代精神、丰富艺术表现手法、革新创造文体等方面，都有桐城派不能企及的地方，至今仍为人们所珍视。

即便如此，桐城派作为清代散文第一大流派的地位，一直为世人所公认。因为除了桐城派外，其他数以千计的作家，几乎都没有开宗立派、独树一帜，这种状况一方面使桐城派一枝独秀，能够以群体的面貌屹立文坛，形成很大的势力和影响；另一方面也促成了它流衍区域的广大和传承时间的久长。振叶寻根，观澜索源，桐城派开宗立派的深广背景和艰难历程值得深究。

一、桐城派兴起的时代背景

桐城派的兴起有其深刻的政治历史和思想文化根源，与当时大的政治文化环境有着密切的关系。

清朝能够入主中原，建立起稳固的统治，其间经历过血与火的战争和残暴的杀戮，给中原人民带来深重的灾难，但同时也创造了空前大一统的政治局面，促进了文化的融合、总结与繁荣。清康熙亲政后，剪除异己，平定三藩，收复台湾，兴水利，减赋税，恢复民力，社会趋于稳定，国力逐渐增强，其主要精力也转向发展社会经济，巩固专制政体，加强思想统治上，并采取了一系列措施，笼络汉族地主阶级以扩大统治基础，而在思想文化方面，采取高压与怀柔相结合的两手政策。一是祭孔庙、谒明陵、旌表明室忠臣，谴责贰臣降将，以此强化以忠君为核心的封建伦理观念，消除传统思想中的"夷夏之防"，引发汉族知识分子思想与情感的共鸣。二是大力提倡程朱理学。清初学者多尚经世之学，讲求实用，但学问再高深，也无助于所谓的复明大业。随着政治境况的变迁,儒家知识分子入世出仕的初心被激活,许多人再拾《四书集注》,重做八股文章。"清初那几位皇帝,所看见的都是这些人,当然认这种学问便是汉族文化的代表,程朱学派变成当时宫廷信仰的中心"①。而康熙尤嗜程朱理学,"深谈性理,所著《几暇余编》,其穷理尽性处,虽夙儒耆学,莫能窥测""尝出《理学真伪论》以试词林,又刊定《性理大全》《朱子全书》等书,特命朱子配祠十哲之列。故当时宋学昌明,世多醇儒耆学,风俗醇厚,非后所能及也"②。由于程朱理学既能使汉族文人满足承继正统儒学的心理,得到某种道德安慰,又有助于八股科考,登科入仕,获得现实利益,因此成为学界主潮,天下趋从。三是提出"清真雅正"的衡文标准。康雍时期理学独尊的文化背景,必然要对古文所言之"义"起规范作用,这一努力起先体现在对科举制艺的要求。"雍正十年,始奉特旨晓谕考官,所拔之文务令清真雅正,理法兼备"③。"清真雅正"作为一种官方文化政策,得到韩菼、李光地、蔡世远等理学名臣的大力提倡,由时文而推及古文,影响了清初整个文学生态。故方孝岳说:"所谓'清真雅正'者,即是清初鉴于明末制艺之有流弊,鼓吹这种厘正文体的运动。于是大家体会这种风气,又把它推到其他一切的文学。"④"清真雅正"的文学思想,一方面通过政府的意志颁发各种文学选本来加以贯彻,另一方面,则是通过兴文字狱等高压措施,消除与"清真雅正"相"悖逆"的文字,防止异端思想的滋生与蔓延。

---

① 梁启超:《中国近三百年学术史》,上海:上海三联书店,2006年,第97页。
② [清]昭梿撰,何英芳点校:《啸亭杂录》卷一,北京:中华书局,1980年,第6页。
③ [清]梁章钜撰,陈居渊校点:《制艺丛话·试律丛话》,上海:上海书店出版社,2001年,第13页。
④ 方孝岳:《中国文学批评》,北京:生活·读书·新知三联书店,1986年,第203页。

正是在这种政治历史和思想文化背景下,桐城派呼应了中国传统散文要求全面总结、形成系统理论的内在要求,因时而变,应运而生。

二、桐城派兴起的地理人文因素

姚鼐曾把桐城文章的独领风骚,归功于桐城具有"天下奇山水也""山川奇杰之气有蕴而属之"①。刘开也说:"余观枞阳之地,外江内湖,群山为之左右,峰势喷薄,与波涛互相盘护,山川雄奇之气郁而未泄,士生其际,必有不为功利嗜欲所蔽,而以气概风节显于天下。"②姚、刘二位皆为桐城人,出于对家乡的热爱,以人杰地灵自矜,可以理解,但把桐城派的兴起,单纯地归结于自然环境的优美,乃不免牵强。天下之大,山清水秀的地方众多,何以出不了像桐城这样的泱泱文派呢?诚然,正如周中明先生所说的,"山水奇秀,促使师法自然、清正雅洁文风的形成""既开放又封闭的区位,有助于桐城作家的成长""优美的自然风气,足以吸引外地人才的荟萃"③。但这些都只是桐城派形成的基础条件之一,事实上,唐宋以后中国经济文化中心的渐次南移,为桐城派的兴起提供了历史契机;元末明初从徽州、浙赣等文化发达地区迁入的大量移民,以及由此形成的众多名门望族,催生了市民社会的成熟和讲学风气的兴盛,为桐城人才群体的涌现奠定了坚厚的物质前提与社会基础。当明王朝定都南京,桐城成为京畿之地,易得风气之先,借助科举考试的台阶,桐城人文在明代中叶后勃然而兴。到了清初风云际会、乱治交接的特定时期,桐城文人纷纷以文济世,展示才情。马其昶在《桐城耆旧传

---

① [清]姚鼐著,刘季高标校:《惜抱轩诗文集·文集》卷八《刘海峰先生八十寿序》,上海:上海古籍出版社,1992年,第114页。
② [清]刘开撰,徐成志点校:《孟涂文集》卷九《枞阳节孝祠记》,见严云绶、施立业、江小角主编:《桐城派名家文集》第四册,合肥:安徽教育出版社,2014年,第123页。
③ 周中明:《桐城派研究》,沈阳:辽宁大学出版社,1999年,第4~6页。

自序》中回顾这段历史,感慨万千:"一代人才之兴,其大者乃与世运为隆替,观于乡邑,可知天下,岂不信然哉……当是时,钩党方急,方密之、钱田间诸先生,间关亡命,救死不遑,犹沉潜经籍,纂述鸿编,风会大启。圣清受命,吾县人才彬彬,称极盛矣。方、姚之徒出,乃益以古文为天下宗。"①关注现实,讲求文道结合,文风雅洁平淡,桐城派就是以这样的姿态跃上清初的文坛。

三、方以智、钱澄之的影响

桐城派之开宗立派,初创于方苞,发展于刘大櫆,确立于姚鼐,而方以智、钱澄之、潘江、戴名世等也有启迪与推动的功劳。

方以智(1611—1671),字密之。崇祯十三年(1640)进士,官翰林院检讨,是明清之际著名思想家、学者,与陈贞慧、侯方域、冒襄并称"明末四公子"。他是一位学问渊博的大学者,年轻时更是一个风流倜傥的贵公子。避乱流寓南京时,与秦淮名妓李香君、董小宛、卞玉京都有很深的交往。有时,他还穿着华服,骑着高头大马,带着数百个家仆出入歌台舞榭,招引红妆,以声色自娱,顾盼自豪。名妓陈微波与名士蔡玉衡要好,方以智鄙视蔡的为人,一夜,听说蔡留宿陈微波处,马上邀请妹夫孙临一起,穿上夜行衣,戴上面具,提着朴刀,越过院墙,直闯陈的卧室,将两人拖下床来,吓得蔡、陈二人扑通跪倒在地,连呼:"大王饶命!大王饶命!"看到二人狼狈的样子,方以智和孙临禁不住哈哈大笑。但方以智在风流自喜的表象背后,一方面是对纷乱尘世的极度失望与悲哀,另一方面是对学术和真理的不懈追求。日本学者青木正儿称方以智"是崇祯末叶往来于南京、继承东林党的清议派青年文士中著名人物""其文章论说似根据于宋儒哲学,议论难懂。但观其评价历代文章的短论,则其所宗仍在唐

---

① [清]马其昶著,毛伯舟点注:《桐城耆旧传·自序》,合肥:黄山书社,1990年,第1页。

宋八大家"①。由此可知,方以智不失为桐城派的先导。方氏《通雅》中收入《文章薪火》一卷,表达了对司马迁不拘泥、合时宜、散近乎朴、变藏于平、善序事理作文之法的推崇,认为司马迁之书得自山川大地,得自"天下之大观",其人生经历对文章奇气的孕育有助益作用。对司马迁的膜拜,客观上为正统的古文家指出了一条坦途,也为稍后的桐城派提供了有益的借鉴。方以智认为韩愈具有"上承史迁,复古归正"的崇高地位,"振起八代之衰,为其单行古文法也,子长为质,上溯周秦,气骨自古,曲折作态,尽乎技矣! 其言正直,润色雅故,故超于技"②。此外,宋人欧阳修、曾巩以及苏轼,文风平和与豪肆虽各有千秋,但"八家大同小异,要归雅驯"③。也就是说"雅驯"为其共性。方以智于晚明性灵风气尚存之际,倡导司马迁与唐宋文风,意在以此扭转颓风,回归"雅驯",较之方苞已是先行一步了。除《文章薪火》外,方以智在《浮山文集》中,还有不少关于"义理"的论述。其《四书大全辨序》云:"夫深于义理者,必博学君子,广见洽闻,然后能览圣人之大指。""道德文章政事,出于一矣,士君子读而学之,理学大明,人材一归于正,所学即所用矣。"④这种以道德、义理为重,强调学文应与用世相结合的观点,对桐城派重视"义理"的价值取向不无影响。事实上,方以智是一个重气节、文如其人的高尚之士。顺治七年(1650年),清兵攻入广西,方以智在昭平被捕,押至平乐县法场,清帅马蛟麟命人右列袍帽,左陈兵刃,对方以智说:"往右,朝廷将封以大官;往左,立即饮刃而亡。"方以智毫不犹豫走向左边,甘愿赴死。马蛟麟为之动容,释放了他,听任方以智出家为僧,由此开始了二十年的"空门"生活。

---

① [日]青木正儿著,杨铁婴译:《清代文学评论史》,北京:中国社会科学出版社,1988年,第73页。
② [明]方以智:《通雅》卷首三,清文渊阁《四库全书》本。
③ [明]方以智:《通雅》卷首三,清文渊阁《四库全书》本。
④ [明]方以智:《浮山文集·前编》卷三,见《续修四库全书》第1398册,上海:上海古籍出版社,2002年,第222~223页。

方以智又是一位有成就的考据家,在音韵、文字、训诂等方面造诣精深。梁启超认为:"桐城方氏,在全清三百年间,代有闻人,最初贻谋之功,自然要推密之,但后来桐城学风并不循着密之的路走,而循着灵皋(方苞)的路走,我说这也是很可惜的事。"①这是从学术史研究角度出发得出的结论,其实,方以智的考据学从未失传,在桐城,不仅继其传统、精研汉学者不在少数,而且姚鼐提出"义理、考证、文章"说,未始不是对方以智的致敬与回应。

方以智长于学术,亦擅长古文,他的文集中以儒学、世务、历史、人物为中心的议论文颇多,如《士习论》《防乱》《名教说后》《诗乐论》《货殖论》《屈子论》等。方以智游历各地,写下不少山水游记,情思悠远,感怀深切,文字清新流畅,如《龙眠后游记》《游永和记》《武功游记》《青原得瀑记》等篇什,俱为不可多得的纪游佳作,与此后桐城派此类作品风格相似。

另一位对桐城派有启导之功,堪称桐城后学师表的人物是钱澄之(1612—1693)。他原名秉镫,字饮光,号田间,为明末诸生。崇祯初年(1628),某御史系阉党,且贪赃枉法。一天,巡按到院,拜谒文庙,陪同和迎接的官员很多,围观者甚众,钱澄之突然从人群中挤出来,上前挡住他的官轿,掀开轿帘,当众揭发他的种种丑行,御史心中有鬼,吓得不敢作声,只好忍辱而去。这一豪壮举动,使得钱澄之闻名四方。清兵入南京后,他起兵抗清,不幸兵败震泽。后任职南明,一时制诰文字多出其手。晚年归里,筑室田间,课耕著书以终其身。方宗诚《桐城文录序》云:"桐城之文,明三百年至钱田间先生渐就博大,盖由深于《诗》《易》、庄、屈,又务经济,尚气节,故议论文多实际,而记事文多奇气,虽未尽雅洁,而已开方、姚之渐矣。刘其行

---

① 梁启超:《中国近三百年学术史》,上海:上海三联书店,2006年,第141页。

谊,又足为后学之师表乎!"①这就明确指出了钱澄之对于桐城派的先导作用。

　　作为清初著名的遗民诗人、学者、古文家,钱澄之的古文理论带有鲜明的时代印记和儒学特质。他于文讲求穷理明道,以之为古文之本。他要求在"明理"的前提下"识定""气壮""合于古人",认为学古的根本在于明理,识、气的高下全都受制于理。只有"以韩、欧、苏、曾之笔,铨程、周、朱、张之理",才能进入"达"的境界,也就是说,学文当先明道,而所明之道,本于"宋四大儒"。方苞主张"学行继程朱之后,文章在韩欧之间",观钱澄之以上论述,可见两者相通之处。钱澄之经历了神州陆沉、生灵涂炭的亡国之痛和妻离子散的人生之悲,因此他提倡为文要有感而发,情之抒发要文理自然,开合有度,以"气"行文。在《问山堂文集序》中,明确提出以养气、读书、穷理作为行文的先决条件。在《江汉持澜序》一文中,强调:"理也者,气之源也,理明而气足,气足而法生。穷理御气以轨于法,文之澜所由成也。然则所为持者,非有澜以待持,乃持之以为澜也。是宜治其源也:本之《六经》,以研其精;稽之传注,以晰其微;博之诸史,以广其识;辅之百家,以尽其义。如是,而理得焉,而气至焉,而法亦备焉。然后为文,行乎其所不得不行,止乎其所不得不止。"②后世方苞、刘大櫆、姚鼐诸人关于理、气、法的论述,都是对钱澄之此类观点的进一步细化与深入。在对明归有光古文之法的追慕与崇尚上,钱澄之也开桐城风气之先。他在《陈椒峰文集序》中主张求取归氏变化起伏之法,指出归有光与唐宋大家在"法"、在"有序"方面确有融合之处,而在"义"、在"有物"方面则逊色不少。在对归文长处与瑕疵的认识上,钱澄之与方苞在其《书归震川文集后》中表达的观点高度

---

① [清]方宗诚撰,杨怀志、方宁胜点校:《柏堂集·次编》卷一《桐城文录序》,见严云绶、施立业、江小角主编:《桐城派名家文集》第九册,合肥:安徽教育出版社,2014年,第115页。
② [清]钱澄之撰,彭君华校点:《田间文集》卷十三《江汉持澜序》,合肥:黄山书社,1998年,第240页。

契合。

在古文的创作实践上,钱澄之提倡语言雅洁,词必己出。其《追雅堂记》于辨明俗雅的过程中推出"追雅"的古文取向,认为"雅"主要体现在"气韵",而不在"辞章",也就是说,"雅"应为文章气韵的外在显现,而非文章语言形式的刻意修饰,只要"直自抒其所独见",可不在乎能否以"古人律我";反之,字摹句形,一意拟似唐宋及近代大家,"只以媚时""于人谓之乡愿,于文谓之时文,俗而已矣"[1]。

钱澄之的古文,醇厚典雅、清新可诵,能将精气融于朴实的语言之中,长于论说,杂文、游记颇具特色。其追怀烈士遗民之作,精于刻画,富有感情;史论政论,切中时弊,深入要害;纪游散文,情景相生,娓娓叙述之间寄蕴深刻的人情物理。钱澄之以诗歌著称,其古文则不尚矜持,唯求本真,自与涵咏古人文意的桐城家法不同,呈现另一番风貌,正如唐甄《田间文集序》所称:"其为人如彼,其所学如此,皆本性达情,无所庸其支饰,故其为文,如泉之流,清莹可鉴,甘洁可饮,萦纡不滞以达于江海,使读之者目明而心开。"[2]其《拟上行在书》《闽粤死事偶记》《三国论》《北山楼记》《听雪轩记》《哭仲驭墓文》等都体现了这种风格。

四、戴名世、"桐城三祖"与桐城派的确立

戴名世(1653—1713),字田有,一字褐夫,世称南山先生。他出身在一个下层知识分子家庭,天资聪颖,少年时学使某公以"孔门传道诸贤,曾子子思孟子"出对,要他作出下联,戴名世应声而出:"周室开基列圣,太王王季文王",被称为绝对。由于家境贫穷,戴名世青少年时期受祖父辈及博学隐士与前朝英烈影响,又饱尝世态炎凉,逐渐树立起以拯救社会为目标的"当世之志",经常因文章而得

---

[1] [清]钱澄之撰,彭君华校点:《田间文集》卷十《追雅堂记》,合肥:黄山书社,1998年,第177页。

[2] [清]钱澄之撰,彭君华校点:《田间文集》卷首《田间文集序》,合肥:黄山书社,1998年,第4页。

罪权贵。34岁被推荐入国子监，又常与京师狂士饮酒骂世，招致达官贵人的不满。晚年中进士成为榜眼，进入翰林院，却因《南山集》案被杀，结束了坎坷多磨的一生。据说他在临刑途中，脱口吟出一首绝命诗："鼍鼓咚咚响，西山日已斜。黄泉无酒店，今夜宿谁家？"在刑场上，有感于一个木匠因罪戴枷，而监斩自己的也是一位翰林，于是又作一副对联："木匠打枷枷木匠，翰林监斩斩翰林。"众人闻之，叹息不已。戴名世被杀，他的亲戚、家人谁也不敢露面，只有他的老友杨千木雇了一辆马车，跟随戴名世来到刑场，杨千木说："谁认为上头肯定会派人监视，不准接触行将毙命的犯人？即使是这样，我也不会理会。"他到底捧着戴名世被砍下的头颅，纳入棺内，予以埋葬了。后来才由戴名世的堂弟戴辅世扶柩南归，葬于故乡。关于戴名世与桐城的关系，杨向奎在《戴名世集序》中认为："桐城派出，方使唐宋以来发展起来的散文重见光辉。而戴名世与方苞在当时文坛实同执牛耳，后因《南山集》事发，名世身败名裂，文集被毁，谈桐城者遂集于方苞、姚鼐。"①此说得到人们的普遍赞同，也大体符合客观历史。

　　戴名世与方苞实为表亲，其母为方苞之姑母，但由于方苞生长于金陵，两人直到康熙三十年(1691)才相识于京师，互相师资，成为挚友，彼此的文学、学术立场相近，都有志于古文。戴名世不仅在古文创作方面成绩突出，而且提出了一套较为完整的古文理论。在古文的思想内容方面，主张率其自然而立诚有物。在《与刘言洁书》中认为，人被思想上的荆榛土石所封闭，失其本来面貌；它应像高山之巅的云烟、渤海之中的波涛，自由涌荡于天地之间。"倡情冶思出于自然""性情之真，自时时流露于其间"，这样的文章即为自然之文。在《答赵少宰书》中，戴名世提出"立诚有物"的主张。"立诚"要求作家首先应是个诚实的人，"有物"指文章要有充实的思想内容，文学

---

① 杨向奎：《戴名世集序》，见[清]戴名世撰，王树民编校：《戴名世集》，北京：中华书局，1986年，第1页。

作品要真实地反映社会现实。在古文的创作方法上，戴名世主张道、法、辞合一，在《己卯行书小题序》中提出："道也，法也，辞也，三者有一之不备焉，而不可谓之文也。"①并进一步阐述了道、法、辞三者怎样合一，认为"道"指文章的思想内容，亦即"言有物"；"法"指文章的结构方式；"辞"指的是文章语言。文章思想内容与艺术形式完善统一，才能谓之为文。在古文的艺术境界上，戴名世主张精、气、神合一。在《答张伍两生书》中，他认为为文最高境界应该是精、气、神三者统一。"精"就是用雅洁的文字表达作者纯正的思想。"气"，指文章要有一种气势，体现出强大的精神力量，它源于作家的志向气势，在构思和创作过程中无所不在。"神"，指文章之神韵，虽然无形，却是文章的生命和灵魂。戴名世的上述主张，对后来方苞的散文创作和文学理论的形成产生了一定影响。

方苞（1668—1749），号望溪。幼时即有奇才。相传他4岁时，父亲于鸡鸣时分起床上厕所，见有大雾，便以"鸡声隔雾"作上联，叫方苞应对，方苞立刻以"龙气成云"应答。青年时期出游，即以古文名动一时，被称为"江东第一""韩欧复出"。曾受《南山集》案牵连入狱，狱中仍坚持著述，撰写《礼记析疑》，同牢房的人把他的稿子扔在地上，说："命在旦夕，尚为此无用之文何益？"方苞回答："朝闻道，夕死可矣！"继续埋头写作。由于康熙帝知道"方苞学问天下莫不闻"，再加上大学士李光地的救援，方苞在刑部大牢里关了十五个月后，幸运地免死出狱，后入直南书房，官至内阁学士兼礼部侍郎。任内以"分国之忧，除民之患"的情怀，提出了一系列事关国计民生、富国强兵、开发边疆的设想，具有很强的针对性和可操作性。这种"经世致用"的思想，对后世桐城派作家产生了积极影响。方苞生性刚直，遇事好争。曾与某王爷同在礼部共事，王爷有什么不对的地方，他就拂袖而争，弄得王爷下不了台，气得破口大骂："秃老子敢若尔？"

---

① ［清］戴名世撰，王树民编校：《戴名世集》卷四《己卯行书小题序》，北京：中华书局，1986年，第109页。

方苞不甘示弱，回骂道："王言如马勃味。"王爷大怒，向皇上告状，皇上两次将方苞撤职。又有一次，方苞去拜访查相国，查家仆人仗着主人权势，意图索贿，不及时通报，惹得方苞大怒，骂道："狗子敢尔？"拿起拐杖劈头就打，仆人避之不及，当场头破血流，赶快跑去告诉相国，相国出来相迎，方苞怪他放纵豪仆，管教不严，拔腿就走，查相国连忙道歉。等第二次到查府时，那个仆人远远望见方苞就跑，边跑边喊："舞杖老翁又来矣！"方苞在朝为官，除纠正朝政弊端外，还举荐了来保、魏廷珍、方观承、顾琮、方世俊等人才，他们后来都成为一代名臣。

方苞在文论方面的建树，主要在于提出了以"义法"为中心的散文理论，为桐城派文论奠定了基础，"义法"说也因此成为整个桐城派文论体系的发端和纲领。他关于"义法"的完整议论见于《又书货殖传后》。他说《春秋》所制定的义法，由太史公阐发，而后凡是深于文者也都具备。义即《易》所谓的"言有物"，法即《易》所谓的"言有序"。义为经，法为纬，经纬互织而成帛，内容与形式和谐统一才是成熟的文体。在他看来，"义"即思想内容，指宋儒义理，既包括事理寓意，也包括褒贬美刺。"言有物"即要求文章有充实而可以致用的理学内容。"法"指文章的艺术形式，即文章的作法，包括章法、布局、层次以及写人写事的要求，兼及常法与变法、死法与活法。"言有序"即要求文章剪裁得体，结构严谨，语言雅洁，趋于规范化。他认为"义法"最精者莫过于《左传》《史记》，而要学习其"义法"，必须从研读唐宋八家文入手，认真揣摩体会。如此学习古文就有轨迹可循，易于成就。为了与"义法"相一致，方苞提出了"雅洁"的审美标准。这种取向与当时统治者提倡"清真雅正"的衡文标准密切相关。他要求文辞要"古雅""雅驯"，排斥小说语、语录语、俳语、隽语等；而"洁"不仅指语言精练简省，而且取材布局不枝不蔓，思想内容不芜不杂。方苞标举"义法"，强调为人先于为文，看重文章的思想内容，首先是由他生活的时代决定的，其次与他生平遭际和个人气质有关。可贵的是，方苞并没有将自己的"义法"说视为不可逾越的法则,他推崇与自己风格相异的作品,又将思想、文风都与自己的"雅洁"标准不尽合辙的刘大櫆收为弟子,悉心提携培养,实际上隐含着对刘大櫆改造和完善桐城文论的一种默认和期待。

刘大櫆(1698—1779),字才甫,号海峰。少年时以文章求见李穆堂侍郎,李侍郎大惊:"五百年无此作者,欧苏以来一人而已。"但刘大櫆时运不济,蹇于科举,屡试不中,曾两中副榜,终不得举。清雍正十一年(1733),方苞荐举刘大櫆应博学鸿词科,已被鄂尔泰选取,但被同乡、大学士张廷玉黜落,方苞闻之,郁郁寡欢多日,张廷玉后来知道是刘大櫆落选,也十分后悔,但已无法挽回。在京师时,他的弟弟在权臣明珠家当家庭教师,刘大櫆鄙视明珠的作为,不与之交接,避居都统朱伦瀚老宅,残垣断壁,处之泰然。晚年为安徽黟县教谕,为徽州文化教育发展作出了重要贡献。刘大櫆这种忧道不忧贫的风范,为后来的桐城派作家奠定了人品学行的基调。

刘大櫆29岁出游京师时才结识方苞,其时他的文章已经形成自己的风格。但在成为方苞弟子后,他一方面继承了方苞的"义法"理论,认为作文应"义法不诡于前人",且直言"不得其神而徒守其法,则死法而已",另一方面,他不满方苞对散文写作理论的具体阐述偏少,且对散文的艺术美几乎没有涉及,因此撰著《论文偶记》,倡导"神气"说,强调神气、字句、音节统一。开篇即提出:"行文之道,神为主,气辅之……神浑则气灏,神远则气逸,神伟则气高,神变则气奇。神深则气静,故神为气之主。"[1]这里所谓的"神"即精神,也就是作家的心胸气质在文章中的自然流露,"气"则指符合作家的个性气质且洋溢于文章字里行间的气势,气势之不同决定于神,"无神以主之,则气无所附"[2]。神、气统一,就形成散文的艺术境界以及各种不同的风格特征。刘大櫆认为"文章另有个能事在",行文"能事"体

---

[1] [清]刘大櫆著,舒芜校点:《论文偶记》,北京:人民文学出版社,1959年,第3页。

[2] [清]刘大櫆著,舒芜校点:《论文偶记》,北京:人民文学出版社,1959年,第4页。

现在三个步骤:一神气,"文之最精处";二音节,"文之稍粗处";三字句,"文之最粗处"①。他先立神气以之为文法的最高妙处,然后求神气于音节,再求章节于字句,"积字成句,积句成章,积章成篇,合而读之,音节见矣;歌而咏之,神气出矣"②。这就给学习古文者指出了作文之法和学文门径,具有深远的理论价值和实践意义,也为其弟子姚鼐进一步探讨散文写作艺术表现问题指明了方向。

姚鼐(1732—1815),字姬传,世称惜抱先生。伯父姚范博闻强识,与同里刘大櫆等友善,又特别喜爱侄子姚鼐,每有客人来访,必令姚鼐在一旁聆听。姚鼐尤其亲近刘大櫆,私下里常以模仿他的衣冠谈笑为乐。姚鼐学问虽好,但科举考试却不顺利,考了多次,才于乾隆二十八年(1763)中了进士,后来官至刑部郎中。在京师,他与王文治、朱子颖等交好。一天,天寒微雪,三人来到黑窑厂,置酒纵谈,咏歌击节,旁若无人,传为京城雅事。受命纂修《四库全书》时,朝中重臣于敏中非常器重他,想叫姚鼐入其门下,姚鼐坚决不干。刘统勋曾以御史荐,已经记名,刘公去世,此事作罢。姚鼐中年辞官回乡,相国梁阶平托人传话,如果姚鼐复出,他将大力推荐,可以得到特殊提拔,姚鼐婉言辞谢。适逢朱子颖为两淮盐运使,重兴梅花书院,请姚鼐任山长,姚鼐欣然前往,后来又相继主讲紫阳、敬敷、钟山书院近四十年。姚鼐早年曾向刘大櫆学习古文,受到他的赞誉和鼓励,其散文创作理论继承了方苞、刘大櫆的体系而又有新的发展和创新。他在《述庵文钞序》一文中,将义理、考证、文章三者结合起来作为古文理论的整体原则。他的"义理",相当于方苞的"义";"文章"大致相当于方苞的"法";而"考证"则是对"义法"的补充。三者虽不偏废,关系却有主次。"义理、考证、文章"三者合一,是姚鼐治学的基本精神,也是他论文的纲领。此外,他还在散文创作方法方

---

① [清]刘大櫆著,舒芜校点:《论文偶记》,北京:人民文学出版社,1959年,第6页。

② [清]刘大櫆著,舒芜校点:《论文偶记》,北京:人民文学出版社,1959年,第6页。

面提出了一些带有规律性的问题,在《古文辞类纂序目》一文中,他对各类文体作了详细的论述,并提出了八点要求,即"凡文之体类十三,而所以为文者八,曰:神、理、气、味、格、律、声、色"。前四者是构成文章审美价值的内在因素,后四者是构成文章审美价值的外在因素,这是两个层次,有深浅精粗之别,"精"寓于"粗"之中,融为一体,学习古文的时候,可以由浅入深地领悟,达到去"粗"取"精"的境界。姚鼐在《复鲁絜非书》《海愚诗钞序》中提出以阳刚、阴柔区别文章风格,认为阳刚之美与阴柔之美都是文章需要的,不能偏求。

姚鼐的文论,继承前贤而有许多独到见解,在体系的完备和理论的周密方面,达到了一个高峰,具有集大成的特色,体现了"走向综合"的基本特征。更重要的是,桐城派这杆大旗,是姚鼐首先树起来的,他在《刘海峰先生八十寿序》中,借他人之口,讲自己的心里话,并借机勾勒出一个文派的发展脉络。"文章共三段,第一段借友人询问,分辨是否天下文章在桐城;第二段讲刘大櫆以一布衣走京师,得到方苞的激赏;第三段呢?'鼐之幼也,尝侍先生。'先是总说,其次方、刘,再次刘、姚,至此,桐城文派的轮廓已跃跃欲出"①。姚鼐在一篇寿序中,把一个文派的来龙去脉巧妙地梳理出来,曲折迂回,不露声色地建构起桐城派的文统。后人谈桐城派,大的方面,都不出姚鼐的规划,他所绘制的文学史图景,日益为读者了解。可以说,桐城派开宗立派的工作,到姚鼐这儿初步完成,后来者只是响应附和、传承发扬而已。

一个文学流派的成立,必须具备三个要素:流派统系、流派盟主(代表作家)和流派风格。以此衡量姚鼐时期的桐城文章,正好符合这三个标准。值得注意的是,姚鼐能够成为桐城派的集大成者,与他个人的努力和优良素质分不开。姚鼐好学,曾向戴震求教,欲拜他为师。又曾尝试作词,后听从王鸣盛的劝告,毅然舍弃,把主要精

---

① 陈平原:《从文人之文到学者之文》,北京:生活·读书·新知三联书店,2002年,第206~207页。

力都放在古文上。大诗人袁枚尊崇性灵,肯定人的情欲,自号随园主人,招收许多女弟子,互相吟唱,有不少叛逆的言行。姚鼐伯父姚范嫌其太过放荡不羁,不愿与他交往,但姚鼐不顾别人的劝阻,与之往来无间。袁枚死后,他又满怀深情地为其写墓志铭。别人劝他不要作,他反问道:"设若我在康熙间为朱锡鬯、毛大可作志,你赞成吗?"答曰:"可以。"他说:"随园正似朱、毛一类人,其文采风流有可取之处,又有什么妨害我为他作志呢?"由此可见姚鼐胸怀之宽广,为人之真诚。当然,桐城派能够成为清代最大的文学流派,除了理论体系的周密完备外,丰富而各具特色的文学创作,依托选本编纂、书院教育而成就的众多弟子,借助科举考试而跻身上层并借此扩大影响,乃至方苞、刘大櫆、姚鼐三人的师承有序且皆寿过八旬,这都是桐城派能够崛起文坛、揭旗树帜的重要条件和因素。

(江小角 方宁胜)

第二讲

桐城派与清代学术

一、概说

桐城派是清代流衍最广、历时最久的文学流派,以往学界多从文学角度对其进行研究,实际上该派不少代表作家还留下了许多经史研究著作,比如方以智、钱澄之、方苞等,他们兼有着文学家和经学家的双重身份。此外,桐城派一些重要文论的建构也是起于经史研究,比如"义法",史学亦为桐城派具体文学创作的重要资源之一,这些过去都为大家所忽视。基于桐城派在经史研究领域的成就,堪称清代一重要学派。本讲旨在置桐城派于清代学术背景中加以考量,以彰显桐城派在学术研究方面的卓越贡献,补桐城派研究之未周。

关于有清一代学术研究,前人积累成果较多。"近人治清代学术史,章太炎、梁任公、钱宾四三位大师,先后相继,鼎足而成。太炎先生辟除榛莽,开风气之先声,首倡之功,最可纪念。任公先生大刀阔斧,建树尤多,所获已掩前哲而上。宾四先生深入底蕴,精进不已,独以深邃见识而得真髓。学如积薪,后来居上"①。章太炎《清儒》清晰地爬梳了清代学术的发展演变,刘师培《南北考证学不同论》《近儒学术统系论》《清儒得失论》《近代汉学变迁论》进一步推进

---

① 陈祖武:《清儒学术拾零》,长沙:湖南人民出版社,1999年,第340页。

了关于清代的学术研究。其后,梁启超将清代考据学与先秦诸子学、两汉经学、隋唐佛学、宋明理学并称中国五大学术思潮,著《清代学术概论》《中国近三百年学术史》,以汉学作为宋学的反拨为线勾稽有清一代之学术变迁。随后,钱穆撰同题之著《中国近三百年学术史》,则以弘扬宋学精神为旨归。梁启超、钱穆阐发角度的异趣恰恰反映出清代学术史的丰富性及复杂性,清代学术先后经历了汉宋之争、中西对立的两大阶段。以守道统、尊德性为立派理念的桐城派最初便立于宋学阵营,也因此受到不少汉学家的非议及攻击。"乾隆之初,惠、戴崛起,汉帜大张,畴昔以宋学鸣者,颇无颜色。时则有方苞者,名位略似斌、光地等,尊宋学,笃谨能躬行,而又好为文。苞,桐城人也,与同里姚范、刘大櫆共学文,诵法曾巩、归有光,造立所谓古文义法,号曰'桐城派'。又好述欧阳修'因文见道'之言,以孔、孟、韩、欧、程、朱以来之道统自任,而与当时所谓汉学者相互轻"①。因此,我们在考察置身于其间的桐城派时,理应还原当时的学术生态。

　　章太炎认为:"及戴震起休宁,休宁于江南为高原,其民勤苦善治生,故求学深邃,言直核而无蕴藉,不便文士。震始入四库馆,诸儒皆震竦之,愿敛衽为弟子。天下视文士渐轻,文士与经儒始交恶。而江淮间治文辞者,故有方苞、姚范、刘大櫆,皆产桐城,以效法曾巩、归有光相高,亦愿尸程、朱为后世,谓之桐城义法。震为《孟子字义疏证》,以明材性,学者自是薄程朱。桐城诸家,本未得程朱要领,徒援引肤末,大言自壮。故尤被轻蔑。"②章太炎认为桐城派与汉学家交恶乃是因"文士""经师"的身份不同。事实上,双方还是基于各自学术立场不同才引发争论。然而,很多文献资料表明,除专门撰著阐明学术立场的个别作家(如方东树)外,桐城派虽学归程朱,但

---

① 梁启超:《清代学术概论》,见《饮冰室合集》专集之三十四,北京:中华书局,1989年影印本,第49页。
② 章太炎撰,朱维铮编校:《訄书》,上海:中西书局,2012年,第133~134页。

并非完全站在汉学的对立面。

二、桐城派的学术历程与理路

"桐城三祖"之一的方苞治学立足经史,"为学宗程、朱,尤究心春秋、三礼,笃于伦纪。既家居,建宗祠,定祭礼,设义田。其为文,自唐、宋诸大家上通太史公书,务以扶道教、裨风化为任"①。他将经学中的经典概念作为文学创作的根底,提出"义法"一说,同时引入《史记》中的义法范畴,标举道文合一,"义即《易》之所谓言有物也,法即《易》之所谓言有序也。以义为经,而法纬之,然后为成体之文"②。方苞深厚的经史学养涵育了其古文清真雅正、持论严谨的特点,开一代文学创作之新貌。他虽以文名得显,却不溺于单纯的文学创作,其自言从万斯同之劝,"辍古文之学而求经义"③,通过阅读诸儒解经之书,祈向学尊程朱,"二十年来,于先儒解经之书,自元以前所见者十七八。然后知生乎五子之前者,其穷理之学未有如五子者也;生乎五子之后者,推其绪而广之,乃稍有得焉。其背而驰者,皆妄凿墙垣而殖蓬蒿,乃学之蠹也"④。诸经中,方苞对"三礼"着力尤深,任三礼馆副总裁,撰《周官集注》十二卷、《周官析疑》三十六卷、《考工记析义》四卷、《周官辨》一卷、《仪礼析疑》十七卷、《礼记析疑》四十六卷,在很大程度上推动了清初礼学的研究。方苞在治学中虽已有重理学的倾向,但也不完全摒弃考据之法。在阐发义理时虽难免有决断之处,但也并非皆是空谈,他十分注重融通各类材料

---

① 赵尔巽等撰:《清史稿》卷二百九《列传》七十七,北京:中华书局,1977年。
② [清]方苞著,刘季高校点:《方苞集·集外文补遗》卷二《史记评语》,上海:上海古籍出版社,1983年。
③ [清]方苞著,刘季高校点:《方苞集·文集》卷十二《万季野墓表》,上海:上海古籍出版社,1983年。
④ [清]方苞著,刘季高校点:《方苞集·文集》卷六《再与刘拙修书》,上海:上海古籍出版社,1983年。

从而进行翔实考辨,如在"三礼"研究中多借鉴汉唐学者的注疏,"注疏之学,莫善于《三礼》,其参伍伦类,彼此互证,用心与力,可谓艰矣"①,皮锡瑞称其治学"多信宋而疑汉"是比较中肯的②。实际上,方苞与所谓汉学家的冲突不在治学方法上的博弈,而在颜元、李塨等人对于朱熹的态度,"孔孟以后,心与天地相似,而足称斯言者,舍程朱而谁与?若毁其道,是谓戕天地之心,其为天之所不佑,决矣。故自阳明以来,凡极诋朱子者,多绝世不祀"③。故而,与其说方苞乃桐城派反对汉学之肇始,不如说方苞是反对"反程朱之学"更为恰当。

  乾隆以后,汉学标举的考据训诂与宋学的重视义理被人为地定义为不可相容的两种治学途径。在这种学术氛围下,加之姚鼐与戴震的个人因素,桐城派与汉学阵营矛盾进一步激化。姚鼐早年欲拜入戴震门下却遭到婉拒,"昨辱简,自谦太过,称夫子,非所敢当之"④。章太炎认为姚鼐因此故"数持论诋朴学残碎"⑤,未免低看其人。后姚鼐入四库馆任纂修官遭排斥,"纂修者竞尚新奇,厌薄宋元以来儒者,以为空疏,掊击讪笑之不遗余力。公往复辩论,诸公虽无以难而莫难从也"⑥,因学术分歧感有志难伸,故无奈离去。但是,他为争夺桐城派的话语权,又能主动吸纳汉学家治学方法中的长处,"义理、考据、辞章"这一文学创作理论虽然仍旧是基于维护理学的

---

  ① [清]方苞著,刘季高校点:《方苞集·文集》卷四《礼记析疑序》,上海:上海古籍出版社,1983年。
  ② [清]皮锡瑞著,周予同注释:《经学历史》,北京:中华书局,2004年,第222页。
  ③ [清]方苞著,刘季高校点:《方苞集·文集》卷六《与李刚主书》,上海:上海古籍出版社,1983年。
  ④ [清]戴震撰,汤志钧校点:《戴震集·文集》卷九《与姚孝廉姬传书》,上海:上海古籍出版社,1980年,第185~186页。
  ⑤ 章太炎撰,朱维铮编校:《訄书》,上海:中西书局,2012年,第134页。
  ⑥ [清]姚莹:《惜抱公鼐》,见[清]姚濬昌编:《中复堂全集·姚氏先德》卷四,台北:文海出版社,1974年。

立场,但他企图调和汉宋争论、兼采考据长处的作为,反映出其远见与胸襟,"苟善用之,则皆足以相济;苟不善用之,则或至于相害"①。在解经方面,姚鼐亦不废训诂考据,"吾固不敢背宋儒,亦未尝薄汉儒。吾之经说,如是而已"②,其经学代表著作《九经说》即是在考据的基础上进行义理阐发的。《九经说》共十七卷,分别为《易》说二卷、《书》说四卷、《诗》说一卷、《周礼》说三卷、《仪礼》说一卷、《礼记》说三卷、《春秋》说一卷、《论语》说一卷和《孟子》说一卷。此著取先儒传注中有所疑者考而辩之,择善而从。每说先概述该经源流,包括流传卷的分合、诸儒研究概况等,举各家传说于前,己说于后。此外,姚鼐还著有《左传补注》《国语补注》《公羊传补注》《谷梁传补注》,当中可见其阐发己说、不据门户之处。因此,我们应注意到方、姚二人在坚守宋学立场时,又能吸纳汉学之所长的一面。

桐城派中真正鲜明标举出自己独尊宋学立场的是方东树,其为反驳江藩《汉学师承记》、纠清代汉学之失著《汉学商兑》。此书体例仿朱熹《杂学辨》,先摘录清代汉学家撰述的观点,再依次展开辩驳。书中摘录了毛奇龄《辨道学》、万斯同《儒林宗派》、朱彝尊《道传录》以及顾炎武、阎若璩、茅星来等诸家之说,阐明了"河图洛书"、宋儒理学、禅说、道统论及清儒对朱熹《四书集注》的批评等问题。凡清代汉学家在《易》《书》《诗》《三礼》、小学等方面指摘宋儒者,方东树无不为之辩。梁启超称赞此书极有价值,成于"正统派炙手可热之时,奋然与抗,亦一种革命事业也"③。"其书为宋学辩护处,固多迂旧,其针砭汉学家处,却多切中其病"④。清代汉学家在学术上存在不少失误,方氏去谬就正、择善而从,实为一学术壮举,然惜其据门

---

① [清]姚鼐著,刘季高标校:《惜抱轩诗文集·文集》卷四《述庵文钞序》,上海:上海古籍出版社,1992年。
② [清]梅曾亮著,彭国忠、胡晓明校点:《柏枧山房诗文集·文集》卷五《九经说后书》,上海:上海古籍出版社,2005年。
③ 梁启超:《清代学术概论》,长沙:岳麓书社,2010年,第64页。
④ 梁启超:《清代学术概论》,长沙:岳麓书社,2010年,第64页。

户之见,著书旨在申宋黜汉,故其所论亦不免有牵强之处,"略窥汉学门径,乃挟其相传之宋学以与汉学为仇"①。此书有助于我们考察汉学之不足及当时学术争端的集中问题,对于今人认识清代学术具有重要价值。

至晚清时期,面临国家内忧外患的动荡之局,桐城派梅曾亮、姚莹、曾国藩先后提出"汉宋兼采""经世致用"的主张,反映出桐城派诸子在时局变化中的自我调整及新变。道光年间,梅曾亮居京为官,俨然为其时桐城派之领军人物。他十分反对"矜其所尚,毁所不见"的治学、治文之法,提倡摒弃门户之见,开桐城派之新格局,士人翕然归之。程朱理学因空疏之弊为部分学人所厌,却因符合统治者维护社会稳定的政治需求成为官方认可的学术,备受推崇。自方苞标举学行继程朱之后,桐城派因其维护清朝统治秩序的强烈政治色彩而为反对者所攻击。至清代中后期,社会动荡不安,汉学末流长期埋首于训诂考证之中,"语以忠信廉节之事,则惊愕而不欲闻"②,弊端渐显。此时,以"姚门四杰"为代表的桐城派诸人极力凸显出理学建设道德的作用,"扶植世道,纲纪人伦"③"必欲兴起人心风俗,莫如崇讲朱子之学为切"④。另一方面,他们强调经世致用。姚莹于其师姚鼐的"义理、考据、辞章"外,并入"经济"一说,开桐城派经世思想之先,"夫志士立身有为成名,有为天下,惟孔孟之徒道能贯一"⑤,且言行如一,征战沙场抗击夷敌入侵。这一思想至曾国藩"以书生

---

① 刘师培:《清儒得失论》,北京:中国人民大学出版社,2004年,第279页。
② [清]刘开:《刘孟涂文集》卷二《学论上》,扫叶山房1915年印本。
③ [清]刘开:《刘孟涂文集》卷二《学论上》,扫叶山房1915年印本。
④ [清]方东树:《仪卫轩文集》卷五《重刻白鹿洞书院学规序》,清同治七年(1868)刻本。
⑤ [清]姚莹:《复管异之书》,见[清]姚濬昌编:《中复堂全集·东溟文后集》卷六,台北:文海出版社,1974年。

犯大难成功名"后①,进一步得到阐扬,并为世人所瞩。曾国藩一生致力于程朱理学,将"礼"的概念植入经济之学、治世之术,认为"礼"可以匡扶人心,治世之弊,于内可立道德,于外可有益于政事。"盖古之学者,无所谓经世之术也,学礼焉而已"②。"古之君子之所以尽其心、养其性,不可得而见。其修身、齐家、治国、平天下,则一秉乎礼。自其内焉者言之,舍礼无所谓道德;自外焉者言之,舍礼无所谓政事"③。他将"礼"作为维护清朝统治秩序的重要手段。在治学方法上,曾国藩主张汉宋调和,"于汉、宋二家构讼之端,皆不能左袒以附一哄;于诸儒崇道贬文之说,尤不敢雷同而苟随"④。姚莹、曾国藩二人以事功践行了理学思想的经世致用性,适时而变的兼容汉宋、文道并重的治学理念为桐城派赢得了更大的发展空间。

三、桐城派学术研究的开放品格

桐城派的发展从方苞、姚鼐再到曾国藩,虽坚守以程朱为尊的立场,但却不废考据、训诂之长。至桐城派晚期代表人物姚永朴时,已完全摒弃门户之见。姚永朴为姚莹之孙,幼秉庭训,自励于学,曾治诗、古文辞,后专读经,且融会贯通,注疏及宋元明清诸儒经说,博稽兼采,无门户之见。旁兼诸史、音韵,博稽约取,自成一家。从清代汉宋之争的学术背景下观照桐城派,有助于我们从直观上把握其一些学术观点及代表著作。然而,我们也应看到,历史中的桐城派并非完全站在汉学的对立面,即便激烈如方东树撰《汉学商兑》,也

---

① 梁启超:《清代学术变迁与政治的影响》,见《饮冰室合集》专集之七十五,北京:中华书局,1989年,第26页。
② [清]曾国藩:《孙芝房侍讲刍论序》,见《曾国藩全集·诗文》文类,长沙:岳麓书社,1994年。
③ [清]曾国藩:《笔记二十七则·礼》,见《曾国藩全集·诗文》杂著类,长沙:岳麓书社,1994年。
④ [清]曾国藩:《致刘蓉》,见《曾国藩全集·书信》,长沙:岳麓书社,1994年。

是在当时学术论争的环境下为争夺话语权而作出的力所能及的尝试,应予以客观评价。

于经学之外,桐城派史学研究成果亦十分丰硕。清代是古代《史记》研究的高峰期,无论是在考证方面还是文学品评上,都达到了新的高度。桐城派一直持有研习《史记》并以太史公笔法为宗的传统,自归有光、方苞至吴汝纶、林纾,都为《史记》研究作出了不容忽视的贡献,如方苞《〈史记〉注补正》、吴敏树《〈史记〉别钞》、郭嵩焘《〈史记〉札记》、吴汝纶《桐城吴先生点勘〈史记〉》等。同时,桐城派作为清代最大的古文流派,亦贯以韩愈、欧阳修、归有光等人崇尚《史记》的传统,于清代考证《史记》盛风外,开《史记》文学性研究之生面,对其文章的审美价值、行文之法及艺术风格都进行了有益的探索,并以此作为其派文论的重要来源,进一步发掘了《史记》的文学内涵。同时,于学术其他门类上,桐城诸子亦有涉及。如清末著名学者、桐城派殿军马其昶,以宗经为本,撰《三经谊诂》,自谓为文而不求之经是无本之学。同时,其亦兼及子史,旁及佛典。其在道家经典研究方面的代表作《老子故》《庄子故》,以严谨翔实的考据及简练深远的义理阐发赢得当时学者的认同,严复《侯官严氏庄子评点》、钱穆《庄子纂笺》都多有参考《庄子故》之处,刘文典、闻一多等学者的注解亦常征引马其昶的观点,可见其影响深远。其研究先秦典籍的代表著作《屈赋微》,大量搜集桐城派前人对屈赋的评价,形成桐城派屈赋学的总结性研究成果,具有重要的文献价值。

甲午战争后,变法维新思想高涨,西方文化大规模传入,坚守理学阵营的桐城派面临严峻挑战,但是"历史毕竟前进到非从根本上打破理学传统不可了"[①],以理学经世为理论基础的洋务运动宣告失败,知识分子开始向西方寻求救亡图存的道路,中西学之争成为主要矛盾。在过往的评价体系中,晚清时期的桐城派经常被视为排斥

---

① 马积高:《清代学术思想的变迁与文学》,长沙:湖南出版社,1996年,第89页。

新学的顽固派而受到猛烈抨击。事实上,吴汝纶、姚永概等人都是当时新式教育的引领者,他们主动接触西学以求救亡图存之法,绝不应以"守旧""顽固"等欲加之罪一言蔽之。吴汝纶为同治四年(1865)进士,授内阁中书,先后任曾国藩、李鸿章幕僚及深州、冀州知州,入曾国藩幕府时曾协理"洋务",后入李鸿章幕府接触了更多的西方书籍,对"西学"的认识逐步加深。他的思想比较开通,主张研习西学,"观今日时势,必以西学为刻不可缓之事"①。其主讲莲池书院时,曾特聘英文、日文教师,又为严复译《天演论》《原富》和美日学者多种著作写序,倡导启蒙,"窃谓今后世界与前古绝不相同,吾国旧学实不敷用……非有实在本领,不足与外国人才相抵"②。除此之外,吴汝纶还倡导以废除科举为首要的教育改革,他认为只有教育上破旧立新,方能转变社会风气和士人思想,培养"经世致用"的合格人才。中国的科举考试制度发轫于隋唐,中经宋、元、明等朝,到了清代已经承袭一千多年。这种考试制度以儒家经典为主要的命题来源,以"八股文"为主要的选才方式,制度僵化后所选拔出的人才已难堪抵御西方列强炮火的大任。他认为,应该向日本那样深入地学习西方知识才是为谋富强之正道。严复赞:"吾国人中旧学淹贯而不鄙夷新知者,湘阴郭侍郎后,吴京卿一人而已。"③姚永概也接受了新学创办的使命,并亲自前往日本学习,可见其并非完全固守从前的旧思想体系。如果桐城派是一个彻底的顽固守旧派,又如何不辞辛苦远涉重洋去考察?

今天我们对传统文化有了更全面、更客观的认识,我们应能理性看待桐城派对古典文化坚守的意义,新文化运动以来的一众非学

---

① [清]吴汝纶著,徐寿凯、施培毅校点:《吴汝纶全集·尺牍》卷二《与方伦叔》,合肥:黄山书社,1990年。

② [清]吴汝纶著,徐寿凯、施培毅校点:《吴汝纶全集·尺牍》卷四《学堂招考说帖》,合肥:黄山书社,1990年。

③ 严璩编:《侯官严先生年谱》,见本社影印室辑:《晚清名儒年谱》第十六册,北京:北京图书馆出版社,2006年,第15页。

理性评价当被重新审视。桐城派师法程朱所附带的政治色彩并不能成为我们忽视其学术研究价值的理由,乾嘉年间与汉学派的争论也不应完全遮蔽他们汉宋兼采的学术胸襟。他们有经世致用的抱负,亦有接受新学的认知,桐城派身上的历史尘埃应被拂去,公正、客观的学理性评价应起而代之。

(方盛良　秦文　代利萍)

第三讲

桐城派与清代文学

桐城派兴起于清康熙年间,前后延续两百余年,几乎贯穿了整个清代。桐城派是中国文学史上产生作家最多、历时最长、影响最大的文学流派。在清代文坛上占据着重要地位。

一、桐城派与清代古文

桐城派古文创作和实绩是桐城派开宗立派核心所在。这部分讨论桐城派各期名家在清代古文创作进程中的地位和影响,追寻桐城派注重创作和批评交叉演进的理路,见证桐城派主导清代古文的风姿。

戴名世(1653—1713)为桐城派先驱,字田有,安徽桐城人。他认为为文应以"精、气、神"为主,标举道、法、辞三者合一。"道也、法也、辞也,三者有一之不备而不可谓之文也"①。这对方苞"义法说"的形成产生重要的影响,也为桐城派古文理论的形成铺石开路。他论文主张"率性自然"。"君子之文,淡焉泊焉,略其町畦,去其铅华,无所有乃其所以无所不有者也。仆尝入乎深林丛薄之中,荆榛冒吾之足,土石封吾之目,虽咫尺莫能尽焉。余且惴惴焉惧跬步之或有

---

① [清]戴名世撰,王树民编校:《戴名世集》卷四《己卯行书小题序》,北京:中华书局,2000年,第109页。

失也。及登览乎高山之巅,举目千里,云烟在下,苍然茫茫,与天无穷。顷者游于渤海之滨,见夫天水浑沦,波涛汹涌,惝恍四顾,不复有人间。呜呼!此文之自然者"①。他推崇自然无矫饰,发乎于情的文章,虽有不足之处,只要有真实情感,亦为可取。

  方苞(1668—1749)为桐城派的奠基者。字凤九,亦字灵皋,晚号望溪。他提倡"义法"说。"《春秋》之制义法,自太史公发之,而后之深于文者亦具焉。义即《易》之所谓'言有物'也,法即《易》之所谓'言有序'也。义以为经而法纬之,然后为成体之文"②。"义"即是"言有物",指文章应有一定的内容。"余缀古文之学而求经义自此始"③。他其实是将文章的内容限定为经学和程朱理学,倡导文以载道;"法"即是"言有序",指作文应注意形式、技巧等问题。与内容的醇正相对应,他提倡文辞需"雅洁"。"古文中不可入语录中语、魏晋六朝藻丽俳语、汉赋中板重字法、诗歌中隽语、南北史佻巧语"④。方苞建立了一系列严正的古文规范。他对"醇正雅洁"文风的推崇及对理学的倡导,适应了统治者加强文化、思想统治的需要,这也是桐城派屹立文坛百年的重要原因。他所建立的古文规范,为后来桐城派传人所继承并发扬,为桐城派文论奠定了基础。在古文的创作中,他注意将小说的表现手法运用于古文中,使文章丰富形象,趣味横生。代表作有《左忠毅公逸事》:

  一日,使史更敝衣,草屦,背筐,手长镵,为除不洁者。引入,微指左公处,则席地倚墙而坐,面额焦烂不可辨,左

---

 ① [清]戴名世撰,王树民编校:《戴名世集》卷一《与刘言洁书》,北京:中华书局,2000年,第5~6页。
 ② [清]方苞:《方望溪全集》卷二《又书货殖传后》,北京:中国书店,1991年,第29页。
 ③ [清]方苞著,刘季高校点:《方苞集》卷十二《万季野墓表》,上海:上海古籍出版社,1983年,第332页。
 ④ [清]沈廷芳:《隐拙轩集》卷四十一《书法望溪先生传后》,清乾隆二十二年(1757)刻本。

膝以下,筋骨尽脱矣。史前跪,抱公膝而呜咽。公辨其声而目不可开,乃奋臂以指拨眦,目光如炬,怒曰:"庸奴!此何地也?而汝来前!国家之事,糜烂至此。老夫已矣,汝复轻身而昧大义,天下事谁可支拄者!不速去,无俟奸人构陷,吾今即扑杀汝!"因摸地上刑械,作投击势。①

刘大櫆(1698—1779)为桐城派"三祖"之一。上承方苞,下启姚鼐。他在强调"义理、书卷、经济"的同时,十分重视神气、音节。"故文人者,大匠也。神气音节者,匠人之能事也。义理、书卷、经济者,匠人之材料也"②。他认为神气、音节等形式对古文创作十分重要,可以与义理、书卷、经济等内容上的因素比肩。比之方苞,刘大櫆更加重视古文的文学性和其独立的审美价值。他提出"因声求气"说,认为为文的最精处在于神气,音节为文之稍粗处,字句为文之最粗处。求神气须于音节,求音节须于字句。他为文人士子指明了创作古文的方法和途径。刘大櫆文章以"雄奇恣肆"见称。代表作有《书荆轲传后》:

  天下之变,不幸出于君父之大。当倾危之顷,有健丈夫起而图之,惟其万全而无害,乃可以杜塞嚣嚣之口;其或值天时人事之穷,一败而不可复收,则天下后世之议,必纷然而起。此古之忠臣义士所为悲伤痛悼,而持两端者往往徘徊于进退之间而不能决也!③

姚鼐(1731—1815)可谓是桐城派的集大成者,字姬传,号惜抱。他倡导"文章、义理、考据"三者合一。将汉学所重视的考据加入桐城派的文学理论中,一方面使桐城派文论更加完善和扎实,另一方

---

① [清]方苞著,刘季高校点:《方苞集》卷九《左忠毅公逸事》,上海:上海古籍出版社,1983年,第237页。
② [清]刘大櫆著,舒芜校点:《论文偶记》,北京:人民文学出版社,1959年,第3页。
③ [清]刘大櫆著,吴孟复标点:《刘大櫆集》卷二《书荆轲传后》,上海:上海古籍出版社,1990年,第39页。

面,也客观上调和了汉、宋之争,为桐城派的发展减少阻力。他还运用传统的阴阳说,将文章风格分为"阳刚"和"阴柔"两类。他认为作文应该刚柔兼具,不能过于偏颇。他发扬了刘大櫆的"因声求气"说,认为文章的音节等文学性的因素是非常值得重视的。他把文章的艺术要素概括为"神、理、气、味、格、律、声、色"八字。认为前四者是文之精处,层次较高;后四者为文之粗处,层次较低。粗中含精,由粗达精,由精去粗。比之刘大櫆的"因声求气"说,他对作文技巧的把握更为成熟。姚鼐继承桐城派文论传统,提倡雅洁。桐城派的文论思想至姚鼐完善成形,桐城派后学的文论思想大抵都是在其文论范围内加以演绎。

　　姚鼐虽倡导作文应刚柔兼济,但他本人创作偏向阴柔,能以韵味取胜。他生活于乾嘉盛世,又得以入翰林院,博览群书,本人眼界比较宽阔。因而,他的古文成就比较高。文风醇正雅洁,悠然冲淡。如《登泰山记》:

> 泰山正南面有三谷。中谷绕泰安城下,郦道元所谓环水也。余始循以入,道少半,越中岭,复循西谷,遂至其巅。古时登山,循东谷入,道有天门。东谷者,古谓之天门溪水,余所不至也。今所经中岭及山巅崖限当道者,世皆谓之天门云。道中迷雾冰滑,磴几不可登。及既上,苍山负雪,明烛天南;望晚日照城郭,汶水、徂徕如画,而半山居雾若带然。
>
> 戊申晦,五鼓,与子颍坐日观亭,待日出。大风扬积雪击面。亭东自足下皆云漫。稍见云中白若摴蒱数十立者,山也。极天云一线异色,须臾成五采。日上,正赤如丹,下有红光,动摇承之。或曰,此东海也。回视日观以西峰,或得日或否,绛皓驳色,而皆若偻。①

---

① [清]姚鼐著,刘季高标校:《惜抱轩诗文集·文集》卷十四《登泰山记》,上海:上海古籍出版社,1992年,第220～221页。

继姚鼐后,是"姚门四杰",有方东树、姚莹、梅曾亮、管同。以梅曾亮文名最盛,同时他也是将桐城派发扬光大的关键人物。首先,他主张"因时立言"。"惟窃以为文章之事,莫大乎因时。立吾言于此,虽其事之至微,物之甚小,而一时朝野之风俗好尚,皆可因吾言而见之"①。他还反对模拟古人,力主去陈言。"夫君子在上位受言为难,在下位则立言为难,立者非他,通时和变,不随俗为陈言者是已"②。他明确提出要以"通时和变"为立言的准则。其次,梅曾亮推重作文要"真",主张文章要表达作家的真实情感和个性。他将"真"作为评判文章优劣的准绳,并将"真"与作家的艺术个性挂钩,这是中国批评史上一个重要的维度。"真"有丰富的文学内涵。其一,内容之真。不仅仅是内容真实,而且要与时代精神相契合,能够反映实事。其二,感情之真。梅曾亮认为感情的真挚是一个作家展示其艺术个性的途径。最后,他讲求"声"和"气",主张诵读和声气相通。这是对刘大櫆提出的"因声求气"说的进一步演绎。他认为要想了解诗文的章法和道理,必须通过朗诵,通过朗诵前人的佳文入手,在诵读的过程中了解文章的精妙之所在。"见其人而知其心,人之真者也;见其文而知其人,文之真者也。人有缓急刚柔之性,而其文有阴阳动静之殊。譬之查、梨、橘、柚,味不同而各符其名、肖其物;犹裘、葛、冰、炭也,极其所长,而见其所短。使一物而兼众味与众物之长,则名与味乖,而饰其短,则长不可以复见,皆失其真者也。失其真,则虽接膝而不相知。得其真,虽千百世上,其性情之刚柔缓急见于言语行事者,可以坐而得之。盖文之真伪,其轻重于人也固如此"③。情感真实,可以反映不同的创作面貌,读者可以因其文而知其人。"姚门四杰"将桐城派文论思想进一步发扬光大,声势之盛,使得非桐城文人都翕然宗之,一时间声名大噪。

---

① [清]梅曾亮:《答朱丹木书》,清咸丰六年(1856)杨以增、杨绍谷刻本。
② [清]梅曾亮:《复上汪尚书书》,清咸丰六年(1856)杨以增、杨绍谷刻本。
③ [清]梅曾亮:《太乙舟山房文集序》,清咸丰六年(1856)杨以增、杨绍谷刻本。

随后曾国藩宗桐城派而入主文坛,被誉为"桐城古文的中兴大将"。曾国藩,字伯涵,号涤生。首先,他倡导"义理、考据、文章、经济"四者合一,在姚鼐文论的基础上增加"经济"一门,与孔门四科相对。其次,他发扬姚鼐的阳刚、阴柔的风格说并将其具体化。"余昔年尝慕古文境之美者,约有八言:阳刚之美曰雄、直、怪、丽,阴柔之美曰茹、远、洁、适"[①]。再次,他强调文章要有真实情感,反对矫揉造作。最后,他能援汉赋之气入文,使桐城古文的平易之风为之一变。"曾文正公出而矫之,以汉赋之气运之,而文体一变,故卓然为一代大家"[②]。他的文章多雄浑纵横,蕴含豪迈之气。

> 自洪、杨倡乱,东南荼毒,钟山石城,昔时姚先生撰杖都讲之所,今为犬羊窟宅,深固而不可拔。桐城沦为异域,既克而复失。戴钧衡全家殉难,身亦呕血死矣。余来建昌,问新城、南丰,兵燹之余,百物荡尽,田荒不治,蓬蒿没人,一二文士,转徙无所;而广西用兵九载,群盗犹汹汹,骤不可爬疏。[③]

曾国藩后,"曾门四弟子"——吴汝纶、张裕钊、黎庶昌、薛福成登上文坛。以吴汝纶影响较大。此时已值清末,桐城派渐衰微。随着国家情势的危急,文坛的动荡,他们结合当时的实际,对桐城派文论的认识更加深刻。他们对汉学、宋学之弊认识更清晰,多能兼采汉、宋之长。吴汝纶论文主张于汉、宋无所不扫,无所不采。张裕钊也主张汉、宋兼容。他们的创作也越来越讲求经世致用。他们的文学活动可以说是桐城派最后一次微弱的闪光。接其余绪者有二姚,

---

① [清]曾国藩:《曾国藩全集·日记》,长沙:岳麓书社,1994年,第487页。

② [清]吴汝纶撰,施培毅、徐寿凯校点:《吴汝纶全集·尺牍》卷一《与姚仲实》,合肥:黄山书社,2003年,第51~52页。

③ [清]曾国藩:《欧阳生文集序》,见温林编:《曾国藩全集·诗文》,北京:京华出版社,2001年,第226页。

还有与桐城派密切相关的严复、林纾等人。至此,延续长达两百余年的桐城派在文坛上几于湮没。

桐城派文论在方苞"义法"说的基础上逐渐形成与完善,在不断发展的过程中渐渐具有一种包容性与变通性。这是支撑桐城派古文能够传衍于清代两百多年的重要支柱之一。桐城派的古文创作相比于其文论上取得的成就要稍显逊色。方苞、刘大櫆、姚鼐等人都努力将其古文理论运用到实际创作中,却始终难以实现。桐城派作家的作品大都局促不伸,缺乏大气象、大格调。尽管如此,桐城派古文也有鲜明的艺术特色,有丰硕的创作成果,也不乏传世佳作。桐城派古文是清代文坛上最浓墨重彩的一笔,它历时之长、作家之多、影响之大是其他任何文学流派都难以望其项背的。"方苞姚鼐之徒,尸程、朱之传,仿欧、曾之法,治古文辞,号曰宋学。明于呼应顿挫,谙于转折波澜,至谓因文见道,别树一帜。海内人士,翕然宗之,至谓天下文章,莫大于桐城"①。

二、桐城派与清代诗歌

钱基博、钱钟书先生皆言桐城派亦为诗派。事实上,诗歌创作伴随桐城派之生发,刘大櫆、姚鼐、"姚门四杰"等桐城名家都有大量的诗作和诗论,并与清代诗坛宗宋之风相连始终。本小节将集中阐发桐城诗派的创作队伍、诗歌成就、诗学思想和诗学影响。

方苞不注重诗歌,故桐城派先有诗名且诗论有影响者首推刘大櫆。刘大櫆的诗在当时影响较大。姚鼐曾说:"海峰则文与诗并极其力,能包括古人之异体,熔以成其体,雄豪奥秘,麾斥出之,岂非其才之绝出今古者哉?"②以气论诗为刘大櫆论诗的核心。"气之精者

---

① 胡蕴玉:《中国文学史序》,载《南社》第八集。
② [清]姚鼐:《惜抱轩全集·文后集》卷五《刘海峰先生传》,北京:中国书店,1991年,第237页。

托于人以为言""诗也者,又言之至精者也"①。他认为诗为言之精者,是气的表现形式,产生于气。刘大櫆作诗推崇豪迈之气。"少年饮酒气何豪!鲸鱼乱吸沧江涛。酒酣耳热枕花卧,仰看日出青天高。岂但歠醨仍餔糟,螟蛉蜾蠃纷腾逃"②。他作诗有以下几个特点:一是不避俗字;"尘土污人障不得,骒马日日穿衖衖"③。衖衖,今作胡同,除了在元曲中用外,雅文学中是没有文人用的。二是自作语,不求出处;"断岸野风急,寒江秋水深。百年人事哽,千里客途心。独坐依星斗,长歌抚剑镡。谁能当此际,凄绝更闻砧"④。"人事哽"为刘的自作语。三是喜用拗律书写奇气。刘大櫆作诗大拗大救,奇崛劲挺,为其诗歌中语境的表现提供了恰到好处的语音形式。其诗作的不足之处就在于粗俗而缺少美感,情感表现过于直接而缺少诗所特有的含蓄美,缺少一种韵味。

姚鼐的诗歌在当时享有盛名,门人争相传授,推为正宗,由此桐城诗学蔚然成派。姚鼐的诗论主张大致可概括为以下五个方面:一是主张情感的真实。他曾说:"余尝譬今之工诗者,如贵介达官相对,盛衣冠,谨趋步,信美矣,而寡情实。"⑤姚鼐主张诗人情感真实而自由抒发,而不是束手束脚,人云亦云。"西风吹海月,万里散银山。徘徊清夜席,照君如玉颜。玉颜愿长保,日月逝不闻。如何言别遽,不念相逢艰。金尊斟绿醑,为唱古阳关。男儿非藤木,安得相附攀?君有江上宅,青山绕如环。朝望江云起,暮入江云间。云开江路尽,

---

① [清]刘大櫆著,吴孟复标点:《刘大櫆集》卷三《张秋浯诗序》,上海:上海古籍出版社,1990年,第88页。
② [清]刘大櫆著,吴孟复标点:《刘大櫆集》卷十一《对酒叹》,上海:上海古籍出版社,1990年,第362页。
③ [清]刘大櫆著,吴孟复标点:《刘大櫆集》卷十一《送姚道冲归里》,上海:上海古籍出版社,1990年,第375页。
④ [清]刘大櫆著,吴孟复标点:《刘大櫆集》卷十五《舟夜闻砧》,上海:上海古籍出版社,1990年,第518页。
⑤ [清]姚鼐著,刘季高标校:《惜抱轩诗文集·文集》卷四《吴荀叔杉亭集序》,上海:上海古籍出版社,1992年,第45页。

山月照君还"①。此诗为姚鼐送别友人归里之作。不同于一般的送别诗所发的愁苦之音,姚鼐认为男儿当各自独立,不能因骤然别离而伤悲不已。规劝友人现应珍惜眼前的人与美景,归去当珍惜未来的一切。二是反对以诗人自命。姚鼐言:"古之善为诗者,不自命为诗人者也。其胸中所蓄,高矣、广矣、远矣,而偶发之于诗,则诗与之为高广且远焉,故曰善为诗也。曹子建、陶渊明、李太白、杜子美、韩退之、苏子瞻、黄鲁直之伦,忠义之气,高亮之节,道德之养,经济天下之才,舍而仅谓之一诗人耳,此数君子岂所甘哉?志在于诗人而已,为之虽工,其诗则卑且小矣。"②姚鼐认为诗人之称谓会将善于作诗之人的气象、格局缩小。姚鼐学宗程朱,推崇文以载道,反对发无用之声。姚鼐的这一论断其实是针对袁枚而来的,他认为袁枚不讲道德气节,只会发靡靡之音,毒害人心。倡导应作于时有益之诗。因而姚鼐及其门人大力倡导宋学,将古文的义法说,即程朱理学的内容融入诗的创作中。三是姚鼐论诗主张兼采唐宋,即融诗人之诗与学人之诗于一体。所以桐城派诗人作诗要求学力深厚,认为学力不足,则作诗不能进益。四是注重音律与气势。姚鼐论诗讲求音律响亮,以表现其诗的雄阔豪迈。他认为音律与气势密不可分。"意与气相御而为辞,然后有声音节奏高下抗坠之度,反复进退之态,采色之华。故声音之美,因乎意与气而时变者也"③。音律因气势与诗意的变化而起伏不同,音律的协调可使文气免于下坠。音律与气势相辅相成。五是因承而创。姚鼐认为作诗必须从模拟前人优秀诗作入手,因承而创,注重创新。姚鼐不满钱谦益批评明七子,认为明七子论诗主张应向古人学习的观念是十分有见地的。他作诗取法

---

① [清]姚鼐著,刘季高标校:《惜抱轩诗文集·诗集》卷一《送演纶归里》,上海:上海古籍出版社,1992年,第423~424页。
② [清]姚鼐著,刘季高标校:《惜抱轩诗文集·文集》卷四《荷塘诗集序》,上海:上海古籍出版社,1992年,第50页。
③ [清]姚鼐著,刘季高标校:《惜抱轩诗文集·文集》卷六《答翁学士书》,上海:上海古籍出版社,1992年,第84页。

明七子。"《惜抱轩尺牍》谓学诗须从明七子诗入手,不可误听人言。曾编《明七子律诗选》(原缺)卷,示之准的"①。姚鼐虽主张作诗应模拟古人,但并不是仅模仿其作诗的法度,而是要深入模拟古人之志意怀抱,根据自己的才情,结合实际来抒发个人情感,进而能自成一家。

与其文的稍偏阴柔不同,姚鼐论诗追求气象阔大、刚健磊落的审美趣味。他的诗歌追求雄健豪迈之气。其诗作效仿盛唐诗人李白、杜甫,有盛唐的豪迈气象,兼采韩愈雄刚劲健之气,从而形成雄健豪迈之风格。他的诗作大体有三个特点:一是以文为诗。"从来休咎两难定,况何与此枯树耶"②。"从来""况何""耶"等都是古文中才会用的词,诗中一般不会出现这种较口语化的词的。姚鼐将其运用于诗,使诗所蕴含之情感转折更顺畅,更能体现其个人化色彩。二是具有阳刚美。姚鼐所作的诗大都有豪迈刚直之气,具有阳刚美。三是倡导学人之诗。桐城派的诗论至姚鼐而形成并定型。后学者多沿此诗论推演,而大致不出其范围。

"姚门四杰"中,以方东树的诗学理论与诗作最为著名。方东树因师承姚鼐,其论诗之观点大致与姚鼐一致。其编有《昭昧詹言》专门论及诗作。正集十卷,写成于道光十九年(1839),专论五言古诗。收录了阮籍、陶渊明、谢灵运、鲍照、杜甫、韩愈、黄庭坚等人的诗作。后又撰有《昭昧詹言续录》两卷,专论七言古诗。收入王维、李颀、虞集等人的作品。从他所收选的诗作可以大致看出他的诗学倾向,他推崇自然冲淡与雄浑壮阔两种诗风。方东树的诗歌非常具有个人特色,大概可归为以下几点:一是他担忧国家安危,任何事情都能使他联想到国家局势的动荡。重阳登高之时,他感叹如今古风不存,继而产生山河有异之感。二是他常常使用比兴手法来表现自身性

---

① [清]刘声木撰:《苌楚斋随笔》卷一《论明七子诗》,北京:中华书局,1998年。

② [清]姚鼐著,刘季高标校:《惜抱轩诗文集·诗集》卷三《新城道中书所见》,上海:上海古籍出版社,1992年,第462页。

格和经历。他以人皆言其无用之榕树自比,自言欣赏其枝繁叶茂。三是其诗作情感丰富而真实。方东树一生郁郁不得志,生活在社会下层,其诗多寒士之词。他性喜花卉,曾有诗作:"平生郁郁无欢事,老见幽花暂解颜。"①他一生贫困,比之刘大櫆过而无不及。唯有赏花能给他带来一些乐趣,可以聊以为慰。因此,他诗作中多咏花之作。

桐城派其他文人多有诗歌创作。梅曾亮有《诗集》十卷,张裕钊有《濂亭遗诗》,吴汝纶有《诗集》两卷等。他们的诗歌创作各有其艺术个性。但因篇幅原因,在此就不再涉及。

桐城派诗学取得的成就是很大的。刘世南先生甚至在《清诗流派史》中称:"其实桐城诗派所取得的成就和所产生的影响是超过桐城文派的。"②桐城诗派的出现与演进,一方面打击了性灵派;另一方面,它对清代后期的宋诗派及近代"同光体"的宗宋诗风有一定的影响。

三、姚鼐的词作

姚鼐虽词作不多,仅留存八首,但艺术成就还是十分可观的。由于姚鼐的性格、身世等原因,姚鼐对现实的关怀稍显不足。但其性喜山林,寄情山水,以书为友,具有不同于流俗之品质,他将这种品质融于他的词作中,并以高超的技巧表现出来。其词作有清微淡远之意。

> 西风绕舍。望袅袅弱枝,隔篱垂瓦。正是新霜缀满,素烟细挂。才听笑语怜红小,又长竿,一声飘洒。爨鸦何处?筠笼应满,夕阳渐下。

---

① [清]方东树:《仪卫轩诗集》卷二《咏慎火树效范云》,清同治七年(1868)刻本。

② 刘世南:《清诗流派史》第十四章《桐城诗派》,北京:人民出版社,2004年,第341页。

笑杜老、清诗漫写。怎忘近村园桑柘？几度分甘，儿女故人情话。绿窗榛栗方同荐，数于今授衣近也。天涯知否？东邻纤月，新添林罅。①

夕阳西下，农家宅院里女子用长竿扑枣，农家生活虽有艰辛处亦有欢笑时。姚鼐以淡然的笔触细细描写农家生活的喜与忧，生动而充满生活气息。姚鼐词的创作成就虽称不上卓越，但艺术上还是有可赞誉之处，在清词的发展中起继往开来的作用。

（方盛良　秦文　代利萍）

---

① ［清］姚鼐著，刘季高标校：《惜抱轩诗文集》诗集后集《桂枝香·和郑前村咏邻家女子扑枣》，上海：上海古籍出版社，1992年，第644～645页。

第四讲

桐城派与清末民初社会变革

鸦片战争拉开了中国近代史的序幕,随着列强的不断侵略及西方文明的强烈冲击,中华民族进入了"三千年未有之大变局"的时代,面临着前所未有的危机与挑战。纵观清末民初这一风云变幻的历史,一个重要的主题不外乎"救亡图存"。内忧外患、山河破碎,促使国人开始苦苦寻觅救国之路,从"洋务运动""维新变法""清末新政"到"辛亥革命"及民国初年的"新文化运动",都体现了一个从"器物"到"制度"再到"文化"的不断深入探索的艰辛历程。桐城派,作为一个提倡"有所变而后大"的派别,作为一群具有修身齐家治国平天下理想的中国传统知识分子,他们在那样的时代背景之下是如何应对和选择的?他们在中国近代史上又有着怎样的地位?本讲将结合清末民初几次重要的社会变革来讲述后期桐城派的发展和影响。

一、桐城派与洋务运动

洋务运动是在第二次鸦片战争之后,以曾国藩、李鸿章、张之洞、左宗棠等人为代表的洋务派发起的一场救亡图存运动,也是晚清时期第一次真正意义上的变革。这场运动以"自强"和"求富"为口号,主张学习西方先进的科学技术和工业化以发展军事、经济,从而维护清廷的统治。洋务运动的前奏是第一次鸦片战争前后国内兴起的经世致用的思潮，正是有了这股思潮的推动和促进，洋务运动才得以提出，并最终付诸实施。而桐城派在嘉道经世思潮中的表现也是可圈可点，所以有必要简单追溯一下。第一次鸦片战争前后，清王朝日益衰弱，阶级矛盾、民族矛盾不断尖锐，整个社会处于空前动荡的氛围之中。有识之士开始从天朝大国的美梦中惊醒，开眼看世界，并探索强国御夷的方法和途径，于是经世致用成为他们追求的目标。桐城派大家姚鼐的弟子们梅曾亮、方东树、姚莹等人正生活在这样一个时代，他们顺应时代的潮流，将经世致用的思想与桐城派古文创作结合起来，在社会大变局中应变求新，如梅曾亮提出"文章之事，莫大乎因时"①，方东树提出"君子之言，为足以救乎时而已"②，而姚莹更是一位可与龚自珍、魏源、林则徐等相提并论的晚清经世思潮的倡导者。他主张作文"要端有四：曰义理也、经济也、文章也、多闻也"③，其在对西康（今四川部分地区）、西藏等地进行实地考察的基础上所撰写的《康輶纪行》是晚清经世之作的代表。姚莹不仅有经世之作，还有经世之功，鸦片战争期间带领台湾军民英勇抵抗英军的侵略，取得台湾保卫战的胜利，在中国近代反抗外敌入侵史上写下了的辉煌篇章。

桐城派在姚门弟子去世之后，一度陷入困境。作为洋务运动重要领袖的曾国藩利用其显赫的政治地位出而振之，使桐城派得以中兴。曾国藩倾慕桐城派古文，私淑姚鼐，在继承先贤们的基础之上又对桐城派加以改造，将姚鼐所提的"义理、考据、辞章"变而为"义理、考据、辞章、经济"，此处的"经济"已经不仅仅是传统儒学的经世致用，在洋务兴起的年代"经济"还有要学习西方的科学技术之意。这一补充使桐城派古文更加充实、饱满、沉厚，改变了过去规模狭

---

① [清]梅曾亮：《答朱丹木书》，见贾文昭编著：《桐城派文论选》，北京：中华书局，2008年，第286页。
② [清]方东树：《仪卫轩文集》卷一《辩道论》，清同治七年（1868）刻本。
③ [清]姚莹：《东溟外集》卷二《与吴岳卿书》，上海：上海古籍出版社，2002年，第449页。

小、平淡无奇的文章风格,使之有了瑰玮、雄奇的可能。不过,讲究"经济"终究是要在以"义理"为质的前提之下,也就是坚持"义理"仍然是首要的,这其实是与洋务运动提倡"中学为体,西学为用"的思想相统一的。曾国藩一方面将洋务思想的新血液注入晚清桐城派已趋衰弱的体内,使其恢复生气;另一方面又借桐城古文兴洋务,二者相得益彰。此后,桐城派的文章体现出强烈的"中体西用"的洋务色彩,成为宣传西学的一面旗帜。

曾国藩门下有四大弟子,分别是薛福成、黎庶昌、张裕钊、吴汝纶。他们在洋务运动这一变革浪潮中毋庸置疑充当了思想鼓吹者的角色,其中薛、黎二人更是近代中国颇有影响力的早期维新思想家,也是洋务运动的实际参与者和领导者。薛福成早年以一封洋洋万言的主张改革时弊的《上曾侯书》而被曾国藩揽入幕下,一直追随曾国藩直至其去世。之后入李鸿章幕府,因其随办洋务甚力而被李鸿章奏荐为知府。光绪五年(1879),薛福成写成《筹洋刍议》一书,分《约章》《边防》《邻交》《利器》《敌情》《藩邦》《商政》《船政》《矿政》《利权》和《变法》等十四篇,全面反映他的洋务思想。李鸿章看后大为赞赏,该书也因此在洋务派和进步人士中迅速流传开来。光绪十四年(1888),薛福成出任驻英国、法国、意大利、比利时四国的大使。在驻欧使节六年内,他走访了欧洲许多国家,详细地考察了欧洲的政治、经济、军事、教育、法律等制度,并著《出使四国日记》。从日记中流露出薛福成对西方文明的肯定,他认为西方已百倍富强于中国,中国应不懈地师法西方。在"曾门四弟子"中,黎庶昌与薛福成一样也曾游历欧洲各国。光绪二年(1876),黎庶昌追随郭嵩焘等人先后出使欧洲各国,历任驻英吉利、德意志、法兰西、西班牙使馆参赞。在欧洲五年,他游历了比利时、瑞士、葡萄牙、奥地利等10国,注意考察西洋诸国国情,写成《西洋杂志》一书。黎庶昌以生动的手笔呈现给国人一幅西方社会全景,勾勒出近代中国人睁眼看世界时的认知过程与内心感受。欧游归国之后,光绪七年至十年(1881—1884)和光绪十三年至十五年(1887—1889),黎庶昌还曾先后两次出任中国驻日本大臣。在日本他得以亲见明治维新的展开和取得的效果,他称赞"明治改元,遂举唐制废之。一尚西法,因时制宜,不可谓非善变"①。日本明治维新的成功使他更加坚定在中国实施洋务运动的信念。黎庶昌、薛福成与他们的恩师曾国藩一样,都是文学家兼胸怀天下的政治家双重身份于一身的,他们以笔宣扬洋务思想,以身参与洋务事业,他们的身份和经历不仅使文章风格易于雄奇宏伟,而且视野更加广阔,容纳了西方世界的新事物、新思想。

　　曾门另两位高足吴汝纶、张裕钊的政治影响虽不如薛福成、黎庶昌,但是在文学和教育的影响上要远甚二人。曾国藩曾语"吾门人可期有成者,惟张、吴两生"②,这是对他们在文学上的期许。在教育上,张、吴二人培养了一大批弟子,这些弟子在清末民初的政治、学术上亦产生过一定影响,使桐城派发出最后的光芒。吴汝纶,"曾门四弟子"中唯一的桐城籍人,先后入曾国藩、李鸿章幕府,曾、李二人的许多奏议出其手笔,并在直隶地区为官布教多年。吴汝纶支持洋务运动,尤其致力于文化教育上的改良,对推动中国教育的近代化有一定积极作用。在辞官为教主持河北保定莲池书院期间,吴汝纶对书院作了一系列的改革,大力引入西学,如购置西书,开设西文(英语)、东文(日语)学堂,聘请外籍教师,招收外籍留学生,鼓励中国学生留学,等等。在吴汝纶改革下,莲池书院名噪一时,于清末有着"全国书院之冠,京南第一学府"之美誉。吴汝纶之子吴闿生曾这样描述莲池书院的盛况:"才俊之士奋起云兴,标英声而腾茂实者,先后相望不绝也。己丑以后,风会大开,士既相竞以文词,而尤重中外大势、东西国政法有用之学。畿辅人才之盛,甲于天下,取巍科登显仕,大率莲池高第,江浙川粤各省望风敛避,莫敢抗衡。其声

---

① [清]黎庶昌:《拙尊园丛稿》卷四《日本新政考序》,清光绪二十三年(1897)刊本。
② 赵尔巽等撰:《清史稿》第三十四册《张裕钊传》,北京:中华书局,1977年,第13442页。

势可谓盛哉。"①张裕钊也曾主讲多地书院,并在吴汝纶之前主持莲池书院,二人门下弟子相互流通。张裕钊淡泊名利,以治文教学为能事,是"曾门四弟子"中最具有传统文人气质的文章家,但面临深重的民族危机,他同那个时期的大多数文人一样,不再埋头书斋,而是将眼光投向现实,提出救世方案。他同样主张进行改革,主张师夷长技为我之用,斥责那些守旧不肯向西方学习的顽固派。他在《送黎莼斋使英吉利序》中说:"泰西人故擅巧思,执坚刃,自结约以来,数十年之间,益镂凿幽渺。智力锋起角出,日新无穷……而当世学士大夫,或乃拘守旧故,犹尚鄙夷诋斥,羞称其事,以为守正不挠。乌乎!"他还认为:"穷则变,变则通,而世运乃与为推移。"②这些体现了张裕钊作为一个文人的爱国之心以及开眼看世界的开明态度。

以曾国藩及其弟子们为代表的桐城派在洋务运动时期大多为开明的改革者的角色,可以说他们既是一个文学派别,同时也是一个政治团体,他们将文学与现实政治紧密联系起来,使二者相互影响、相互促进。在他们的努力之下,桐城派不仅摆脱了在鸦片战争后所面临的发展困境,而且扬名于近世,再一次得到世人的瞩目。

二、桐城派与维新变法

甲午战争的失败标志着洋务运动的全面破产,也使民族危机进一步加深。于是人们开始反思仅仅学习西方先进技艺是不够的,还要从更高层面学习西方的先进制度。以康有为、梁启超为首的资产阶级改良派为救亡图存,开始大力宣扬维新变法思想,提出了一系列发展资本主义政治、经济、文化等改良主张,并逐渐形成一股强势的思潮。桐城派在面临这一大的变革时又一次顺应潮流,因时

---

① 吴闿生:《吴门弟子集·序》,北京:中国书店,2009年。
② [清]张裕钊:《濂亭文集》卷二《送黎莼斋使英吉利序》,清光绪八年(1882)刊本。

而变。

维新派在政治上的最终目标是要建立君主立宪制度,摆脱"中学为体、西学为用"的洋务思想。这里值得一提的是,在甲午战争前"中体西用"是桐城派的主流思想,但是早期的维新思想已能在其中初见端倪。如薛福成、黎庶昌他们被派驻国外,亲身接触西方资本主义国家的文明和富强,深切感受中国的落后,强烈的反差对比促使他们思考和探索政治制度的不同。薛福成在《出使四国日记》中记载:"君民共主,无君主、民主偏重之弊,最为斟酌得中。"①可见已经认识到君主专制的弊端,他所提倡的这种"君民共主"虽然缺乏近代立宪国家的基本特征,但在当时的时代背景之下提出这样的思想无疑是很进步的。甲午战争之后,"曾门四弟子"中只有吴汝纶仍活跃于历史舞台,成为后期桐城派的领袖。他虽然没有如薛福成那样明确提出一种政治思想,但是他在提倡西学、引进西学时已经开始注意政治层面的东西。如他在主持莲池书院期间购置大量西书,对这些书的类别他有自己独到的见解,他认为"西国富强政治之书,如上海所译《防海新论》、同文馆所译《富国策》等皆是。而西人自译,若《自西徂东》《泰西新史揽要》《西国学校》《万国岁计》诸书,至为有益。此外,则购阅各报,尤为切要"②。这说明他对西学认识的眼光已经超出了器物层面,开始从制度文化层面实践对西学的引进。吴汝纶弟子严复也是一位在维新变法思潮中不得不提的重要人物。他明确反对洋务运动"中学为体,西学为用"的理念,认为"中学有中学之体用,西学有西学之体用,分之则两立,合之则两止",应做到"体用一致",要从政治制度上进行改革,提出"以自由为体,以民主为和"的思想。③光绪二十三年(1897),严复和王修植、夏曾佑等在

---

① [清]薛福成:《出使四国日记》,长沙:岳麓书社,1985年,第538页。
② [清]吴汝纶撰,施培毅、徐寿凯校点:《吴汝纶全集·尺牍》卷一《答牛蔼如》,合肥:黄山书社,2002年,第129页。
③ 严复撰,王栻主编:《严复集》第三册书信卷《与〈外交报〉主人书》,北京:中华书局,1986年,第559页。

天津创办《国闻报》和《国闻汇编》,宣传变法维新,不仅著文阐述维新的必要性、重要性、迫切性,而且翻译了英国生物学家赫胥黎的《天演论》,以"物竞天择,适者生存""时代必进,后胜于今"作为救亡图存的理论依据,在当时产生了巨大的影响。

　　此外,在文化教育方面,吴汝纶及吴门弟子也是积极迎合了维新思潮。维新派主张改革科举制度,废除八股文,设立中小学堂,开办译书局、报馆,等等,这些恰恰是后期桐城派学人努力在做的事。甲午战争的失败,使吴汝纶对科举制度的种种弊端有了更深刻认识。他认为中国的士人"无他才能,但知作八股文取科第,国家不用,即退而以八股盛业传诸其徒,以自给身口"①。光绪二十四年(1898)戊戌变法开始,光绪帝下诏科举不用八股,吴汝纶兴奋不已,"端节诏书,径废时文,五百年旧习,一旦廓清,为之一快"。他进一步主张,"窃谓废去时文,直应废去科举,不复以文字取士"。② 吴汝纶作为一个接受过传统教育,且由科举进身的传统士人明确提出废除科举制度,是要有过人的远识和勇气的。科举若废除,那该如何培养、选拔人才呢?就是兴学堂,他认为只有新式学堂才能培养真正的人才,挽救民族危机,"学堂不兴,人才不出,即国家有疹瘵之忧"③。光绪二十九年(1903),吴汝纶去世,两年之后延续千年的科举制度终于废除,证明了其主张是符合了历史发展需要的。此外,吴门弟子严修虽然没有其师的远见④,但是在清末科举制度的改革上有重要贡献。光绪二十三年(1897),严修在任贵州学政期间,奏

---

　　① [清]吴汝纶撰,施培毅、徐寿凯校点:《吴汝纶全集·尺牍》卷一《答方伦叔》,合肥:黄山书社,2002年,第182页。
　　② [清]吴汝纶撰,施培毅、徐寿凯校点:《吴汝纶全集·尺牍》卷二《与周玉山廉访》,合肥:黄山书社,2002年,第194页。
　　③ [清]吴汝纶撰,施培毅、徐寿凯校点:《吴汝纶全集·尺牍》卷三《与萧敬甫》,合肥:黄山书社,2002年,第366页。
　　④ 严修(1860—1929),字范孙,天津人,近代著名教育家、学者,与张伯苓创办了著名的南开大学。

请朝廷于科举外开设经济特科,"奏为时政维新,需才日亟,请破常格,迅设专科"①,选拔那些有专门之才,如熟谙中外交涉事件,或算学律学,或格致制造、能创新法,或有测绘之长等真才实学之士。次年一月,总理衙门、礼部遵旨议复,科举分特科、岁科两途。对于此事,梁启超这样评价:"贵州学政严修,适抗疏请举特科,得旨允行。当时八股未废,得此亦足稍新耳目,盖实新政最初之起点也。"②此外,科举制度的最后废除,严修也有一己之功。其时袁世凯任直隶总督,严修被聘任为直隶学校司总办,综理全省学政。面对国内趋新人士对科举制度的日渐不满,光绪三十一年(1905),严修好友卢靖上书向袁世凯提出废除科举的建议得到严修的支持,袁世凯询问严修意见,严修更是陈说袁世凯,称废科举是排除障碍、加速兴学根本之图,极力促成袁世凯与张之洞联名上书,于是袁、张联衔奏请停止科举,得到清廷准奏,科举制度终得以废除。

在文学上,吴汝纶为适应时代的发展,还对桐城派文论加以改造,一个重大的改变就是偏离桐城派一直尊崇的"义理"。因为"中体西用"的洋务思想遭到维新派大力挞伐,他们认为维护宗法专制的纲常名教及专制制度本身成为阻碍中国前进的最大障碍。因此在大势所趋之下,若桐城派再坚守"义理",必然不利于自身的发展。因此吴汝纶主张文章、义理分开,他认为"必欲以义理之法施之文章,则其事甚难。不善为文,但堕理障……方侍郎学行程朱,文章韩欧,此两事也"③。"说道说经,不易成佳文。道贵正,而文必以奇

---

① 严修:《奏请设经济专科折》,见璩鑫圭、童富勇编:《中国近代教育史资料汇编·教育思想》,上海:上海教育出版社,1997年,第525页。
② 梁启超:《戊戌政变记(外一种)》,上海:上海古籍出版社,2014年,第33页。
③ [清]吴汝纶撰,施培毅、徐寿凯校点:《吴汝纶全集·尺牍》卷一《答姚叔节》,合肥:黄山书社,2002年,第139页。

胜"①。可见，吴汝纶已经偏离了姚鼐所提的"义理、考据、辞章"三者不可偏废的祖宗家法，是很有突破性的。作为开眼看世界的先知先觉者，吴汝纶必然不会故步自封、画地为牢，他最大限度地去改革以顺应时代潮流。如果说吴汝纶有与维新派相悖的地方，那就是对古文形式的坚持。维新派主张俚语，摒弃古文写作，而保留古文的形式恐怕是吴汝纶最后的底线，若古文不存在，桐城派也就没有存在的必要了。面对维新派新文体的挑战，他反俚求雅，重提方苞、姚鼐"雅洁"之传统。他热烈赞颂严复用雅洁的古文翻译《天演论》《原富》等西方著作，而严复也将"信、达、雅"作为翻译佳作的标准。吴汝纶作为曾门弟子中唯一一位桐城籍人，作为桐城派的后期领袖，这种坚持应该是情理之中、无可厚非的。

三、桐城派与清末新政

虽然戊戌变法最后以失败而告终，但影响是深远的，是近代中国的一次思想启蒙运动，开启了民智且进一步促进了中华民族的觉醒。维新变法失败后，慈禧太后废除了一切新政，然而不久后发生的八国联军侵占北京的"庚子之变"使清廷遭到空前的打击，排满革命风起云涌，各省督抚和绅商亦对清朝贵族专政渐生不满。为平息反清情绪，巩固其统治地位，清政府不得不主动进行自上而下的改革，是谓"清末新政"，其实这次改革的许多内容与戊戌变法的主张是一致的。在这场前后长达十年的改革中，同样有众多桐城派人的参与。

清末新政实施两年后吴汝纶便去世，而这时吴汝纶的弟子已经成长起来。吴汝纶"垂教北方三十余年，文章之传则武强贺先生，诗则通州范先生……二先生外，则有马其昶通伯、姚永朴仲实、姚永概叔节、方守彝伦叔、王树楠晋卿、柯劭忞凤孙，咸各有以自见。其年

---

① [清]吴汝纶撰，施培毅、徐寿凯校点：《吴汝纶全集·尺牍》卷一《与姚仲实》，合肥：黄山书社，2002年，第52页。

辈稍后,则李刚己刚己、吴镗凯臣、刘乃晟平西、刘登瀛际唐、步其诰芝邨、赵宗抃铁卿、张以南化臣、阎志廉鹤泉、韩德铭缄古、李景濂右周、王振尧古愚、武锡珏合之、谷钟秀九峰、傅增湘沅叔、常堉璋济生、尚秉和节之、梁建章式堂、刘培极宗尧、高步瀛阆仙、赵衡湘帆、籍忠寅亮侪、邓毓怡和甫等,皆一时才生"①。此处吴闿生所举只是其中一大部分,另有前文提及的严修、严复,还有如刘春霖、刘若曾、贾恩绂等人均声名颇显。"年辈稍后"的弟子大多出自莲池书院,接受过吴汝纶先进、开明的教育,且不少有留学或游历日本的经历,他们在吴汝纶卒后开始走上风云变幻的历史舞台,于清末民初的政治、学术、教育都有一定影响,正所谓"莲池群颜亦各乘时有所建树。或任宦有声绩,或客游各省佐行新政,或用新学开导乡里,或游学外国归而提倡风气,或以鸿儒硕彦为后生所依归……"②学术界把这些人称为桐城派的支流——"莲池派"。这些弟子大多有科举功名在身,进士、举人非常之多,甚至有清末最后一位状元刘春霖③。在科举没有废除之前,科举是读书人追求晋升上流社会的一条路径。吴门弟子中"学而优则仕"的人不在少数,如刘若曾进士出身,选翰林院庶吉士,历任湖南辰州、长沙知府等官,在清末新政中曾被调随五大臣赴泰西考察政治,后改随端忠敏、戴文诚两公偕往英国、法国、美国、奥地利、匈牙利、俄国等六国,又奉命游历丹麦、挪威、荷兰诸国,被多个国家赠与二、三等勋章。归国不久充宪政编查馆提调,宪

---

① 吴闿生评选,寒碧点校:《晚清四十家诗钞·序》,杭州:浙江古籍出版社,2006年。郭立志在其所著《桐城吴先生年谱》中称:"新城王树枏晋卿,通州范当世肯堂,侯官严复几道,闽县林纾琴南四人,皆执贽请业愿居门下,而公谢不敢当。"

② 吴闿生:《吴门弟子集·序》,北京:中国书店,2009年。

③ 刘春霖(1872—1944),字润琴,直隶省河间府肃宁县人,清光绪三十年(1904)甲辰科状元。其本为第二名,因慈禧太后见其名中"春霖"二字以为吉兆,而拔为头筹。及第后授翰林院修撰,旋被派往日本,入东京法政大学深造。光绪三十三年(1907)回国,历任咨政院议员,记名福建提学使、直隶法政学校提调、北洋师范学校监督等职。

政编查馆是清末宪政改革过程中设立的一个重要机构,编译各国宪法,调查中国各省政治,以供改革政治制度的参考。刘若曾后又被任命为法律大臣及大理院正卿,"创兴院制,延登俊良,审画挈令,以垂式天下。司法独立,自此始"①。又如,清末新政中裁国子监,设学部,而吴门弟子中任职学部的官员非常多,如马其昶、高步瀛、李景濂都曾出任过学部主事,严修出任过学部侍郎,姚永朴任出任过学部咨议官,等等。他们位居此位,为清末教育改革出谋划策,亲力亲为;此外,仿行宪政是清末新政一项重要的政治内容,清廷颁布《钦定宪法大纲》,各省设立咨议局,中央成立资政院,为君主立宪做准备。吴门弟子此时在政治上是比较活跃的,他们大都为地方上的立宪派,且积极筹建政党,为国会议席竞选做准备。如阎凤阁、王振尧曾分别为顺直咨议局议长和副议长,贾恩绂、谷钟秀、刘春霖、籍忠寅等为直隶咨议局议员。籍忠寅②、刘春霖后来还成为资政院议员,而且还是清末最大政党"宪友会"的重要成员,同为直隶支部的发起人。此外,梁建章、王振尧、刘培极为"帝国宪政实进会"主要成员。两党均为宪政党派,在一定程度上加强了全国立宪派的联系,并增强了他们对清政府立宪的催促力量,同时也为民国初年的政党成立提供了示范作用。

  清末新政中桐城派在教育上的影响更是不容小觑。京师大学堂是在戊戌变法中创办的,光绪二十六年(1900),八国联军进入北京后,京师大学堂遭受破坏。光绪二十八年(1902),京师大学堂恢复,吏部尚书张百熙任管学大臣。由于吴汝纶的开明精神以及在教育上的成就使他在士林中赢得极高的声望,张百熙坚请吴汝纶出任

---

① 王树楠:《清大理院正卿刘公及配刘夫人合葬墓志铭》,见卞孝萱、唐文权编著:《辛亥人物碑传集》卷十五,南京:凤凰出版社,2011年,第667页。
② 籍忠寅(1877—1930),字亮侪,直隶任丘人,举人,留学日本早稻田大学。清末历充天津北洋法政专门学堂教务长,顺直咨议局议员,资政院议员。民国后,曾任临时参议院参议员、常任法制委员、参议院议员、云南财政厅厅长等职。1920年恢复国会,任国会筹备事务局局长。

京师大学堂总教习,吴汝纶勉为应允,同年去日本考察学制,并著《东游丛录》。该书系统详尽地介绍了日本的教育制度、教育思想以及发展教育的具体措施,从而为张百熙修订京师大学堂章程,并为光绪三十年(1904)联合张之洞等人提出的《奏定大学堂章程》"癸卯学制"得以施行,提供了翔实、丰富、具体的参照和借鉴。可以说,吴汝纶对我国近代教育制度的建设,筚路蓝缕,功不可没。同样,吴门弟子在教育上也有一定的影响。前文已提到吴门弟子不少在朝廷的学部任职,他们力行清末的教育改革,如马其昶在职期间编辑《礼记节本》作为全国的学习教材,又如严修在职期间裁撤各省学政、改设提学使司、确定女学教育章程等,均有利于教育发展。另有作为地方绅士的桐城派学人在辛丑之后,开始认识到想要救国改变国家的落后状态,需要的是民众的觉醒,而开启民智的唯一途径是兴办教育。因此他们于家乡兴办学堂。如谷钟秀与王振尧等将家乡定州的定武书院改为中学堂,为定州第一所中学;邓毓怡同其兄长于家乡大城创建了启智学堂。启智学堂成立不久,邓毓怡又在家人的协助下创办了自强女子学堂,为直隶省创建最早的一所女学堂;籍忠寅与其兄筹设了蒙养学堂,后纠合县绅,创设任丘高等小学堂;等等,他们以新思想、新课程、新教本来教育学生,启发学生心智,促进教育改革的实行。不过,吴门弟子中创办教育最有影响力的还要数严修,为中国近代有名的教育家。庚子之乱后,严修锐意兴学,"由小学,以至南开中学、大学,由天津一邑,推及于直隶全省。其始皆由严氏家塾而扩充之,浸假而风靡于全国,咸引为模范师资,而先生遂以兴学名天下"①。在创办学校之外,桐城派弟子还有不少在学校担任教师,传道授业解惑。如马其昶、姚永朴、尚秉和曾于清末在京师大学堂执教,另有在地方新式学堂任教,如姚永概在安徽高等学堂、安徽师范学堂,高步瀛在畿辅大学堂、保定优级师范学堂,邓毓

---

① 卢弼:《清故光禄大夫学部左侍郎严公墓碑》,见卞孝萱、唐文权编著:《民国人物碑传集》卷五,南京:凤凰出版社,2011年,第293页。

怡在天津北洋法政专门学堂和北洋女子师范学堂,等等。

在文化方面,桐城派学人创办出版机构及报纸杂志,让这些媒介成为他们宣扬桐城派政治、教育、学术思想的重要窗口,当然也是他们救世的一种寄托和努力。光绪二十七年(1901),吴汝纶在北京创办报社,弟子邓毓怡、常堉璋任编辑①,常堉璋曾回忆"逾年乱平,吴先生创报社于北京,以余与君主其事。当是时,君与余言天下事,攘臂奋袖,慨然以旋转乾坤为己任"②。后来由于清政府阻挠,报纸不久便停印,改办"华北译书局",光绪二十八年(1902),发行半月刊《经济丛编》,并邀请严复翻译西方书籍。该杂志设中外大事记、人物、廷议、舆论、教育、文学、农工商、兵事、理财、法律、格致等栏目,包罗甚广,光绪三十年(1904)又改名《北京杂志》。后期桐城派学人中的不少著作由华北译书局发行,《经济丛编》也经常刊载他们的文章。又如吴汝纶弟子同时为其侄女婿的廉泉于光绪二十八年(1902)在上海与他人共同创办文明书局,是清末民初非常有影响力的出版机构,该书局同样出版过很多桐城派学人的著作。在创办报纸杂志和出版机构之外,清末吴门弟子也积极组织发起各种团社。如光绪二十八年(1902)七月,邓毓怡、常堉璋、籍忠寅等人发起"小说改良会",他们认为中国古代小说弊端多多,不能开启民众思想,"举四万万余人聪慧之脑质,而纳之荒怪淫邪卑污鄙贱之小说范围中,舍此外无所知闻,无所劝法,哀哉哀哉,国安得而不垂尽也"③,因此小说需要改良以醒国人。又如为促进宪政改革的进程,以改造民风民俗为社会进步的起点,光绪二十八年(1902)秋,吴门弟子邓毓怡、谷钟秀、籍忠寅、吴鼎昌、高步瀛组织发起了"河北不缠足会",

---

① 常堉璋(1869—1934),字稷生,号寄斋,河北饶阳人,清末官陆军部主事;邓毓怡(1880—1929),字和甫,自号任斋,晚年号拙园,河北大城人,与常堉璋是表兄弟。
② 常堉璋:《拙园诗集》卷首《邓毓怡行状》。
③ 邓毓怡:《小说改良会叙例》,载《经济丛编》,1903年第29号。

"以强种为宗旨,痛除野蛮之积习,以期战胜于文明之列"①,弥补了北方不缠足运动的缺憾,配合了当地的宪政改革运动。吴门弟子在清末以"天下兴亡,匹夫有责"的责任感呼吁奔走以挽救衰世,虽不能力挽狂澜,但他们的努力依旧有一定贡献,值得称赞。

四、桐城派与辛亥革命

清末新政曾一度给国人带来幻想,但是当"皇族内阁"产生时,这个幻想最终破灭,实际上积弊太深的清廷已经无法自救。面对昏庸无能、摇摇欲坠的清政府,资产阶级革命派开始诞生,他们不像改良派那样仍然寄托于通过改革来实现君主立宪的政治理想,而是主张暴力推翻清政府,建立民主共和的新政体新国家。以孙中山为领导的革命派1905年在日本东京成立同盟会,提出"驱除鞑虏,恢复中华,创立民国,平均地权"十六字纲领。之后同盟会开始组织实施各种行动,如暗杀、起义等,随着新政的破产及国内矛盾的进一步激化,终于在1911年爆发了辛亥革命,结束了几千年的封建君主专制制度。

吴门弟子不仅见证了这一重要的历史转折过程,而且有积极参与者。前文提到后期桐城派群体中有不少人留学日本,而正是在留学期间他们接触到了革命派的思想,从而受到影响。如邓毓怡在日本早稻田大学留学时,受到留学生中民主革命派的影响,一度思想激进,对暗杀救国抱有幻想,与他人密谋暗杀慈禧太后。他曾写信给友人称:"某月日君当闻有巨变发于辇下,则邓某致命遂志之时也。"②后因事泄,主事者被捕,邓毓怡逃到日本。此外,又如谷钟秀同样在日本早稻田大学留学时受革命派影响而参加了同盟会③。辛

---

① 《河北不缠足会章程》,载《大公报》,1902年11月24日。
② 常堉璋:《拙园诗集》卷首《邓毓怡行状》。
③ 谷钟秀(1874—1949),字九峰,直隶定县人,京师大学堂肄业,留学日本,回国后任直隶督署秘书。1912年,为南京临时政府参议院议员,次年为宪法起草委员。1916年,任段祺瑞内阁农商总长兼全国水利总裁。

亥革命爆发后,谷钟秀还被推选为直隶省的唯一代表参加各省督抚代表联合会,共同商讨临时政府的筹建。谷钟秀后来著《中华民国开国史》,以一位亲历者的身份详叙中华民国历史的种种内幕,并痛斥清廷的腐败,而颂扬革命党人以及他们在辛亥革命中的勇敢和功绩。1912年,南京临时政府成立,在国会中担任议员的桐城派弟子便有谷钟秀、籍忠寅、王振尧、邓毓怡、常堉璋、李景濂等人。吴闿生曾评价"颠覆帝制,建立民国,多与有力焉。国体既更,诸君大氐居议院,为代议士,或绸缪政学,驰骋用力于上下"①。桐城派并没有像许多人认为的那样在清廷灭亡后便成为清朝遗老,从此退隐,因为他们能明了这是时势所趋,是历史的潮流,不可阻挡,他们能做的或是需要做的只是顺势而为。中华民国成立后,他们已经认同并拥护这种以国天下代替家天下的民主共和体制,并在袁世凯企图复辟帝制时,试图阻止。如1913年袁世凯解散国民党,国会被迫停止活动,时任中华民国宪法起草委员会委员的谷钟秀南下在上海创办《正谊》杂志,其在杂志的发刊词中称:"董仲舒曰:'正其谊,不谋其利;明其道,不计其功。'因窃取斯义,以昭告国人……对于政府,希望其开诚心,布公道,刷新政治,纳入共和立宪之轨道;对于人民,希望其发展政治上之知识,并培育道德,渐移易今日之不良社会。"②谷钟秀保持着传统士大夫的社会责任感,在传统儒家道德理论中寻找救亡出路,同时借鉴世界各国的历史经验、西方民主宪政的政治理论,兼顾讨论政治与社会、国民与政府的关系,对时局进行冷静的分析。谷钟秀以《正谊》杂志为舆论与思想的武器来对抗当时甚嚣尘上的复辟之论,反对袁世凯独裁。又如马其昶一度担任袁世凯政府的参政,1915年写《上大总统书》劝诫袁世凯不要称帝,称"近者都中忽有筹安会之设,大旨以共和政体不宜于中国。共和之不宜于中国固不待讨论,而知然今既以共和为名,建立未久,国基未固,无端

---

① 吴闿生:《吴门弟子集·序》,北京:中国书店,2009年。
② 谷钟秀:《〈正谊杂志〉创刊词》,1914年第一卷第一号。

而动摇之,则其事所关利害甚巨,其昶虽愚,不敢漫然附和"①。复辟帝制前夕,袁世凯想用高官厚禄笼络马其昶,邀请马其昶在帝制复辟后任他的上大夫,被马其昶拒绝。马其昶见劝诫不成,便离开北京,回到家乡桐城。

五、桐城派与新文化运动

虽然桐城派于清末民初处在整体衰弱的阶段,但在政治上、教育上、学术上都尚存在一定影响力,尤其是民国初年不少学人执教北京大学,更是一度彰显了桐城派的辉煌。可好景不长,桐城派先是遭到了文选派的排挤,后又成为新文化运动先驱们猛烈抨击的对象,自此背上了"桐城谬种"之名号。在新文化运动中,桐城派成为了旧文学、旧道德的代表,不破不立,似乎只有将桐城派彻底打倒,新文学、新道德才能建立起来。面对举世的谩骂和攻击,桐城派有的学人迎战而上,如林纾;有的选择沉默、选择退出,如姚永朴离开执教多年的北京大学;也有用媒介的方式应对着新文化运动的侵袭,如桐城派学人参与创办《四存月刊》。1920年,由徐世昌倡导、赵尔巽等四十五人发起的四存学会在北京成立,该学会遵循颜元"存人、存性、存学、存治"之旨,提倡颜元、李塨学说。在四十五位发起人中,桐城派学人有赵衡、吴闿生、严修、王珊、吴笈孙、王树楠、贺葆真、林纾等,其中赵衡为副会长。学会旨在昌明孔孟之道,宣扬传统道德,可视作对新文化运动的一种回应。该学会还创办了《四存月刊》,这份杂志几乎成为桐城派学人的阵地,马其昶、姚永朴、姚永概、吴闿生、贾恩绂、李景濂、刘登瀛、步其诰、邓毓怡等桐城派中人都在上面发表过文章甚至整本著作,如吴闿生的《尚书大义》、李景濂的《左氏管窥》、刘培极的《六经通义》等都是每期连载。他们反对新文化运动对中国文化的全盘否定,在经典之作中寻找古为今用之方,坚持中国传统文化精髓不能丢弃,"吾国自有之粹美,岂可不自

---

① 马其昶:《抱润轩文集》卷八《上大总统书》,民国十二年(1923)刻本。

宝重而护惜之"①。

桐城派并非保守之学派,吴汝纶引导弟子开眼看世界,在清末就大力提倡西学,可是后来中国发展的结果却是走了极端,让他们之前患西学不兴,后又患中学被弃,所以他们追求的是中西学之间的一种平衡。桐城派并不像新文化干将们所批评的那样不堪和顽固。桐城派面临清末民初的社会动荡、道德沦丧,宣扬"今日列强竞争,道德与艺能并重……尤属当务之急"②,这种道德是修身治国之道德,也是忠孝节义的人伦道德,这些被新文化派一概视作"旧道德"予以无情批判,而忽视了其中的合理、进步之处。再有,林纾反对的不是白话文,而是反对新文化派抛弃古文,要以白话取代文言成为国人交流的唯一语言工具。其实,桐城派学人对白话文并不反对,如高步瀛在民国时期任教育部佥事,与友人创办通俗演讲社,桐城派中人贾恩绂、梁建章、韩德铭、步其诰等都为该社社员。国群铸一通俗讲演社用通俗白话讲演,"以铸成国群同一思想,扶共和宪政稳健进行为宗旨"③。通俗讲演社一星期宣讲一次,很多桐城派学人都在该社进行过演讲,"著讲演录,以宣导风俗,月成数册,民智赖以渐开"④。桐城派学人大多以教师为职业,在口头传授知识予学生时本就注意深入浅出、通俗易懂,这也就决定桐城派弟子不会特别反对白话文。他们只不过是希望看到一种白话文、古文并存的状态,让流传数千年的古文也有生存的空间,而不是至此消失。最后新文化派取得胜利,在新文化运动暴风骤雨的冲击下,桐城派不少学人力延古文之一线,使之不至于颠坠,仍然用古文写作来坚守他们的理念,宣扬他们的思想,用马其昶的话说就是"抱陈朽之业,互慰寂

---

① 李景濂:《左氏管窥·序》,载《四存月刊》,1921年第1期。
② 《四存学会呈立案文》,《四存月刊》第1册,1920年。
③ 刘苏:《国群铸一通俗讲演社史料》,载《北京档案史料》,1996年第1期。
④ 容缓编:《悼高步瀛》,载《燕京学报》,1940年第28期。

寥,召笑取侮而不知止"①。其中不乏有影响力的佳作,如吴闿生的《尚书大义》《左传微》,尚秉和的《辛壬春秋》《周易尚氏学》,高步瀛的《文选李注义疏》,等等。此外,很多桐城派学人还在学校里任教,继续以他们的方式传播着桐城派的思想,如高步瀛后期一直在北京师范大学、中国大学任教,尚秉和在中国大学任教,姚永朴、姚永概、林纾执教于徐树铮创办的正志中学。1936年,河北省主席宋哲元倡议在以前莲池书院的旧址上建立莲池讲学院,"以研究国故,沟通新旧学术,造就通才为宗旨"②,该院筹备委员会委员有莲池书院出身的梁建章和谷钟秀,梁建章并任会长。1937年,梁建章及另一位莲池学子邢赞亭分任莲池讲学院正、副院长。莲池讲学院的教授有吴闿生、高步瀛、尚秉和、贾恩绂、刘培极,无一例外都是桐城派学人。③ 他们的努力,使桐城派古文不会在新文化运动的冲击下立刻成为"绝学"。多少年过去了,当人们追忆桐城派时,依稀还能找到桐城派的家法在一些当代学者身上的延续,如朱光潜、黄寿祺、程金造、于省吾、马茂元、吴孟复等人。但是作为一个派别存在的桐城派在这场运动中受到致命一击,开始走向了衰亡之路。

  桐城派走入近代,也逐渐走进了自己的结局。他们历尽时代的沧桑,在不可逆转的时代潮流中,见证了桐城派的再兴及一步步衰亡。不论在哪个阶段,他们都用积极的努力维护着桐城派的延续和发展,都以一片赤子之心来试图挽救衰败的国家。当今天我们后人还念念不忘"桐城谬种",理所当然将他们视为封建、保守的代名词

---

① 马其昶:《抱润轩文集》卷四《陶庐文集序》,民国十二年(1923)刻本。
② 宋哲元:《为设立河北省莲池讲学院致所属各机关令》,见中国国民党党史委员会编:《宋哲元先生文集》,第135页。宋哲元与桐城派弟子梁建章、贾恩绂关系非常亲密,1932年,宋哲元在任察哈尔省主席时便邀请梁建章为省志总纂。因此虽名为主席倡议,但实际此倡议应该是由河北桐城派学人提出而得到宋哲元的应允的。
③ 任启圣:《河北莲池讲学院始末》,见党德信总主编,马玉田、舒乙主编,中国人民政治协商会议全国委员会文史资料委员会编:《文史资料存稿选编·24·教育》,2002年,第236~243页。

之时，却常常忽略了桐城派与时俱进、因时而变，常常走在时代前列的一面以及他们对中国传统文化坚守的积极意义。桐城派虽然在历史的舞台上谢幕了，但这不是最终的结束。对于桐城派，这样一个留给后人丰富文化遗产的派别，人们的思考还一直在继续。我们如何古为今用，挖掘桐城派中有益于今天社会发展的元素，想必也是桐城派先贤们所希望看到的。

（许曾会）

第五讲

桐城派研究世纪回眸[①]

桐城派兴起于清初,衰亡于民国时期,历时近300年,几与清朝国运兴衰昌敝相始终。对于这样一个流衍甚广、影响至深的文学流派,人们长期以来对其评价褒贬不一。2003年出版的现行中学教材《中国文化史》,在论及桐城派时仍坚持认为:"桐城派在当时文坛较为孤立,受到汉学家和骈文家的一致排斥。近现代新文化运动将桐城派称为'桐城谬种',而被全盘否定。"[②]这说明,尽管桐城派曾长时间占据清代文坛的正统地位,但人们对它的认识还是那么的肤浅、片面。桐城派黯然退出文坛已久,脱胎于学术纷争和诗文评析的桐城派研究时近百年,波澜起伏。对百年来的桐城派研究作一简要回顾与总结,有助于人们了解桐城派,并对桐城派研究予以更多、更全面的关注。

一、20世纪20至40年代的桐城派研究

新文化运动中,以陈独秀、胡适、钱玄同等为代表的新文学家与以林纾为代表的桐城派古文家展开了激烈的论争,几个回合下来,

[①] 本文原载于《安徽史学》,2004年第6期。收入本书时作了修改。
[②] 本书编写组:《中国文化史》,北京:人民教育出版社,2003年,第121页。

后者招架不住,败下阵来。回顾这段历史,我们不难看出,这场论争中对阵双方所使用的表述方式并非学术式的,脱离了学理层面而有"谩骂"之嫌,很难称得上严肃的学术争鸣。这场论争中实效至上的功利观念、绝对主义的思路和由此构成的一整套独特的话语体系,制约了以后的桐城派研究,其负面影响长久存在,不易消除。

  20世纪20年代后,随着"五四"运动的退潮,新文化运动进入努力建设新文学的崭新发展阶段。健在的桐城派晚期作家皆蜕变为宁静的学者,不再对迅速成长的现代文学构成威胁。在新的历史条件下,对桐城派的评价触底反弹,而具有学术意味的桐城派研究也由此起步,桐城派研究的学术范式开始建立。这一转变的引领者,便是曾为林纾敌手的胡适。为了实现"研究问题,输入学理,整理国故,再造文明"的新文化建设目标,他在1920年提出了"整理国故"的计划,列举了首批拟整理的书目,还拟订了担任整理任务的部分人选,准备出版后作为中学生的参考书,其中就有拟由沈尹默整理的姚鼐、曾国藩的著作。1922年3月,他在《五十年来中国之文学》中肯定桐城派古文的长处在于通顺清淡。1935年,他在《中国新文学大系建设理论集导言》中进一步发展了这一观点:"姚鼐、曾国藩的古文差不多统一了十九世纪晚期的中国散文。""古文经过桐城派的廓清,变成通顺明白的文体。"[1]他曾对学生魏际昌说:"桐城派出在我们安徽,过去叫它作'谬种、妖孽',是不是可以有不同的看法呢?希望能够研究一下。"[2]这体现了胡适治学的求实精神,也为其后的学者开展桐城派研究指明了方向。

  现代学术意义上的桐城派研究奠基之作,当是姜书阁作于1928年10月的专著《桐城文派评述》。他首次将桐城派作为一个独立的研究对象加以观照,专门评述桐城派的缘起、传衍、发展、递

---

[1] 胡适:《中国新文学大系建设理论集导言》,见鲁迅等著,刘运峰编:《中国新文学大系导言集》(1917—1927),天津:天津人民出版社,2009年,第2页。

[2] 魏际昌:《桐城古文学派小史·后记》,石家庄:河北教育出版社,1988年,第246页。

变和衰落的情形。在体例上,他用一大半篇幅叙述桐城派的史实,一小部分批评它的内容,"所有材料,杂采各家文集,颇费经营"①。姜书阁承袭并发挥了胡适的观点,认为"桐城派几与满清相终始。时间既然如此其久,势力又遍于全国,所以它的历史,与有清一代全部文学史都有关系。研究中国的文学史——尤其是近代的——是不能把它忽略的"②。他认同胡适关于桐城派功罪的分析,指出:"平心思之,不当以其短处而尽抹杀之也。即民国以来,新文学之鼓吹,恐亦非先有此派通顺文章为之过渡,不易直由明末之先秦两汉而一变成功也;惟过渡太长,为不值耳。"③姜著对桐城派原委优劣的评述堪称精当,而第六章所附"桐城派自认所承之古文家系统表""桐城派及阳湖诸子之关系表""桐城派文人系统表""桐城派文人传表"也极有价值。稍后出版的姚子素《桐城文派史》、梁堃《桐城文派论》和李崇元《清代古文述传》,俱沿着姜书阁揭示的途辙前行,但影响均不及姜著。

  此期出版的各类文学史专著,也对桐城派进行了客观评述。朱东润《中国文学批评史大纲》以见解精辟、取材精审见长,对方苞、刘大櫆、姚鼐、刘开、恽敬、张惠言、曾国藩等桐城派作家均作了富有创见的阐述。蒋伯潜、蒋祖怡合著的《骈文与散文》,以骈、散文在清代的复兴与斗争为背景,详叙桐城派散文流变。方孝岳《中国文学批评》设专篇剖析清初"清真雅正"的衡文标准和方苞"义法论"之关系。陈柱《中国散文史》设"清代桐城派之散文"专节,梳理桐城派发展历程,并取"其言论足以支配一代者"——方、刘、姚、曾四人予以评析。这些著作各有特色,但在论涉及桐城派的内容之多,产生的影响之大,尚不及郭绍虞《中国文学批评史》和钱基博《中国文学史》《现代中国文学史》。郭著用6个专节5万字的篇幅探讨了桐城派

---

① 姜书阁:《桐城文派述评·自序》,北平:商务印书馆,1928年,第2页。
② 姜书阁:《桐城文派述评·自序》,北平:商务印书馆,1928年,第2页。
③ 姜书阁:《桐城文派述评》,北平:商务印书馆,1928年,第96页。

代表作家的文学观和文论体系,并对乾嘉以来骈文家、汉学家、经学家在事与道、体与辞、义与法等一系列重大理论问题上与桐城派的分歧和论争作了详尽而切实的描述。钱基博对桐城派各时期近20位代表作家的别集进行了认真研读,撰写了近10万字的心得,将其附录于所著《中国文学史》后,对各家师承、创作风格与艺术特色进行了点评。在《现代中国文学史》中,他详细论述了多位桐城派后期作家作品产生的经过和生活基础,注重从深广的历史背景中探讨"文章得失升降之故",其中网罗各家遗闻轶事颇多,体现了钱基博知人论世的文学史观。此外,钱氏关于桐城派的著作有《复陈赣一先生论桐城文书》《〈古文辞类纂〉解题及其读法》《黄仲苏先生〈朗诵法〉序》等。

这一时期,在桐城派著作的搜集、整理、阐释方面也取得了一定成绩。1924年,与桐城派颇有渊源的刘声木编印了《桐城文学渊源考·撰述考》,其中《渊源考》收录归有光以下作家1223人,《撰述考》列作者238人,收书目2370余种。该书"考其师承,录其名氏,括其生平,详其著作,提示传记、评论之所在,兼具'学案''目录''索引'之作用""实为研究桐城文派最佳之工具书"①。吴汝纶的学生高步瀛所著《古文辞类纂笺证》,不拘囿于本文本句,而能贯穿今古,穷原竟委。其注解虽附于某篇某句之下,但考证精审,发人深省。

二、中华人民共和国成立后至"文革"前的桐城派研究

这一时期,学术界对桐城派在文学发展史上的作用及地位的评述,持肯定或部分肯定见解的日趋增多,只有少数论文拘泥于"义法",或着眼于政治,而对桐城派持全盘否定态度。

耐人寻味的是,经过50年代初的短暂沉寂,桐城派研究在一场关于桐城派在社会主义有无作用的争论中再起波澜,成为学术界关

---

① 吴孟复:《吴孟复安徽文献研究丛稿》,合肥:黄山书社,2006年,第47页。

注的热点问题。王气中认为桐城派"继承了中国以前的文论传统,加以总结、发展,给散文建立了比较系统的理论,这是应该在中国文学史上引起注意的大事"①。因此,桐城派在中国文学史上还是有其应有的地位和作用的。李鸿翱从古为今用的角度肯定了桐城派的文学主张及其作品的思想性与艺术性,不仅在当时"是有进步意义和积极作用的"。即使在今天,"它也还有很小一部分,是有其继承价值的"②。尽管李文对桐城派的肯定很有限,但依然遭到许多学者的反驳。江西师院中文系集体撰写《桐城派社会主义社会有无作用》、刘季高撰写《评〈桐城派在社会主义社会有无作用〉》,对李文中的观点逐一批驳,刘季高断言:"桐城派所起的作用,是妨害了中国古典散文的健康发展,和清王朝妨害了中国封建社会的正常发展一样。除此以外,桐城派是再也没有其他重要的作用了。"③随后段熙仲、王竹楼、乔国章等人也撰文否定桐城派的社会政治作用。桐城派作家方宗诚曾孙舒芜撰文指责方苞"重道",志在"帮忙";刘大櫆重文,"则以帮忙之名,行帮闲之实";曾国藩"以'经济'代换了'义理'的首位,是反动政治要求更直接的服务的反映";吴汝纶"要尽废一切中国古籍,单存《古文辞类纂》一书,为'国粹'的精华,使学子与种种'西书'同时诵习,则是桐城派努力殖民化的好标本"。但同时,他又认为"他们对散文技巧的研求,一些个别论点,今天也还有可以借鉴的。他们一致主张文章贵'简'贵'疏',反对'繁密';刘大櫆详论'去陈言'之法;林纾主张学古人当知古人之病;诸如此类,都有可

---

① 王气中:《桐城派在中国文学史上的地位和作用》,见《桐城派研究论文集》,合肥:安徽人民出版社,1963年,第2页。
② 李鸿翱:《桐城派在社会主义社会有无作用》,见《桐城派研究论文集》,合肥:安徽人民出版社,1963年,第41页。
③ 刘季高:《评〈桐城派在社会主义社会有无作用〉》,见《桐城派研究论文集》,合肥:安徽人民出版社,1963年,第57页。

取之处"①。这种否定桐城派政治倾向而肯定其文学主张的立场,虽不无偏颇,但在当时很有代表性。又如汪绍楹评方东树《昭昧詹言》,云"书中论据,又陈言无力,所以并未起什么作用。但他继承的'桐城文派'的思想,与科举制度下制艺、试帖诗倒是一脉相通的。因此在科举施行时,相当盛行。并在科举制度废止后,亦还影响着一些人"②。

1957至1962年间,《江淮学刊》《天津日报》《文学评论》等报刊先后发表了20余篇桐城派研究论文,其中12篇于1963年底由安徽人民出版社结为《桐城派研究论文集》出版,其中包括钱仲联《桐城派古文与时文的关系问题》这样的力作。钱文引用了大量史料,辨析了古文与时文的关系,进而从桐城古文家的创作实践、桐城派的评点、桐城派关于古文与时文的言论三个方面,驳斥了桐城古文为时文变种的观点,澄清了把桐城派古文说成"高等八股"的旧论,是对"撦拾古人的片词只语以就己说"不良学风的一次反拨。1962年,由游国恩主编和中国社会科学院文学研究所集体编写的两部《中国文学史》,都对桐城派作出了否定性评价。倒是史学家李则纲于"文革"前完成的《安徽历史述要》对桐城派的记述更有价值。他认为,桐城派之得名,由时人推许而成,并非桐城人之自我标榜;桐城派作家也是时文能手,知时文利弊最深,反对也最有力;舍明末清初桐城大学者方以智、钱澄之,而以方苞、刘大櫆为桐城派的创始人,是截断桐城派的发展历史;要谈桐城派,不能把桐城派的杰出作者戴名世排除在外。这些观点不仅在当时难得一见,即使置之今日,仍然闪烁着理性的光芒,充分说明了在学术研究中科学的独立思考的可贵。

"文化大革命"爆发后,刚刚兴起的桐城派研究工作同样受到冲

---

① 舒芜:《〈论文偶记〉〈初月楼古文绪论〉〈春觉斋论文〉·校点后记》,北京:人民文学出版社,1959年,第139～141页。

② [清]方东树著,汪绍楹校点:《昭昧詹言·校点后记》,北京:人民文学出版社,1961年,第539页。

击而被迫中断,其后十余年,桐城派被作为一个反动的儒家学派屡遭批判,根本谈不上严谨的学术探讨。由于种种原因,甚至没有出现一篇正式而纯粹的相关学术论文。

三、改革开放以来的桐城派研究

党的十一届三中全会后,随着思想文化界的拨乱反正和实事求是精神的发扬,桐城派研究进入长足发展、繁荣昌盛的第三阶段。其特点是名家作品相继整理出版,许多研究课题列入国家重点社科规划项目,不少专家学者潜心从事桐城派研究,创新研究成果不断问世。

1979年,桐城派名家马其昶之孙、学者马茂元发表《桐城派方刘姚三家文论述评》(《古代文学理论研究》丛刊第1辑,上海古籍出版社),揭开了新时期桐城派研究的序幕。1980年10月,全国文联主席周扬来安徽检查工作,指示要对桐城派问题开展讨论。此后,《江淮论坛》开辟"桐城派研究"专栏,而《文学遗产》《文学评论》《文史哲》等有全国影响的学术刊物相继刊发了一批有分量的桐城派研究论文,对桐城派进行再思考和再研究。1985年11月上旬,在安徽桐城召开了国际"桐城派学术讨论会",来自国内外100多名专家、学者参加会议,他们提交论文71篇,其中28篇于会后辑为《桐城派研究论文选》,由黄山书社出版。这次学术讨论会是1985年中国学术界的一大盛事,海内外报刊争相报道和评述,在桐城派研究史上具有里程碑意义。纵观此后30多年来的桐城派研究,有以下几方面的收获。

1. 研究成果数量繁富,形式多样

一是出版了一批研究专著。其中具有代表性的专著有徐文博、石钟扬《戴名世论稿》(黄山书社1985年版),林薇《林纾传》(四川人民出版社1985年版),魏际昌《桐城古文学派小史》(河北教育出版社1988年版),何天杰《桐城文派——文章法的总结与超越》(广州文化出版社1989年版),黄万机《黎庶昌评传》(贵州人民出版社

1989年版),朱碧森《女国男儿泪——林琴南传》(中国文联出版公司1989年版),王镇远《桐城派》(上海古籍出版社1990年版),吴孟复《桐城文派述评》(安徽教育出版社1992年版),张俊才《林纾评传》(南开大学出版社1992年版),王献永《桐城文派》(中华书局1992年版),曹虹《阳湖文派研究》(中华书局1996年版),关爱和《古典主义的终结——桐城派与五四新文学》(上海文艺出版社1998年版),周中明《桐城派研究》(辽宁大学出版社1999年版),万奇《桐城派与中国文章理论》(内蒙古教育出版社,1999年版),杨怀志、江小角主编《桐城派名家评传》(安徽人民出版社2001年版),叶贤恩《张裕钊传》(中国三峡出版社2001年版),孟醒仁《桐城派三祖年谱》(安徽大学出版社2002年版),杨怀志等主编《清代文坛盟主桐城派》(安徽人民出版社2002年版),田望生《百年老汤——桐城文章品味》(华文出版社2003年版),张维、梁扬《岭西五大家研究》(江苏古籍出版社2003年版),赵建章《桐城派文学思想研究》(北京图书馆出版社2003年版),施立业《姚莹年谱》(黄山书社2004年版),柳州市地方志办公室编《王拯系年》(京华出版社2005年版),王达敏《姚鼐与乾嘉学术》(学苑出版社2007年版),柳春蕊《晚清古文研究——以陈用光、梅曾亮、曾国藩、吴汝纶四大古文圈子为中心》(百花文艺出版社2007年版),张维《清代广西古文研究》(广西师范大学出版社2008年版),张静《曾国藩文学研究》(岳麓书社2008年版),郑德新《中国教育近代化的起步——以吴汝纶教育思想和实践为中心的考察》(安徽教育出版社2009年版),黄树生《薛福成文学评传》(东南大学出版社2010年版),刘永鑫编著《桐城派散文》(吉林文史出版社2011年版),梅向东、李波编著《桐城派学术文化》(合肥工业大学出版社2011年版),杨怀志《桐城文派概论》(安徽美术出版社2011年版),曾光光《桐城派与晚清文化》(黄山书社2011年版),武道房《曾国藩学术传论》(安徽大学出版社2012年版),吴微《桐城文章与教育》(安徽大学出版社2012年版),邓心强等《桐城派文体学研究》(安徽大学出版社2012年版),周中明《姚鼐研究》(安徽大学出版社 2013 年版),苏克勤《天下文章出桐城——桐城方氏家族文化评传》(郑州大学出版社 2015 年版),陈晓红《方东树诗学研究》(安徽大学出版社 2013 年版),姚上怡《礼法与情理的结合——前期桐城派法律思想研究》(中国政法大学出版社 2015 年版),孙莹莹《张裕钊年谱长编》(河南人民出版社 2014 年版),曾光光《桐城吴汝纶研究》(黄山书社 2014 年版),张旭、车树昇编著的《林纾年谱长编(1852—1924)》(福建教育出版社 2014 年版),张器友《桐城派与五四新文学》(安徽大学出版社 2015 年版),崔立中等《桐城派心理学思想》(科学出版社 2015 年版),任雪山《桐城派文论的现代回响》(安徽大学出版社 2015 年版),俞樟华、胡吉省《桐城派编年》(人民文学出版社 2015 年版),王思豪《方苞》(江苏人民出版社 2016 年版),萧晓阳《近代桐城文派研究》(中国社会科学出版社 2016 年版),曾光光《桐城派与清代学术流变》(中国社会科学出版社 2016 年版),汪太伟《西洋借镜与东洋唱和——黎庶昌"使外文学"创作研究》(社会科学文献出版社 2016 年版),朱修春主编的《桐城派学术档案》(武汉大学出版社 2016 年版)等。

二是整理出版了一批桐城派作家的全集、文集、专著。主要有喻岳衡、朱心远校点的黎庶昌《西洋杂志》(湖南人民出版社 1981 年版),刘季高校点的《方苞集》(上海古籍出版社 1983 年版),黄立新校点的张惠言《茗柯文编》(上海古籍出版社 1984 年版),杨坚点校的《郭嵩焘诗文集》(岳麓书社 1984 年版),施宣圆、郭志坤校点的薛福成《庸庵文别集》(上海古籍出版社 1985 年版),王树民编校的《戴名世集》(中华书局 1986 年版),黄季耕点校的姚莹《寸阴丛录·识小录》(黄山书社 1991 年版)、《姚莹论诗绝句六十首注》(黄山书社 1986 年版),王栻主编的《严复集》(中华书局 1986 年版),宋晶如、章荣注释的姚鼐《古文辞类纂》(中国书店 1988 年版),钟叔河整理点校的《曾国藩家书》(湖南大学出版社 1989 年版),徐天祥、陈蕾点校的《方望溪遗集》(黄山书社 1990 年版),汪庆元点校的戴名世《忧庵集》(黄山书社 1990 年版),吴孟复、蒋立甫主编的《古文辞类纂评注》(安徽教育出版社1990年版),许振轩点校的姚永朴《文学研究法》(黄山书社1990年版),张仁寿校点的姚永朴《旧闻随笔》(黄山书社1990年版),施培毅、徐寿凯点校的姚莹《康輏纪行·东槎纪略》(黄山书社1990年版),施培毅、徐寿凯点校的《吴汝纶尺牍》(黄山书社1990年版),王立诚辑校的《郭嵩焘使西记六种》(三联书店1991年版),吴孟复标点的《刘大櫆集》(上海古籍出版社1992年版),刘季高标校的《惜抱轩诗文集》(上海古籍出版社1992年版),项纯文点校的萧穆《敬孚类稿》(黄山书社1992年版),黄万机点校的《黎星使宴集合编》(贵州人民出版社1992年版),石钟扬点校的《朱书集》(黄山书社1994年版),宋效永校点姚永朴《惜抱轩诗集训纂》(黄山书社2001年版),黄万机、张新民、[日]石田肇点校的《黎星使宴集合编补遗》(贵州人民出版社2001年版),王树民等编校的《戴名世遗文集》(中华书局2002年版),施培毅、徐寿凯校点的《吴汝纶全集》(黄山书社2002年版),马亚中、陈国安校点的《范伯子诗文集》(上海古籍出版社2003年版),李开军校点的陈三立《散原精舍诗文集》(上海古籍出版社2003年版),王澧华等校点的《曾国藩全集》(岳麓书社1990年版)、《曾国藩诗文集》(上海古籍出版社2005年版),彭国忠、胡晓明校点的《柏枧山房诗文集》(上海古籍出版社2005年版),王达敏校点的《张裕钊诗文集》(上海古籍出版社2007年版),吕斌编著的《龙启瑞诗文集校笺》(岳麓书社2008年版),梅季校点的《王先谦诗文集》(岳麓书社2008年版),熊礼汇标点的王葆心《古文辞通义》(武汉大学出版社2008年版),余永刚、徐成志点校的吴闿生《北江先生诗集》、房秩五《浮渡山房诗存》(黄山书社2009年版),郝润华辑校的《鲁通甫集》(三秦出版社2011年版),祝伊湄、冯永军点校的《贺涛文集》(华东师范大学出版社2011年版),张在兴校点的《吴敏树集》(岳麓书社2012年版),徐成志点校的《晚清桐城三家诗》(方守彝、姚永朴、姚永概)(黄山书社2012年版),魏世民校点的程晋芳《勉行堂诗文集》(黄山书社2012年版),卢坡点校的姚鼐《惜抱轩尺牍》(安徽大学出版社2014年版),

徐雁平整理的《贺葆真日记》（凤凰出版社2014年版），严云绶、施立业、江小角主编的《桐城派名家文集》（安徽教育出版社2014年版），黎铎、龙先绪点校的《黎庶昌全集》（上海古籍出版社2015年版），王达敏等整理的《贺培新集》（凤凰出版社2016年版）等。

  三是出版了一批桐城派代表作家的文章选本，对普及桐城派相关知识起到积极作用。主要有刘季高选注的《方苞文选》，许结、潘务正选编的《方苞姚鼐集》，王沛霖、王朝晖选注的《方苞散文选集》，吴孟复选注的《刘大櫆文选》，石钟扬、蔡昌荣选注的《戴名世散文选集》，王镇远选注的《姚鼐文选》，周中明选注评点的《姚鼐文选》，王镇远主编的《桐城三家散文赏析集》，陈耀东注释的《方苞刘大櫆姚鼐文选》，严明等选注评点的《张惠言文选》，涂小马等选注评点的《曾国藩文选》，贾文昭编著的《桐城派文论选》，漆绪邦、王凯符选注的《桐城派文选》，杨荣祥译注的《方苞姚鼐文选译》，王凯符译注的《后期桐城派文选译》，王琦珍编著的《翰墨天下雄——桐城派散文精品赏析》，林薇选注的《林纾选集》，曾宪辉选注的《林纾诗文选》，冯奇编著的《林纾评传·作品选》，王镇远选注的《梅曾亮文选》，马克锋译注的《严复林纾诗文选译》，周朝栋译注的《曾国藩胡林翼刘蓉罗泽南诗文选译》，梧桐整理的《曾国藩文集》，丁凤麟、王欣之编选的《薛福成选集》，江小角、方宁胜编选的《桐城明清散文选》，许结编选的《桐城文选》，寒碧笺评的《范伯子诗文集》等。

  四是有关文学史、散文史、文学批评史专著对桐城派也有较多的论述。尽管它们并非将桐城派作为重点，但诸多公允的评价和阐述无疑也为桐城派研究增加了不少分量。这类著作主要有郭预衡的《中国散文史》，漆绪邦主编的《中国散文通史》，范培松主编的《散文通典》，邬国平、王镇远的《清代文学批评史》，黄霖的《近代文学批评史》，朱世英等人的《中国散文学通论》，谢飘云的《中国近代散文史》，郭延礼的《中国近代文学发展史》，黄保真等人的《中国文学理论史》，敏泽的《中国文学理论批评史》，章培恒等人的《中国文学史》，钱竞、王飚的《中国20世纪文艺学学术史》，陈平原的《中国散文小说史》，徐鹏绪的《中国近代文学史纲》，龚书铎等人的《清代理学史》，刘世南的《清诗流派史》，周伟民的《明清诗歌史论》，吕薇芬、张燕瑾的《20世纪中国文学研究》丛书等。

2. 研究队伍不断壮大，学术机构相继成立

作为中国传统文化遗产的重要组成部分，桐城派受到社会科学研究者的高度重视，越来越多的学者把自己的研究方向转移到桐城派研究领域，桐城派也成为不少高等院校研究生的硕士、博士论文选题，这也使得桐城派研究者的地域分布较以前广泛，年龄与知识结构更加优化。

在1985年的桐城派学术讨论会上，专家们呼吁成立桐城派研究机构。2000年7月，桐城派研究会在桐城成立（后升格为省级学会），并创办了《桐城派研究》专刊，季羡林先生为之题写刊名，创刊以来出版18辑，每辑近20万字，在学术界产生了一定影响。2007年6月，安徽大学成立了桐城派研究所（挂靠在文学院），举办了"桐城与明清学术文化"研讨会，会后遴选43篇论文汇辑为《桐城派与明清学术文化》一书，由安徽大学出版社出版。此后该社又由丁放主编"桐城派学术研究丛书"，集中推出中青年研究者的桐城派研究专著。此外，湖北成立了张裕钊研究会，湖南湘潭大学创办了《曾国藩学刊》。有关学术机构先后组织召开了五届全国桐城派学术讨论会及曾国藩学术研讨会、黎庶昌国际学术研讨会、吴汝纶与中国近代教育学术研讨会、吴汝纶教育思想与教育实践学术研讨会、张裕钊国际学术研讨会、薛福成学术研讨会等，曾国藩及"曾门四弟子"因此成为新的研究热点。各高校和有关研究机构主办的学术刊物注意及时反映桐城派研究的新进展，为经常性的桐城派研究创造了条件。2013年10月，安徽大学正式发文成立安徽大学桐城派研究中心，标志着安徽大学桐城派研究迈入常态化的轨道。

3. 研究领域不断拓展，气象日渐宏大

新时期专家学者在研究桐城派时能够超越传统的作家述评、流派考辨、文章技法探讨、文学理论诠释等"纯粹"文学研究层面，接续前贤而又另辟蹊径,注重运用新史料、新方法、新观念,全方位、宽视野、多维度地审视、观照桐城派,取得了创造性成果,这突出表现在近几年出版的几部桐城派研究专著上。王达敏《姚鼐与乾嘉学派》以"姚鼐与汉宋之争""桐城派的建立"为上下两编,各以四大专题分别论述,逐层推进,环环相扣。作者依据大量原始材料梳理清学史脉络,寻绎桐城派建立的动因及过程,析疑断案,深具史识,堪称学有心得、富于创获的深湛工作。曾光光《桐城派与晚清文化》,以晚清桐城派为研究对象,选取社会思潮、教育、学术与文学四个角度,力求对晚清桐城派展开较为全面的研究。通过具体展现桐城派在近代文化转型过程中的演变轨迹,揭示晚清桐城派在面临社会大变革时所作的自我调整和"因时而变"。柳春蕊《晚清古文研究》重点考察姚鼐去世(1815年)至吴汝纶去世(1903年)间以陈用光、梅曾亮、曾国藩、吴汝纶为中心的四大古文圈子,旨在展示晚清古文的可能世界,即风气、群体与古文创作的繁荣,古文圈子内部差异性,地域学术传统与桐城派古文的传播,晚清古文思想及理论的阐释与具体文本解读,晚清古文家的精神世界。同时,遵循古文自身的理路,具体问题具体分析。作者认为,晚清古文特点有:古文语境中的道德日渐边缘化;文统作为知识谱系不断地被模拟;古文实用性减弱;强化"雅洁"的写作原则,语言本身的丰富性和多样性被削弱。柳著在研究的思路、方法和理论的运用方面作了有益的探索,辨析入微,胜义络绎,显示出作者深厚的学术功底。

4. 一大批研究课题被列入国家社科、省部级社科规划项目,彰显其桐城派研究价值

近年来,桐城派研究引起社会各界广泛关注,许多选题被列入各级各类社科规划项目、研究基地项目和出版基金资助项目。2008年以来,中国社会科学院文学研究所王达敏申报的《桐城派与清季民国学坛》、华中师范大学黄忠廉申报的《基于语料库的严复变译思想研究》、河北师范大学张俊才申报的《晚年林纾研究》、中南民族大学萧晓阳申报的《现代性视阈中的近代桐城派诗文研究》、暨南大曾光光申报的《桐城派与清代学术流变研究》、安徽大学江小角申报的《桐城派与清代书院研究》、安庆师范大学董根明申报的《桐城派名家史学思想研究》、安徽大学方盛良申报的《桐城派经学与文学研究》、西北大学杨新平申报的《桐城派文章选本发展史论》、安庆师范大学汪孔丰申报的《文化家族视域下的桐城派研究》、池州学院章建文申报的《桐城派视域下张英父子研究》、南京大学徐雁平申报的《清代文学家族姻亲汇考与整合研究》、中山大学张永义申报的《桐城方氏学派与明清思想转型研究》、清华大学戚学民申报的《严复〈政治讲义〉研究》、浙江师范大学俞樟华申报的《桐城派编年》、南通大学黄伟申报的《曾国藩诗文研究》、河北师范大学董丛林申报的《曾国藩年谱长编》、安徽省图书馆张秀玉申报的《桐城派稀见文献整理与研究》、中南民族大学肖晓阳申报的《桐城渊源考补正》、安徽师范大学潘务正申报的《沈德潜年谱长编》、南昌师范学院温世亮申报的《桐城麻溪姚氏家族与清诗发展嬗变研究》等项目均被批准为国家社科项目或国家社科后期资助项目；还有如安徽大学徐成志申报的《桐城派文集叙录》、江小角申报的《桐城文派史》等被批准为教育部人文社科项目；安徽大学张器友申报的《桐城派与五四新文学》、江小角申报的《桐城派与安徽清代书院研究》等项目被批准为安徽省社科项目。安徽省教育厅、安徽省社科联等部门也批准了一批以桐城派为研究对象的项目。国家清史编纂委员会将《桐城派名家文集》列入文献整理项目，经过课题组 13 多位专家同心努力，整理点校了桐城派不同时期 28 位代表作家一千万字的诗文集，2014 年由安徽教育出版社出版；还有一些名家诗文集被列入全国高校古委会古籍整理项目。这些项目的立项，极大地促进了桐城派研究深入开展，调动了广大社科研究工作者的积极性，提升了桐城派研究在学术界的影响力。

四、港、台地区及国外学者的桐城派研究

正因为桐城派的影响很大，香港、台湾地区和国外的一些学者

一直关注桐城派研究工作,许多大学和科研机构都有专家学者涉猎这一领域,取得了相当可观的成绩。早在20世纪五六十年代,曹聚仁在《文坛五十年》(香港新文化出版社1954年版)中谈到"桐城派义法",认为讲现代中国散文之流变,必须从桐城派说起。他对桐城义法"言之有序,言之有物"予以肯定。但其后在《中国学术思想史随笔》中,对桐城派持严苛之批评,称"他们奉归有光为祖师,却撇开了顾亭林;他们却没有一个比得上顾亭林。乡曲陋见,可笑之至。清代三百年间,桐城派古文居然称霸一代,居于正统地位,也可见前人的浅陋"①。钱穆在其《中国文学讲演集》中认为"谈到清代的散文,多半只是桐城、阳湖两大派势力""桐城派主张文章的每一辞句,都得含有道德意味在内,都得慎细考虑,从严检别。这样的写作态度,可算得是很严肃的"②。在《中国近三百年学术史》(商务印书馆1980年版)中,钱穆列专节论述方东树,认为其《汉学商兑》显示方东树的学术造诣,虽不如章学诚、陈澧、许宗彦,"然亦颇为并时学者推重",表征"学术将变应有之象",评价可谓公允。此后,麦穗崎《清代桐城派古文义法研究》(中国书局1973年版),叶龙《桐城派文学史》(文津出版社1975年版),唐传基《桐城文派新论》(现代书局1976年版),姚翠慧《方望溪文学研究》(台北文史哲出版社1988年版),尤信雄《桐城文派学述》(文津出版社1989年版),何冠彪《戴名世研究》(稻乡出版社1988年版),叶龙《桐城派文学艺术欣赏》(香港繁荣出版社1998年版),杨松年《姚莹〈论诗绝句六十首〉论析》(文史哲出版社1999年版),杨淑华《方东树〈昭昧詹言〉及其诗学定位》(花木兰文化出版社2008年版),廖素卿《方苞诗之研究》(花木兰文化出版社2009年版),丁亚杰《生活世界与经典解释——方苞经学研究》(台湾学生书局有限公司2010年版),黄肇基《鉴奥与圆

---

① 曹聚仁:《中国学术思想史随笔》,北京:生活·读书·新知三联书店,1986年。
② 钱穆:《中国文学论丛》,北京:生活·读书·新知三联书店,2002年,第72页。

照——方苞林纾的〈左传〉点评》(允晨文化实业股份有限公司2008年版),张高评《比事属辞与古文义法——方苞"经术兼文章"考论》(台北新文丰出版公司2016年版)等专著相继问世。而方苞作为长于经学的文学家,又成为港台学者研究的重点,《方望溪全集》《方望溪文钞》《左传义法举要》等由各出版社整理出版。台北文海出版社推出近代中国史料丛刊,收录有姚鼐《惜抱轩文集》16卷、《后集》10卷,姚莹《后湘诗集》9卷、《二集》5卷、《续集》7卷、《中复堂遗稿》5卷、《续编》2卷,吴汝纶《桐城吴先生文集》4卷、《诗集》1卷,张裕钊《张濂亭先生诗文稿》不分卷,郭嵩焘《养知书屋文集诗集》,黎庶昌《曾文正公年谱》、《拙尊园丛稿》6卷等。此外,较为重要的论文有杨钟基《曾国藩学文门径试探》(《桐城派研究论文选》黄山书社,1986年版),蒋英豪《林纾与桐城派、改良派及新文学的关系》(《文史哲》1997年第1期),何沛雄《刘大櫆的古文理论》(《新亚学报》第16卷,1993年版)和《桐城派在清代兴盛的原因》(《台北华学月刊》1980年第104、105期),周启赓《桐城派文论》(陈国球主编《香港地区中国文学批评研究》,台北学生书局,1991年版),邝健行《方苞与戴名世》(《香港中文大学文化研究所学报》1990年第20卷),叶龙《桐城古文略论》(《大陆杂志》1966年第32卷,第12期)和《林纾的古文及其与桐城派的区别》(《香港新亚生活》第9卷,第8期)等。

国外学者对桐城派研究也表现出浓厚的兴趣和持久的热情,并且由于思维方式和文化背景的不同,其研究成果也呈现出不同的风貌。法国汉学家戴廷杰经过长期钻研,写出了近百万字的《戴名世年谱》,由中华书局出版。日本学者鱼住和晃致力于张裕钊及其日本弟子宫岛咏士的研究,出版了《张廉卿——悲愤与忧伤的文人》《宫岛咏士——人与艺术》等专著。韩国学者金庆国对姚门"五大弟子"进行集中研究,发表了《论刘开的文学思想》《论管同的思想与古文理论》等论文,其博士学位论文《桐城派姚门五大弟子研究》由当代中国出版社于2003年出版。日本学者佐藤一郎的《关于桐城派的几个问题》《江户、明治时代的桐城派》,武内义雄的《桐城派之圈识法》,三石善吉的《桐城派中的气》等论文均具创见。另外,新加坡许福吉的《义法与经世:方苞及其文学研究》、日本佐藤一郎的《中国文章论》、苏联卡里娜·伊凡诺夫娜·戈雷金娜的《19世纪至20世纪初中国的美文学理论》等专著都对桐城派作了重点研究。这些成果为扩大桐城派在海外的影响作出了积极贡献。

(江小角　方宁胜)

第六讲

戴名世与清前期文化政策①

戴名世以悲情的人生结局,使其身后的清朝大部分士人割断了与前朝的魂牵梦萦。此后,力主宋学、主张文章经世的桐城派日渐崛起,雄踞有清一代文坛,有"天下文章,其出于桐城乎"②的美誉,影响时间逾二百年,萃聚作家有一千二百余人,其汇集学者人数之多、流衍波及地域之广、产生影响程度之大,为清代文坛所独具,也为中国文学史上所罕见。学界言桐城派者必言"三祖",盖方苞、刘大櫆、姚鼐之文章、之古文法有所法、所变,谈派不能不谈三祖;但三祖的文章经世是在士人与清廷的政治关系转变的过程中发生的,而对这一关系产生影响之一的《南山集》案的核心人物——戴名世,似不能置身于桐城派之外。

一、对朝廷的认同与"君子"的"狂""狷"

戴名世(1653—1713),安徽桐城人,字田有(田友)、褐夫(褐甫),号药身、忧庵,后号栲栳,因晚年居南山,世称南山先生。

戴名世作为清前期士人的一个代表,存在与清朝的认同问题。

---

① 本文原载于《北方论丛》,2015年第3期。
② [清]姚鼐著,刘季高标校:《惜抱轩诗文集·文集》卷八《刘海峰先生八十寿序》,上海:上海古籍出版社,1992年,第114页。

研究这一问题,必须从研究戴名世其人入手,研究其人不能不研究其性格。而其本人的好恶作为其性格的感性反映,对戴名世之字号、之文、之交游产生了直接影响,所以讨论其人必由此三者入手。

研究戴名世,其字号是值得注意的。大凡文人字号,皆有所寓寄,戴名世亦不例外。戴名世有释"忧庵""田有""褐夫""药身"等字号之文,诸文可视其为对自我的一种解读,由此再结合其人生际遇,不难窥其性格圭角。

"忧庵"之字,蕴含其与环境的关系。戴名世曾在《忧庵记》一文中叙述其与客人的一段对话,释其字何以为"庵",又何以在庵前加一"忧"字。戴名世视"庵"为身之所处,而忧则不离身,故称"戴子所居曰忧庵"①,忧在行走坐卧之间,无处不忧,无时不忧。他认为五行、阴阳和元气的不正侵害其身心,故其心怀忧郁,"彷徨辗转,辍耕陇上,行吟泽畔,或歌或哭"②,达到了自己难以抑制的地步。其原因,戴名世自称:

> 五行之乖沴入吾之膏肓,阴阳之颠倒盅吾之志虑,元气之败坏毒吾之肺肠。纠纷郁结,彷徨辗转,辍耕陇上,行吟泽畔,或歌或哭,而莫得其故,求所以释之者而未能也。

戴名世述其字号并道其因由,客人听后答道,你这是患有忧疾了,请让我给你治一下:

> 吾将以泰华为莞簟而寝子,以江海为羹汤而饮子,且以唐虞三代之帝王为之医,以皋、夔、稷、契、伊尹、周公为之调剂,以井田、学校、封建为之药饵,以仲尼、孟轲为之针

---

① [清]戴名世撰,王树民编校:《戴名世集》卷十四《忧庵记》,北京:中华书局,1986年,第388页。
② [清]戴名世撰,王树民编校:《戴名世集》卷十四《忧庵记》,北京:中华书局,1986年,第388页。

第六讲　戴名世与清前期文化政策

砭,如是而子之疾其瘳矣乎?①

这一对话,戴名世自言其"忧疾"源于五行、阴阳、元气之不正,实际上是其与客观环境的关系②。而客人针对此心疾开了一个药方:以名山作席,以江海为饮,庵大可以忘忧;以唐虞三代之帝王为医、良佐为调剂、孔孟为针砭,以三代制度为药饵,前言往行可以去忧。诚然,戴名世之疾,非病之疾,客人之方,亦非医之方,二者对答堪称妙语,叹为观止。但从对话中可见戴名世之病在于其与客观环境的不和谐,而五行、阴阳和元气作为中国传统文化对自然的认识,这种自然的不正推及人事,这正是解读戴名世所忧之关键。

正如取号"忧庵"一样,表面看来,戴名世的"田有""褐夫"之字,以野处己,追求心灵的放逸,实际上是人事的不正,君子处下位而得其所。而戴名世称其字"田有",似乎也有所期待,"乐道有莘之野,而抱膝南阳之庐,优哉游哉,聊以卒岁。余感农夫之言,思《诗》人之旨,而字余曰田,以著其素志云"③。至于其讨论世上的名实问题,既是对世风的批判,也是对人事的判断。"然则余不以为字而谁字乎?吾恶夫世之窃其名而无其实者,又恶夫有其实而辞其名者。若余则真褐之夫也,虽欲辞其名不得矣"④。世上名实之乱,而自己处下位称"田有",取"褐夫"之名,名实相称。

至于戴名世的"药身"之号,意求身心兼治。"余所尝备极天下之苦,一身之内,节节皆病,盖宛转愁痛者久矣。又余多幽忧感慨,

---

① [清]戴名世撰,王树民编校:《戴名世集》卷十四《忧庵记》,北京:中华书局,1986年,第388~389页。
② 王树民认为:"申言之,是所忧者在国家社会之长期处于病态,且无力以矫之也。"(《戴名世遗文集》,第148~149页)。
③ [清]戴名世撰,王树民编校:《戴名世集》卷十四《田字说》,北京:中华书局,1986年,第389~390页。
④ [清]戴名世撰,王树民编校:《戴名世集》卷十四《褐夫字说》,北京:中华书局,1986年,第390~391页。

且病废无用于世,徒采药山间,命之以其业,则莫如此为宜"①。可见,"药身"之号因其身病、因其心忧而来,以此治病,退居山林,采药山间,乐以为业,既疗己疾,又兼及他人,使自己虽"病废无用于世"而有用于人。

戴名世晚年号"栲栳",无文释义。法国学者戴廷杰认为:"先生生平字号,皆有文以阐其义……惟栲栳晚号,不可得而知,顾桐邑之西,龙眠山之南,有栲栳一峰,最为耸峻,尤便隐盩,与先生平生志,可无相关耶?"②或许受其师潘木崖先生"谢绝人事,托迹林壑,而力不能买山以隐,每望龙眠诸峰在烟云缥缈之间,未尝不神往也"③的影响。而栲栳一山,峻耸于桐境,晚以此山为号,可见平生之志。

从戴名世的字号上看,其身之所处则号以为"忧",心之恬愉则名曰"田",身疾、心忧则名之为"药",志之所向则归于"栲栳",这一心清与世浊的对照,可见其内心存在士人出世与入世的纠结之一斑。

研究戴名世其人,其文是不可绕过的。戴名世认为:"人之心之明暗、善恶、厚薄,其著之于辞者,皆不能掩,是故观其文而可以知其人矣。"④戴名世早慧,才思艳发,为文与科场登第的士人一样擅于制义,有时文佳作流于坊间,为士人所乐道;此外,其古文尤工,心中郁结天地不通之气,借古文以载其志向追求,故为文多神来之笔且雅洁可瞻。因而在其为太学生时,已露头角,"时语古文推宋潜虚;语

---

① [清]戴名世撰,王树民编校:《戴名世集》卷十四《药身说》,北京:中华书局,1986年,第391页。
② [法]戴廷杰:《戴名世年谱·戴名世先生年谱》卷之一,北京:中华书局,2004年,第1页。
③ [清]戴名世撰,王树民编校:《戴名世集》卷二《潘木崖先生诗序》,北京:中华书局,1986年,第33页。
④ [清]戴名世撰,王树民、韩明祥、韩自强编校:《戴名世遗文集》,北京:中华书局,2002年,第137页。

时文推刘无垢"①。其实,戴名世对其文章风格之变有自己内省性的认识:

> 始余之为文,放纵奔逸,不能自制;已而收视反听,务为淡泊闲远之言,缥缈之音;久而自谓于义理之精微,人情之变态,犹未能以深入而曲尽也,则又务为发挥旁通之文。盖余之文,自年二十至今凡三变,其大略如此。②

戴名世总结其文,可以归纳概括为,由任情之文至率性之文,最后到曲尽义理之文,这与方苞所主张的"义法"说似无二致,甚至在表述上,比姚鼐的"义理、考据、辞章"中的"义理"更易理解。

戴名世视曲尽义理之文为作文的最高境界,自然涉及经史之学,对此其极为关注。戴名世推崇宋学,其时在桐邑中研此学者寥寥无几。而于史"尤留心有明一代史事,网罗散失,时访明季遗老,考求故事,兼访求明季野史,参互考订,以冀后来成书,仿太史公之意,藏之名山"③。正是由于其"留心有明一代史事",为其人生的悲剧埋下了伏笔。

研究戴名世其人,必须研究其交游情况。戴名世好交游而性格耿介,康熙二十四年(1685)以后,"往来燕、赵、齐、鲁、河、洛、吴、越之间,所至,方闻宿学之士闻声钦慕,而长洲韩慕庐、汪武曹,无锡刘言洁,江浦刘大山,宿松朱字绿,吴县吴荆山,大兴王昆绳,及同里方百川、望溪尤心折先生"④。交游有文酬酢的,据法国学者戴廷杰在其《戴名世年谱·酬酢索引》共计有 41 位,足见戴名世交游之广。

---

① [清]方苞著,刘季高校点:《方苞集》卷十二《朱字绿墓表》,上海:上海古籍出版社,2008 年,345 页。
② [清]戴名世撰,王树民编校:《戴名世集》卷四《自订时文全集序》,北京:中华书局,1986 年,第 118 页。
③ 谢国桢:《桐城无名氏记方戴两家书案》,见[法]戴廷杰:《戴名世年谱》,北京:中华书局,2004 年,第 1162 页。
④ [清]马其昶撰,彭君华校点:《桐城耆旧传》卷八《戴南山先生传》,合肥:黄山书社,1990 年,第 247 页。

在交游中，戴名世鲜明的个性易为人所忌，"负才自喜，睥睨一世，世亦多忌之"①。所以，"先生夙负文誉，久游公卿间，及垂老构祸，遂无肯有道其为人者"②。

以上对戴名世的字号、文章学问和交游进行分析，如果说"田有""褐夫"作为其自己身份界定的话，那么"药身"和"忧庵"则突出了其与生存环境的关系，因而晚号"栲栳"和后世称其"南山"则更突出了出世的士人心态。从戴名世其文上看，对其人的认识，可从戴名世曾引文中子的话分析文如其人的论断得到启示：

> 文中子曰："……鲍照、江淹，古之狷者也，其文急以怨；吴筠、孔珪，古之狂者也，其文狂以怒……颜延之、王俭、任昉，有君子之心焉，其文约以则。"以今日之时文言之，其最著名之善者有数家：李厚庵则谨，刘大山其派别也。韩慕庐则典，储礼执其支裔也。方灵皋则约。方文辀、方百川，其古之狂者乎？胡袭参其古之狷者乎？③

以此来判断戴名世其人："君子"为其向往，故其文"约以则"，与方苞有同声相求之鸣。而戴名世自述其为文所受影响，"灵皋年少于余，而经术湛深，每有所得，必以告余，余往往多推类而得之。言洁好言波澜意度，而武曹精于法律，余之文多折衷于此三人者而后存，今集中所载者是也"④。此外，在他身上，还兼具狂和狷，从狂上看，戴名世自谓："余少而狂简，多幽忧之思，厌弃科举，欲为逸民以

---

① [清]马其昶撰，彭君华校点：《桐城耆旧传》卷八《戴南山先生传》，合肥：黄山书社，1990年，第248页。

② [清]马其昶撰，彭君华校点：《桐城耆旧传》卷八《戴南山先生传》，合肥：黄山书社，1990年，第248页。

③ [清]戴名世撰，王树民、韩明祥、韩自强编校：《戴名世遗文集》，北京：中华书局，2002年，第137页。

④ [清]戴名世撰，王树民编校：《戴名世集》卷四《自订诗文全集序》，北京：中华书局，1986年，第118页。

终老。"①"一时太学诸生皆号此数人为'狂士'。"②从猂上看,戴名世自比于黄鹂③,不同凡响。所以综合戴名世其字号、其文和其交游,可见其人:既有君子的一面,也有狂和猂的一面。因而马其昶评价戴名世:

> 先生则负逸才,生际鼎革,读《太史公书》而慕之,网罗放佚,将欲成一家言,于朝章国故,及伦纪义烈,瑰玮之行,周谘博访,若耆欲之切于身,唯恐其不当。不幸家贫,卖文四方,无从容一日之暇得就其业也。其迈往不屑之气,睥睨一切,时时发现于文字,诸公贵人畏其口,尤忌嫉之。④

马氏之说,并没有注意到戴名世的字号所体现出的其对清朝的认同问题。这对于士人来讲,一如其自喻为文之境,"远山缥缈,秋水一川,寒花古木之间,空濛寥廓,独往焉而无与徒也"⑤。这一凄清而幽绝之境,恐怕不仅仅是其文之境。

二、《南山集》案与清前期的文化政策

清军入关,不仅清王朝疆域扩大了,而且面临的政治形势比以往朝代又更为复杂。在演绎中国历史上的"北方之强"与"南方之强"⑥的碰撞中,清代的历史、学术、文化发生了前所未有的际遇、生

---

① [清]戴名世撰,王树民编校:《戴名世集》卷四《意园制义自序》,北京:中华书局,1986年,第123页。
② [清]戴名世撰,王树民编校:《戴名世集》卷三《徐诒孙遗稿序》,北京:中华书局,1986年,第55页。
③ [清]戴名世撰,王树民、韩明祥、韩自强编校:《戴名世遗文集》,北京:中华书局,2002年,第85页。
④ [清]戴名世撰,王树民编校:《戴名世集·附录·南山集序》,北京:中华书局,1986年,第462页。
⑤ [清]戴名世撰,王树民编校:《戴名世集》卷二《成周卜诗序》,北京:中华书局,1986年,第40页。
⑥ 《礼记·中庸》。

机和转折,而这一切都是以与战场无异的"血腥"的场面拉开了相对于"南方之强"的士人具有转折意义的大幕。其中戴名世"《南山集》案"就是这一幕中的重要篇章。

《南山集》案发于康熙五十年(1711)十月十二日。戴名世为都察院左都御史赵申乔疏参,斥其"妄窃文名,恃才放荡"①狂妄不谨之罪。

其实,对《南山集》案的研究,有的学者从法律层面考量《南山集》案的量刑问题,甚至断定这是一桩冤案;有的探讨参劾者赵申乔的主观动机,触及其心理层面;也有的从赵、戴二人的关系入手,颇及个人之恩怨。② 以上从不同视角的认识,推进了《南山集》案研究的深入,但这些并不是此案的关键。《南山集》案作为文字狱,应当从清朝统治者的民族心理和对士人的政策上加以考量。在这一前提下,该案至少符合清代认定文字狱必备的要件,即文字狱必然在文字上有所依据,戴名世被传坐死者之文《与余生书》,使其与清朝的认同问题暴露无遗,该文用《春秋》正统之义,且议论明末之事用弘光、隆武和永历三帝年号,即使是"荡为清风,化为冷灰"③,在当时也实属敏感词汇。康熙五十年(1711年),左都御史赵申乔疏参其"恃才放荡""狂妄不谨",称其"私刻文集,肆口游谈,倒置是非,语多狂悖"④。赵氏参戴之罪,可以概括为两条:一是私自出版文集;二是语多狂悖。后者纯属个人的性格使然,但狂则遭嫉,悖则为朝廷所不容。从这两条看,朝廷认定戴名世"狂妄不谨",应没有任何问题,

---

① 《清实录》卷二百四十八《圣祖仁宗皇帝实录》康熙五十年(1711)十月丁卯,北京:中华书局,1986年,第5399页。

② 俞樟华:《近十几年来戴名世研究综述》,载《文史知识》,1997年第1期。

③ [清]戴名世撰,王树民编校:《戴名世集》卷一《与余生书》,北京:中华书局,1986年,第2页。

④ 《清实录》卷二百四十八《圣祖仁宗皇帝实录》康熙五十年(1711)十月丁卯,北京:中华书局,1986年,第5399页。

更何况戴名世触碰了清朝统治者的忌讳。

朝廷处理《南山集》案,作为文字狱也体现了瓜蔓抄的特征。以《南山集》一书为线索,完成瓜蔓抄是不难的。在这一案中,值得注意的是,其一,康熙皇帝态度的变化;其二,具体办案人员量刑尺度;其三,牵涉文人的反应。据方苞《安溪李相国逸事》一文所记,戴名世因《南山集》下狱,康熙皇帝震怒,龙颜不悦问题就大了,更何况震怒,士林一片震惊、恐慌是必然的。而具体办案人员,则顺应了皇帝的态度,从判案上看,也未违背职业的操守,按照律例,"吏议身磔族夷,集中挂名者皆死"①。可见,《南山集》影响了朝廷的安全,为大逆之罪。在这种情况下,《南山集》案中涉及的文人,主动毁掉有关私刻印版者有之,自首者有之。甚至,还有文人因此案而阅《南山集》者有之。② 从以上文人诸端的举动上看,主观上避祸的种种行为,当也无可厚非。但由此可见朝廷通过《南山集》案使士林犹如一阵劲风吹过,风过草偃,士林一片宁静,对有清一代的士风影响是巨大的。考《桐城无名氏记方戴两家书案》③所录节文,符合张玉编译的《刑部尚书哈山为审明戴名世〈南山集〉案并将涉案犯人拟罪事题本》满汉文题疏,据此疏:

> ……经夹讯戴名世,据供:《南山集》《孑遗录》俱系我等年轻时混写悖乱之语,并未与别人商议,亦无按我授意整编之人。《孑遗录》系方正玉刻的,《南山集》系尤云鹗刻的……尤云鹗是我门生,不通文义,我作了序,放他名字。汪灏、方苞、方正玉、朱书、王源的序是他们自己作的,刘岩不曾作序。我寄余生等人书,伊等未曾回文。我与余生书

---

① [清]方苞著,刘季高校点:《方苞集·集外文》卷六《安溪李相国逸事》,上海:上海古籍出版社,2008年,第687页。
② 参见[法]戴廷杰:《戴名世年谱》,北京:中华书局,2004年,第837~845页。
③ 参见[法]戴廷杰:《戴名世年谱·附录四》,北京:中华书局,2004年,第1154~1161页。

内有方学士名,即方孝标。他作的《滇黔纪闻》内载永历年号,我见此书即混写悖乱之语,罪该万死……据汪灏供:戴名世让我为《孑遗录》作序,我那时愚昧糊涂,未仔细阅读,信手胡纂数句,亦未核实,我罪该万死……据方苞供:我为戴名世的《南山集》作序收版,罪该万死①……据方正玉供:戴名世的《孑遗录》是我出银子刻的,序文是我的名字,罪该万死,有何辩处……夹讯尤云鹗,据供:我先生戴名世的书是我用二十四两银子刻的,序文不是我写的,是先生戴名世作的,放我的名字。我出银子刻书,即是死罪……②

从审讯的记录上看,《南山集》案的事实是比较清楚的。按照清代律例,这一案的量刑,经三法司商议,从严议处,戴名世处以凌迟,其他人等有处死、绞缢、斩首、投荒、收奴等不同量刑,其中方苞则处以绞缢之刑。刑部疏中以"悖乱言语"作为认定,韩菼等三十七人因与戴讨论诗文得免,而余湛等六人文内涉及戴名世悖言,不可饶恕。此等判决结果笼罩着涉案朝野士人之心,不乏坦然、焦虑、幻想、侥幸等各种心态,皆属人之常情。但他们心中,在帝国政治的逻辑下,或许还存一丝丝希望,这个唯一的希望就是等待,等待皇帝态度转变。在康熙五十二年(1713),康熙皇帝从宽典重新定罪,除了《南山集》案的主角戴名世难逃死罪外,其他皆免死。皇恩浩荡,圣渥优加,涉案士人"罪该万死"的认罪与"山呼万岁"的感恩,都表明对朝廷的认同。康熙皇帝了结此案,以最大的容忍,最小的杀戮,换得士人的支持,其目的不是杀士人,而是杀士人的"悖乱"之心,抹去"非

---

① 据李塨《甲午如京记事》云:"……问裹事,灵皋曰:'田有文不谨,予责之,后送背予梓《南山集》,予序亦渠作,不知也……'"参见[法]戴廷杰:《戴名世年谱》,北京:中华书局,2004年,第955页。

② 张玉编译:《戴名世〈南山集〉案史料》,载《历史档案》,2001年第2期,第21~22页。

我族类,其心必异"①的文化隔阂,最后与清朝廷保持一致,这是多么"英明"的决策。当然,在清代并不是所有的文字狱都以这样温和的形式结案的,也有很惨烈的,个中因由,不一而足,难以遽断。

《南山集》案甫一尘埃落定,士人大多谨言慎行,投身于清代学术总结和整理的文化事业之中,潜心于考据者有之,专心于辞章之学者有之,与朝廷"稽古右文"政策配合得相当默契。方苞除了在清廷担任编修的要职,在经史之学中阐扬文章的义法,彰显经世致用,学术文章为当代朝廷服务已成为其作为士人存在的基本追求。由此可见,康熙皇帝通过《南山集》案不仅使朝廷与士人对立的情绪逐渐消除掉,同时也使士人感到清朝统治的合法性是不可动摇的。

尽管戴名世的人生以悲剧的形式结束,使其在文学上的成就蒙上一层悲情的色彩,但假如没有《南山集》案,戴名世之文、之文人的性格,不会以这一悲剧的形式为人所了解,据此可以判断是戴名世本人成就了戴名世,是康熙皇帝成就了悲情的戴名世。同时,我们不能作为旁观者去要求牵涉此案中的士人在生命受到威胁的时候,却像苏格拉底那样从容和淡定。但戴名世的从容和淡定,真正地体现了其作为君子的人生追求以及狂、狷的个性,使自己悲剧的人生在历史上露出了峥嵘的生机,正因此,其身后的朋友、学生不没其立言之功,以宋潜虚之名使文不堙没。

三、戴名世与桐城派

从桐城派建构的语境上看,在清代戴名世与桐城派的关系似乎并不具有历史的经验性。但对于桐城派来说,戴名世是不能缺席的,这在一些研究者看来,主要有以下三点是不可绕过的:一是戴名世是桐城人;二是戴名世也以古文著称;三是方苞与戴名世的交游,服膺戴的古文之才。而桐城派建构的三大因素——地缘、血缘和学

---

① [晋]杜预注,[唐]孔颖达等正义:《春秋左传正义》卷二十六《成公四年》,上海:上海古籍出版社,1997年,第1901页。

缘,由于与方苞的交游,可以说戴名世具备其二。"戴名世长于文学,因其文遂及于文章流派,而名世之地位可见"①。那么,尽管戴名世的个人悲剧使其长期被认为与桐城派无缘,但后人在以研究者的目光投向这个悲情的历史人物的时候,发现其与桐城派关系密切,完全可以列为桐城派奠基的重要人物之一,只不过这个人物是以悲情的方式开端了桐城派。

戴名世其人,从其名字的"名世"和身后被人称为"潜虚"可见其在清代的际遇和身后的境况。戴名世之所以"名世"当然离不开其古文的成就,而在清代文学史上,只要提起古文必然会想到桐城派,而研究桐城派的辞章之学必定要追溯到戴名世,更何况其为桐城人。清代桐城派是中国文学史上的奇葩,其形成有学缘、血缘和地缘等因素在其中的建构,至少戴名世在学缘和地缘上可以影响桐城派,所以只要把桐城派三祖阵容稍微扩大一些,戴名世就理所当然地跻身为开宗立派的行列。

究戴名世一生的学术贡献,以古文成就最为突出,在其活跃的康熙时期已崭露头角,被后世称为与方苞同执文坛牛耳。其实,戴名世之文,有"胸中之文"和"传世之文",传世之文不论是"文稿脱手,贾人随刊布之"②"天下皆诵"③的时文,还是"……自抒湮郁,气逸发不可控御"④的古文,前者戴名世自称"此非吾之文也"⑤,后者

---

① 杨向奎:《戴名世集序》,见[清]戴名世撰,王树民编校:《戴名世集》,北京:中华书局,1986年。
② [清]马其昶撰,彭君华校点:《桐城耆旧传》卷八《戴南山先生传》,合肥:黄山书社,1990年,第247页。
③ [清]马其昶撰,彭君华校点注:《桐城耆旧传》卷八《戴南山先生传》,合肥:黄山书社,1990年,第247页。
④ [清]马其昶撰,彭君华校点注:《桐城耆旧传》卷八《戴南山先生传》,合肥:黄山书社,1990年,第248页。
⑤ [清]马其昶撰,彭君华校点:《桐城耆旧传》卷八《戴南山先生传》,合肥:黄山书社,1990年,第247页。

被方苞称为"此犹非褐夫之文也"①。方苞的这一判断本于和戴名世在京师的一次晤面,戴名世向方苞申说:"吾非役役于是,而求有得于时也,吾胸中有书数百卷,其也出,自忖将有异于人。人非屏居深山、足衣食,使身无所累而一其志于斯,未能诱而出之也。"②戴名世胸中之文,到底是什么样的锦绣文章,不得而知;到底为什么在其心中郁结不发,也不可探知。从"有异于人"来看,其文并不是我们现在所见到的传世时文和古文,但有一点可以确定的是,胸中之文一定不同凡响。同时以此推断,戴名世的内心既有对朝廷的认同问题,又有"求得于时"的无奈。

《南山集》案,实际上是清廷以此割断士人与明代的政治、文化的道义关系,使士人清醒地看到为现实服务的重要性。康熙皇帝通过严惩一人,而宽宥其余涉案人员这种灵活的方式,不惜干涉司法,宽大处理了方苞等人,使他们在狱中感恩涕零,痛定思痛,在心目中同新朝建立了君臣关系,按照"君者,已能食之矣,又善教诲之者也"③的文化逻辑,桐城籍的作家顺应时势,在宋学和古文的推崇中,选择古文更能体现了士人与朝廷的关系。经过几代作家的努力,由"天下文章,其出于桐城乎"的推测而变成桐城文章风靡天下,桐城派成为清代文学天空中最闪亮的一颗明星,然而这颗明星凝聚了的能量,远不是桐城籍作家所能及,是有清一代士人整体的一个局部的缩影,这恰恰是认识清代政治、学术和文化的一个关键所在。

四、余论

清军入关后,在演绎中国历史上的"北方之强"与"南方之强"的

---

① [清]马其昶撰,彭君华校点:《桐城耆旧传》卷八《戴南山先生传》,合肥:黄山书社,1990年,第248页。
② [清]马其昶撰,彭君华校点:《桐城耆旧传》卷八《戴南山先生传》,合肥:黄山书社,1990年,第248页。
③ [清]王先谦撰,沈啸寰、王星贤点校:《荀子集解》卷十三《礼论》,北京:中华书局,1988年,第374页。

碰撞中,促使桐城派的产生。这一现象的出现,仅仅从学理上加以阐释显然是不够的,还应注意到在因果关系上清前期文化政策的作用。

从对朝廷的认同上看,《南山集》案的发生,不能简单地理解为戴名世的个人性格造成的。戴名世的字号、文章和交游体现出其对君子人格的追求以及狂、狷的个性,从本质上看,其存在着对朝廷的认同问题,这是清统治者最为敏感和不能容忍的。赵申乔奏疏所称戴名世的"狂悖",夹讯时戴名世供称的"悖乱之语",此案定谳中的关键词就是一个"悖"字,实际上这就是其对朝廷的认同问题。

从清前期文化政策上看,所谓的"北方之强"与"南方之强"的碰撞是指朝廷与士人君臣关系的重建。这一关系重建是指士人对以少数民族身份君临天下的清统治者的认同,所以清前期文化政策体现了高压与怀柔并用特点,这一政策的目的在于消解夷夏之别的文化隔阂,承认清统治者的合法性。康熙帝对《南山集》案态度的转变,诠释了清前期文化政策。而在这一案中,除了戴名世外,其余涉案士人特别是桐城籍士人被免死,这表明清前期的文化政策对士人特别是桐城籍士人的影响。

从经世致用上看,《南山集》案劫后,促使士人对朝廷的认同,而影响最大的当属桐城籍士人。桐城籍士人调整了与当朝的关系,致力于经世致用之学,在力主宋学、主张文章经世的过程中,不断地注入时代的政治和文化的内容,赋予了清代古文有别于前代的特殊内涵,使之具有清代学术总结和整理的特点,进而形成了桐城派。因此,经世致用是桐城派形成的主要动力。

戴名世与桐城派的关系,与其说戴名世的古文对清代桐城籍作家的影响,倒不如说《南山集》案后对桐城籍作家产生了经世致用的诉求,把宋学义理转向文章经世,进而产生了桐城派。也正是由于桐城籍士人在朝廷"稽古右文"以集大成的文化政策下,以经世致用为目的,独辟出与朝廷相呼应的文章经世的蹊径,使古文注入了清代政治、文化的时代性因素,这是桐城派能够使清代的古文有别于前代的根本原因,这也是促使"天下文章,其出桐城乎"向桐城文章引领天下转变的主要动力。而戴名世就是在这一清前期文化政策的大背景下,拉下了自己人生的帷幕,而开启了桐城派的大幕。

(盛险峰)

第七讲

方苞的文论思想与创作特色

姚鼐说:"望溪先生之古文,为我朝百余年文章之冠,天下论文者无异说也。"① 袁枚称"本朝古文之有方望溪,犹诗之有阮亭;俱为一代正宗"②。方苞历来被视为桐城派的创始人,对桐城派的创立起到了决定性的作用,以致人称:"昔有方侍郎(方苞),今有刘先生(刘大櫆),天下文章,其出于桐城乎?"③

一、与文墨相伴的坎坷人生

方苞(1668—1749),字凤九,一字灵皋,晚年号望溪,安徽桐城人。世居金陵(今江苏南京)。方苞是明初四川断事方法的裔孙。曾祖象乾,官副使,避寇侨居江苏上元(今南京市)。祖帜,字汉树,号马溪,岁贡生,有文名,官至兴化县教谕。父仲舒,字南董,号逸巢,国子监生,诗人。赘于六合吴氏,故方苞生于六合留稼村。其

---

① [清]方苞著,刘季高校点:《方苞集》附录二《诸家评论》,上海:上海古籍出版社,1983年,第904页。
② [清]袁枚著,王英志主编:《袁枚全集》第三册《随园诗话》卷二,南京:江苏古籍出版社,1997年,第47页。
③ [清]姚鼐著,刘季高标校:《惜抱轩诗文集》卷八《刘海峰先生八十寿序》,上海:上海古籍出版社,2008年,第114页。

时,方氏家境衰落,方苞常说"痛少时以家贫"①"余家贫多事"②。但方苞在父兄引导下,五岁读书,十岁学习时文,为日后发展打下了坚实基础。黄冈杜睿、杜岕兄弟皆寓于江宁(今南京),桐城钱澄之、方文亦时有往来,与方仲舒常相唱和。方苞自说"仆少所交,多吴、越遗民,重文藻"。方苞20岁左右,外出授徒,往来于江淮河济之间。

康熙二十八年(1689),方苞岁试第一,补桐城县学弟子员,受知于学使高裔。23岁应乡试,落榜。后随高裔去京师,游太学,文章得到李光地、韩慕庐等人的赏识。此时,获交前辈学者、史学家万斯同,钻研经学。在刘言洁、刘拙修等人的影响下,研读宋儒之书,倾心程朱理学。25岁时,与姜宸英、王源论行身祈向时说:"学行继程朱之后,文章在韩欧之间。"③这也成为方苞一生崇奉的准绳。此后几年,他在涿郡、宝应等地开馆授经,曾两次参加顺天乡试,落第而归。

康熙三十八年(1699),方苞32岁,举江南乡试第一。次年,至京师,后两次参加礼部考试,均未及第。在京城结交思想家李塨,并与李交谈,因学术观点不合,旋即回到金陵。

康熙四十五年(1706),方苞39岁,再至京师,应礼部试,位列第四。殿试之前,方苞闻母病,忧心如焚,迅速南归,虽李光地等名人全力劝阻,也全然不顾,最终错失殿试夺魁的机会。但方苞敬重父母,谨守孝道,也被传为文坛佳话,足以垂范后世。这一年,方苞妻子蔡氏又不幸病逝,可谓雪上加霜,对他打击很大。时有某总兵愿以女儿许嫁给他,并承诺赠万金,方苞断然拒绝。所以有学者称他:

---

① [清]方苞著,刘季高校点:《方苞集》卷十七《大父马溪府君墓志铭》,上海:上海古籍出版社,1983年,第490页。

② [清]方苞著,刘季高校点:《方苞集》卷十七《亡妻蔡氏哀辞》,上海:上海古籍出版社,1983年,第504页。

③ [清]王兆符:《原集三序》,见[清]方苞著,刘季高校点:《方苞集》附录三《各家序跋》,上海:上海古籍出版社,1983年,第907页。

"在立身处世、辞受取与之间,富贵不能动其心,威武不能屈其节。"①

康熙五十年(1711),是方苞人生的重大转折点。这年十一月,左都御史赵申乔上奏康熙皇帝,以戴名世所著《南山集》倒置是非、"语多狂悖"②为由,弹劾戴名世。方苞因给该书作序,受到牵连,被逮下狱。在狱中,方苞潜心读书治学,写出《礼记析疑》《丧礼或问》等著作。狱中犯人讥笑他命将不保,还读什么书,并夺其书,而方苞却说:"朝闻道,夕可死也。"③后来,方苞追忆狱中所见所闻,写成脍炙人口的《狱中杂记》。他以纪实的笔法,深刻揭露清代监狱中的黑暗与腐败。

康熙五十二年(1713),"《南山集》案"狱决,方苞被判死刑,只因"圣祖一日曰:'汪霖死,无能古文者。'"李光地等人极力营救,回答皇上说:"惟戴名世案内方苞能。"三月二十三日,康熙皇帝下旨:"戴名世案内方苞,学问天下莫不闻。"④第二天,方苞被召入南书房,充文学侍从,几天之内,写出《湖南洞苗归化碑文》《黄钟为万事根本论》《时和年丰庆祝赋》等文章,每篇呈奏康熙帝阅示,都受到赞赏,誉称"此即翰林中老辈兼旬就之,不能过也"⑤。命以白衣(即无功名而替官府当差的人)入直南书房。是年八月,移直蒙养斋,编校乐、律、历、算诸书,和徐元梦(号蝶园)承修乐律。康熙皇帝和诸皇子外

---

① 许福吉:《义法与经世——方苞及其文学研究》,上海:学林出版社,2001年,第42页。
② [清]方苞著,刘季高校点:《方苞集》附录一《年谱》,上海:上海古籍出版社,1983年,第874页。
③ [清]顾琮:《周官辨序》,见[清]方苞著:《周官辨》(《续修四库全书》第79册),上海:上海古籍出版社,2002年,第416页。
④ [清]方苞著,刘季高校点:《方苞集》卷十八《两朝圣恩恭纪》,上海:上海古籍出版社,1983年,第515页。
⑤ [清]方苞著,刘季高校点:《方苞集》卷十八《两朝圣恩恭纪》,上海:上海古籍出版社,1983年,第515页。

出游览,自诚亲王以下,"皆呼之曰先生"①。当时诚亲王为监修,性格刚强,要求严厉,办事的人无不受其苛责,而方苞遇事据理力争,侃侃不阿,诚亲王对其更加敬重,延聘方苞为王府老师,给王公子弟讲课。方苞还常常与李光地、徐元梦等朝臣谈论国计民生之大事,先生"苦口直言,不自知其数",且"其说多见施行"②。李光地非常欣赏方苞的治国才能,想推荐他参与朝政,方苞辞曰:"某本罪臣,不死以为非望,公休矣!但有所见,必为公言之,倘得行,则拜赐多矣。"③

从"《南山集》案"蒙皇恩赦宥,到南书房工作,方苞开始了三十余年的官宦生涯。作为皇帝的文学侍臣,一面从事文字工作,一面教皇子读书,还潜心研究《春秋》《周官》,撰写《周官辨》《春秋通论》《周官析疑》《容城孙征君年谱》等书。特别是《春秋通论》一书,备受好评。徐元梦先生常常告诉其他人说:"自程、朱而后,未见此等经训,他日必列于学官。"④这一时期,方苞做官与治学达到了高度统一。从康熙六十一年(1722)开始,他充任武英殿修书总裁等职达十年之久。

雍正皇帝即位后,以张廷玉为代表的桐城学人对其影响颇大,这也使方苞的政治处境较康熙朝有了进一步改善,方苞和统治者的关系也大为改善,雍正皇帝将他"赦归原籍"。不久,合族均被赦归原籍,还说:"朕以方苞故,赦其合族,苞功德不细。"方苞闻命,"惊怖感泣,涕泗交颐"⑤。方苞获准请假一年,南归上元,安葬其父母,再

---

① [清]方苞著,刘季高校点:《方苞集》附录一《年谱》,上海:上海古籍出版社,1983年,第876页。
② [清]方苞著,刘季高校点:《方苞集》附录一《年谱》,上海:上海古籍出版社,1983年,第876页。
③ [清]方苞著,刘季高校点:《方苞集》附录一《年谱》,上海:上海古籍出版社,1983年,第876页。
④ [清]方苞著,刘季高校点:《方苞集》附录一《年谱》,上海:上海古籍出版社,1983年,第877页。
⑤ [清]方苞著,刘季高校点:《方苞集》附录一《年谱》,上海:上海古籍出版社,1983年,第878页。

回到桐城,祭扫祖墓。回京城之后,官复原职。世宗召见时,怜其弱足,命二内侍扶翼至养心殿,"顾视训慰者久之",告诫方苞"先帝持法,朕原情,汝老学,当知此义"①,并赐给方苞茶牙二器。由此可见,雍正帝关心文人,非常爱惜人才。雍正帝"欲用为司业",方苞以老病为由,极力推辞。雍正九年(1731),方苞64岁,授詹事府左春坊左中允。其间,方苞写了许多时政文章,得到大臣们赞赏,如和鄂尔泰、张廷玉等人论制驭西边策略。在《与常熟蒋相国论征泽望事宜书》中,提出"择可耕可牧之地,宿兵屯田"之策,开发边疆。前来问学的学生很多,影响更加扩大。

雍正十年(1732)七月,迁翰林院侍讲学士。与鄂尔泰、张廷玉等人再论制准噶尔泽望事宜,计二十条。方苞认为要"严军屯守,抚士蓄力,以待可胜之虏;勿为轻举深入,以邀难必之功"②。后来鄂尔泰奉命驰往军前,传谕大将军,奏请边地屯田事宜,多采用方苞的建议。

雍正十一年(1733)三月,方苞奉果亲王之命,选编两汉及唐宋八大家古文,供诸生诵读③。乾隆初年(1736),朝廷诏颁各学官,此书成为钦定教科书。方苞选编此书的目的,是给诸生提供好的文章选本,便于他们学习和掌握古文义法。此书也备受八旗子弟和参加科举考试的士子欢迎。此书一出,成了各地考生和治学者的必读课本,进一步扩大了方苞的影响力,这也是方苞被看作桐城派创始人的原因之一。四月,擢内阁学士兼礼部侍郎,方苞以足疾辞,仍命专

---

① [清]方苞著,刘季高校点:《方苞集》附录一《年谱》,上海:上海古籍出版社,1983年,第879页。

② [清]方苞著,刘季高校点:《方苞集》附录一《年谱》,上海:上海古籍出版社,1983年,第881页。

③ [清]方苞著,刘季高校点:《方苞集》附录一《年谱》,上海:上海古籍出版社,1983年,第882页。

司书局,不必办理内阁事务,"有大议,即家上之"①。方苞感激流涕,"以为不世之恩,当思所以不世之报"②。

雍正十三年(1735)正月,充《皇清文颖》副总裁。九月,乾隆皇帝继位,有意大用先生。十一月,方苞拟三疏上呈乾隆皇帝:《请定征收地丁银两之期疏》《请定常平他谷粜籴之法疏》《请复河南漕运旧制疏》,三疏俱下部议行。

乾隆元年(1736)春,再入南书房。三月,上《请备荒政兼修地治疏》。六月,乾隆帝怜爱方苞年高体弱,命太医前往诊视。谕令方苞"选有明及本朝诸大家四书制义数百篇,颁布天下,以为举业准的"③。

乾隆二年(1737)六月,擢礼部右侍郎,方苞仍以足疾辞,皇上"诏免随班趋走,许数日一赴部,平决大事"。虽然他不去部院理事,乾隆皇帝"大政往往咨先生,先生多密陈,于是盈廷侧目矣"④。为了国家兴亡,他力排众议,连上《请矫除积习兴起人才疏》《请定庶吉士馆课及散馆则例疏》,希望改变选拔人才的标准和方法,遭到朝廷官员的反对。十二月,复以老病请解侍郎职,虽然被批准,但仍带原衔、食俸,教习庶吉士。

乾隆四年(1739)二月,充经史馆总裁。五月,庶吉士散馆,方苞希望给迟到的人考试机会,忌者劾之,说方苞有私情,遂落职。诏命方苞仍在三礼馆修书。方苞被罢职后,对沈廷芳说:"老生以迂戆获

---

① [清]方苞著,刘季高校点:《方苞集》附录一《年谱》,上海:上海古籍出版社,1983年,第882页。
② [清]方苞著,刘季高校点:《方苞集》附录一《年谱》,上海:上海古籍出版社,1983年,第882页。
③ [清]方苞著,刘季高校点:《方苞集》附录一《年谱》,上海:上海古籍出版社,1983年,第883页。
④ [清]方苞著,刘季高校点:《方苞集》附录一《年谱》,上海:上海古籍出版社,1983年,第883页。

戾,宜也。吾儿道章数以此谏,然吾受恩重,敢自安容悦哉?①"方苞时以性格耿直著称于京城,在乾隆二年(1737)时,大学士朱轼曾劝告方苞说:"子性刚而言直,吾前于众中规子:'子幸衰疾支离,于世无求,假而年减一纪,尚有国武子之祸。'欲诸公谅子之无他,而不以世情相拟耳!宾实(杨文定字)既殁,吾病不支,子其惧哉!②"可见,朱轼早已料到方苞会因才学俱优、性格耿直,而遭到朝廷官员嫉妒和排挤。但乾隆皇帝深知方苞其人品高行卓,常常对身边大臣说:"方苞惟天性执拗,自是而非人,其设心固无他也。"③在吏部荐举祭酒官时,乾隆帝说:"是官应使方苞为之,方称其任。"终因旁无应者而作罢。

乾隆六年(1741)冬,方苞纂成《周礼义疏》,进呈皇上。乾隆浏览兼旬,没有更改一处,诏令刊刻。第二年,方苞75岁高龄,因患疾病,乞解书局之职,想回家安度晚年,乾隆帝许之,并赐翰林院侍讲衔,回籍调理。四月,出都归里,杜门谢客,著书立说。时任江南总督尹继善,三次登门求见,方苞均以疾辞。

乾隆八年(1743)秋,寻医浙东,游天姥、雁荡,作文记之。方苞晚年闲居在家,前来拜访或问学的人很多,如安徽布政使李学裕前来谒见,执弟子礼,并说:"固知先生避客之深也;自获见于先生,始知所以为人之道。"④恳请方苞对如何治理好安徽多提意见和建议。

乾隆十二年(1747),江苏学政尹会一视学江南,刚到南京,就徒步至清凉山下,执弟子礼,登门求见,并说:"曩在京师,母命依门墙,

---

① [清]方苞著,刘季高校点:《方苞集》附录一《年谱》,上海:上海古籍出版社,1983年,第885页。
② [清]方苞著,刘季高校点:《方苞集》附录一《年谱》,上海:上海古籍出版社,1983年,第885页。
③ [清]方苞著,刘季高校点:《方苞集》附录一《年谱》,上海:上海古籍出版社,1983年,第885页。
④ [清]方苞著,刘季高校点:《方苞集》附录一《年谱》,上海:上海古籍出版社,1983年,第887页。

先生固执不宜使众骇遽。今里居无嫌,且身未及门,心为弟子久矣。"①方苞辞不获。越日,尹会一又独自而来求见,方苞借扫墓繁昌之由,入九华山避之。可见方苞拒绝求见或问学的坚定态度。

乾隆十四年(1749)八月十八日,卒于上元里第,享年82岁。

纵观方苞一生,可以"《南山集》案"分为前后两个时期。此前,他以求学、治学、撰述、授徒为业;此后,则宦海沉浮,非编撰之职不就,始终没有脱离一个文学词臣的位置。并且率性而为,尽己所能,为国为民;尽己之才,立德立言,堪称清代文人之典范。

二、忠孝亲善、刚直不阿的崇高品格

方苞自幼受儒家纲常礼教的教育,深受中国传统伦理道德思想的影响,为人敦厚,笃于伦理,讲求礼法。生平言行、待人接物,侍父侍母,亲兄爱友,颇有一段佳话。其父逸巢公尝说:"吾体未痛,二子已觉之;吾心未动,二子已知之。"②他事母尤孝,且更感人。康熙四十五年(1706),方苞应礼部试,名列第四名。按清代规定:礼部考试后,还得进行殿试,当时满朝舆论普遍认为方苞很有可能夺魁,而他得知母亲突然病重,置个人功名和李光地的挽留于不顾,匆匆南归,侍奉母亲。他年过四十,在母亲身边"宛转膝下婴儿"③。康熙五十年(1711),方苞因"《南山集》案",逮赴诏狱。其时,他母亲老疾多悸,方苞担心忧愤过度,特地偕同江宁县令苏埍入见其母,谎称:"安溪李公荐入内廷校勘,不得顷刻留。"④拜辞出,即下狱。直到康熙五

---

① [清]方苞著,刘季高校点:《方苞集》附录一《年谱》,上海:上海古籍出版社,1983年,第887页。
② [清]戴名世撰,王树民编校:《戴名世集》卷七《方舟传》,北京:中华书局,1986年,第203页。
③ [清]方苞著,刘季高校点:《方苞集》附录一《年谱》,上海:上海古籍出版社,1983年,第888页。
④ [清]方苞著,刘季高校点:《方苞集》附录一《年谱》,上海:上海古籍出版社,1983年,第888页。

十二年(1713),方苞蒙恩赦免死罪,入直南书房,将母亲迎至北京赡养,"老母北上,终不知余之在难"①。

方苞与兄百川、弟椒涂亲善友爱,不忍违离。五六岁时,"即依兄卧起。兄赴芜湖之岁,将行,伏余背而流涕"②。后来其兄生病,"鸡初鸣,余起治药物。妻欲代,余不可……数月如一日也"③。方百川在其弟椒涂卒时泣说:"吾弟兄三人,当共一丘,不得以妻祔。"④方苞以为:"吾兄弟笃爱如此,子孙其式之!"⑤告诫其子侄辈不要违背父叔之命:"今而违焉,岂惟戕父之心,抑亦毁母之义矣。"⑥方苞死后,其后人将他的灵柩安葬于江宁县建业三图沙场村龙塘,与兄百川、弟椒涂同丘。手足情深,非同一般。

方苞事亲至孝,与朋友交可谓至善。他对朋友、亲戚以诚相待,以礼相交,严以律己,宽善待人。居家每有客至,必令子弟端茶沏水,侍立左右;或宴会,则行酒献肴,俾知长幼之节。每逢自己生辰,必避居郊原野寺,不受子孙觞酌。他对钱财看得十分淡薄,从不苟受货财。南京有王生赍金求教,"介某姻来,先生以金即赠某姻"⑦。

---

① [清]方苞著,刘季高校点:《方苞集》卷十七《兄子道希墓志铭》,上海:上海古籍出版社,1983年,第505页。
② [清]方苞著,刘季高校点:《方苞集》卷十七《兄百川墓志铭》,上海:上海古籍出版社,1983年,第496页。
③ [清]方苞著,刘季高校点:《方苞集》卷十七《亡妻蔡氏哀辞》,上海:上海古籍出版社,1983年,第504页。
④ [清]方苞著,刘季高校点:《方苞集》卷十七《己亥四月示道希兄弟》,上海:上海古籍出版社,1983年,第482页。
⑤ [清]方苞著,刘季高校点:《方苞集》卷十七《己亥四月示道希兄弟》,上海:上海古籍出版社,1983年,第482页。
⑥ [清]方苞著,刘季高校点:《方苞集》卷十七《壬子七月示道希》,上海:上海古籍出版社,1983年,第488页。
⑦ [清]方苞著,刘季高校点:《方苞集》附录一《年谱》,上海:上海古籍出版社,1983年,第889页。

不久王生死去,方苞说:"教未及,安受其贽?"①他就自己拿出如数贽金送给王生家人,而且不让某姻知道此事。另有一位富人,家资百万,遭丧,请方苞点主,愿付百金。方苞断然拒绝说:"吾岂可屈膝于守财者墓耶?"②严却不应。

方苞与朋友相交,善于检讨自己的过失,对朋友的批评虚心接受。长州何焯(字屺瞻)言古文推钱谦益(号牧斋),与方苞论点不合,何氏好诋人短,朋友多苦于相交,而方苞独喜闻其言,用以检身。方苞不怕别人挑剔自己文章中的毛病,他与朱书(字字绿)非常友好,敬佩其为人,常常"置所著文于朱字绿所,使背面发其瑕疵"③,并感叹说:"如斯人,未可多得也。"④方苞一生,文名显赫,但从不自满,晚年给李穆堂(绂)先生文集作序,谦称:"余终世未尝一日离文墨,而智浅力分,其于诸经,虽粗见樊,未有若古人之言而无弃者,而文章之境,亦心知而力弗能践焉。"⑤正是这种谦虚待人、爱憎分明的品格,赢得了时人的尊敬。

方苞性格刚直,不阿权贵,处事体现出我国传统文人的骨气和风范。他对待朋友,"责善亦甚严,当其尽言无隐,多人所难茹。故虽与昵好者,亦窃病其迂"⑥。方苞从为诸生开始,就名震京师,即使在蒙难之际,一些王公大臣也惧怕他,就是因为他"性刚直,好面折

---

① [清]方苞著,刘季高校点:《方苞集》附录一《年谱》,上海:上海古籍出版社,1983年,第889页。
② [清]方苞著,刘季高校点:《方苞集》附录一《年谱》,上海:上海古籍出版社,1983年,第889页。
③ [清]方苞著,刘季高校点:《方苞集》附录一《年谱》,上海:上海古籍出版社,1983年,第889页。
④ [清]方苞著,刘季高校点:《方苞集》附录一《年谱》,上海:上海古籍出版社,1983年,第889页。
⑤ [清]方苞著,刘季高校点:《方苞集》卷四《李穆堂文集序》,上海:古籍出版社,1983年,第107页。
⑥ [清]张廷玉:《澄怀园文存》卷十《跋王箬林为方望溪书韩子五箴》,清乾隆刻本。

人过,交游中宦既遂,必以吏疵民瘼、政教得失相责难。由是诸公颇厌苦之"①。他自己也常说:"仆学与时违,加以性僻口拙,与世人交,不能承意观色,往往以忠信生疵衅。在京师数年,见其文,好之而不非笑者寡矣;知其文,不苦其人之钝直而远且憎之者,又寡矣。"②所以,方苞自己有时也感到"开口而言,则人以为笑,举足而步,则人以为迂"③。正是这种不随世俗的性格,他时时以"于君不敢欺,于事不敢诡随,于言不敢附会"来要求自己,但却招致一些人嫉恨,"必欲挤之死地"④。唯独大学士张廷玉、朱轼等笃信其言,认为方苞以天下为己任,与诸大臣所言,"常以天下之公义、古贤之大节相砥淬,而未尝一及于私"⑤。特别是康熙皇帝始终不惑于谗言,坚信方苞的为人,"以全公之终始"⑥。因此后人称他"可负天下之重"⑦"品高而行卓"⑧"忧国忠友"⑨。

---

① [清]方苞著,刘季高校点:《方苞集》附录一《年谱》,上海:上海古籍出版社,1983年,第889页。
② [清]方苞著,刘季高校点:《方苞集·集外文》卷五《与谢云墅书》,上海:上海古籍出版社,1983年,第652页。
③ [清]方苞撰,徐天祥、陈蕾点校:《方望溪遗集》赠序类《送宋潜虚南归序》,合肥:黄山书社,1990年,第81页。
④ [清]方苞著,刘季高校点:《方苞集·集外文》卷四《汤文正公年谱序》,上海:上海古籍出版社,1983年,第601页。
⑤ [清]张廷玉:《澄怀园文存》卷十《跋王箬林为方望溪书韩子五箴》,清乾隆刻本。
⑥ [清]方苞著,刘季高校点:《方苞集·集外文》卷四《汤文正公年谱序》,上海:上海古籍出版社,1983年,第601页。
⑦ [清]方苞著,刘季高校点:《方苞集》附录二《诸家评论》,上海:上海古籍出版社,1983年,第901页。
⑧ [清]方苞著,刘季高校点:《方苞集》附录二《诸家评论》,上海:上海古籍出版社,1983年,第903页。
⑨ [清]方苞著,刘季高校点:《方苞集》附录二《诸家评论》,上海:上海古籍出版社,1983年,第904页。

三、忠君爱国、为民请命的政治情怀

方苞以白衣入南书房,历官康熙、雍正、乾隆三朝。前十年是作皇帝的文学侍从,中间十年主要担任编修官,负责朝廷典籍的纂修工作,后十年任翰林院侍讲、内阁学士兼礼部侍郎等职。在这三十年中,他凭借自己在学术上的影响,在文学上的地位和政治上亲近皇帝,对那些身居高位的师友、交谊友好的地方官吏及自己的学生后辈,广施影响。在吏治民瘼、选贤任能方面,不乏真知灼见,尽言无隐。对一些社会现象的剖析,见解独到,入木三分,充分表现出他忧国忧民的政治情怀。

康熙年间,方苞认为康熙皇帝平定三藩之乱,收复台湾;阻止沙皇军队的侵犯,签订中俄《尼布楚条约》;平定噶尔丹叛乱等,表现出康熙皇帝的雄才大略。方苞有感而发,撰写《圣主亲征漠北颂》,歌颂康熙帝甘冒艰苦,远征漠北,收复边疆,平定叛乱的丰功伟绩。文中既写康熙帝"念士大夫卒校劳苦,自今以始,朕日御一餐,与六师共之"①"躬莅行间,率先士卒",与军民同甘共苦、共同抗击侵略者的生动感人场面;又写康熙帝"自出车馈粮,整屯按部,以暨设策制谋……事无大小,悉出神策妙算,论效收功,如指诸掌"②的治军才华。歌颂亲征漠北的重大意义:"遂使普天之下,穷荒不毛之域,尺地寸土皆归版舆。上及飞鸟,下及渊鱼,惴耎肖翘之物,莫不若其性。自汉、唐以来,未有跻登兹盛者也"。③ 方苞认为康熙帝"因时立事,功德之隆,更有特出千古者。自古人君开创者多武功,守成者多文德。惟我皇上以守成而兼开创,武功则威震于八荒,文德则光被

---

① [清]方苞著,刘季高校点:《方苞集》卷十五《圣主亲征漠北颂》,上海:上海古籍出版社,1983年,第437页。
② [清]方苞著,刘季高校点:《方苞集》卷十五《圣主亲征漠北颂》,上海:上海古籍出版社,1983年,第438页。
③ [清]方苞著,刘季高校点:《方苞集》卷十五《圣主亲征漠北颂》,上海:上海古籍出版社,1983年,第438页。

于四表,盖前世所未有也"①。他对自己未能瞻塞上风光,听军前凯歌,深感遗憾,这表现出方苞强烈的爱国思想。

到了雍正、乾隆时期,方苞先后担任内阁学士、礼部侍郎等职,他利用自己的地位和影响,不断呈送奏疏,请求皇上兴利除弊,以期实现他"分国之忧,除民之患"的心愿。他先后提出了一系列事关国计民生、富国强兵、开发边疆的设想,具有很强的针对性。如《请禁烧酒事宜札子》《论山西灾荒札子》《请矫除积习兴起人才札子》《塞外屯田议》《台湾建城议》《浑河改归故道议》《黄淮议》《贵州苗疆议》等。这些奏议,言及边疆、民生,体现方苞对国计民生的忧虑和关注。这些无不看出方苞身处朝廷之上,心系天下百姓,敢于犯颜直谏,置得罪御史、巡抚以及地方官吏于不顾,忧民之忧,急民所急,为民请命,令时人景仰,百姓爱戴。时人李塨称赞他是"讲求经世济民之猷"②。

方苞的爱国情怀,表现在关心国家人才的培养、吏治的整治等方面。为此他上《请矫除积习兴起人才札子》。他指出了官场之结党营私、趋炎附势、官官相护、欺下蒙上、徇私枉法等种种弊端,对时情"营私附势之习深,而正直公忠之人少"③,深感忧虑。他认为治道之兴,"必内而六部、都察院,各得忠诚无私、深识治体者两三人,然后可以检制僚属而防胥吏之奸欺;外而督抚、两司,每省必得公正无欲、通达事理者四三人,然后可董率道府,辨察州县,以切究生民之利病。能如此者,乃有才、有识、有守而几于有德者也,虽数人、十数

---

① [清]方苞著,刘季高校点:《方苞集》卷十五《万年宝历颂》,上海:上海古籍出版社,1983年,第440页。
② [清]方苞著,刘季高校点:《方苞集》附录二《诸家评论》,上海:上海古籍出版社,1983年,第902页。
③ [清]方苞著,刘季高校点:《方苞集·集外文》卷二《请矫除积习兴起人才札子》,上海:上海古籍出版社,1983年,第558页。

人不易得,况一旦而得数十人哉?然不如是,终不可以兴道而致治"①。方苞认为在六部、都察院任职者,乃属皇帝近臣,这些人的才能、学识和品德对国家决策非常重要。因此,方苞希望皇上加强对这些人的任用考察和治绩考核。他建议皇上做到用人不疑,疑人不用。对那些"大僚中为我皇上所深信者,尤宜朝夕燕见,与议论天下之事,以穷究其底蕴";这样就能随时检察百官,而掌握实际情况。在选贤任能、起用人才方面,方苞主张不拘一格选人才,要严格认清"君子"与"小人"的区别。他说:"天下惟君子与小人,性情心术,与冰炭之不相入,小人所说,必谀佞侧媚者,虽有才智而为国患更深。"他建议皇上给督抚、九卿中值得信赖的人,特下密旨,推举贤能之人,然后考核试验,择优擢用。这样就可以杜绝用人上的不正之风,一些结党营私、官官相护的恶习,就可以"不禁而自除"。使"忠良有恃以不恐,奸邪有术而难施,中外大臣日夜孜孜,以进贤退不肖为己任,庶司百吏皆知奉公守法、洁己爱民之为安"。就可以实现"众正盈廷,官守经法,民无幸心"的太平局面。方苞以天下安危、国富民强为己任,将自己五十多年来所见所闻以及关于治国的所思所想,在退养之际,冒死呈奏皇上,充分体现方苞作为深受儒家文化影响的知识分子,勇于担当,忠诚至极。

  方苞仗义执言,为百姓说话,同历史上许多忠谏之臣一样,难免会遭到同僚的排挤。一些奸佞小人,升迁受阻,就相互勾结,仇视方苞,且百般攻击、诋毁,如公开互相传告:"若不共排之,将吾辈无地可置身矣。"②方苞晚年,为官理事的政治环境更为恶劣,"凡公有疏下部,九列皆合口梗之……以其议出于公,必阻之"③。有些人更是

---

  ① [清]方苞著,刘季高校点:《方苞集·集外文》卷二《请矫除积习兴起人才札子》,上海:上海古籍出版社,1983年,第559页。
  ② [清]全祖望撰:《前侍郎桐城方公(苞)神道碑铭》,见[清]方苞撰,徐天祥、陈蕾点校:《方望溪遗集》附录二,合肥:黄山书社,1990年,第162页。
  ③ [清]全祖望撰:《前侍郎桐城方公(苞)神道碑铭》,见[清]方苞撰,徐天祥、陈蕾点校:《方望溪遗集》附录二,合肥:黄山书社,1990年,第162页。

不择手段,极尽诬蔑之能事,"与公为抗,尽窜改公之所述,力加排诋"。虽然乾隆皇帝多次想重用方苞,最终还是以"其不安静之痼习,到老不改"而弃用①。方苞从不计较于此,兼善天下的决心到老不改,所以他说:"臣老矣,生世无几时;如以臣言为可用,伏望留臣此折,以验群情,以考治法,时复赐览。如用臣言,而无利于民,无益于国,虽臣死之后,尚可夺臣之爵命,播臣之过言,以示惩责也。昧死上陈,不胜悚息瞻企之至!"②因此,清代学者全祖望称颂他"正色立朝"③。

方苞作为桐城派的创始人,一生注重名节,胸怀天下之志,主张选贤任能,经世致用,体察下情,关注民生,造福百姓,这些对桐城派中后期代表作家"经世致用"思想的形成,产生了十分重要的积极影响,也是桐城派之所以绵延几百年而不衰的主要原因之一。

四、以"义法"说为核心的文论思想④

方苞"义法"说的文论思想,总结了我国古代散文的创作规律,不仅给后世桐城派作家的创作指明了方向,而且给清初文坛注入了新的活力,产生了极大的影响。

"义法"一词,源于《史记》,司马迁在《史记·十二年诸侯年表》中说:"(孔子)兴于鲁而次《春秋》。上记隐,下至哀之获麟,约其辞文,去其烦重,以制义法,王道备,人事浃。"⑤方苞推本溯源,准确把

---

① 俞樟华、胡吉省:《桐城派编年》上册,北京:人民文学出版社,2015年,第145页。

② [清]方苞著,刘季高校点:《方苞集·集外文》卷二《请矫除积习兴起人才札子》,上海:上海古籍出版社,1983年,第564页。

③ [清]全祖望撰,朱铸禹汇校集注:《全祖望集汇校集注》下册,上海:上海古籍出版社,2000年,第2056页。

④ 四、五曾作专文刊发于《江淮论坛》,2011年第5期,此次作了修改补充。

⑤ [汉]司马迁撰:《史记》卷十四《十二诸侯年表第二》,北京:中华书局,1959年,第509页。

握中国古代散文发展脉络和客观规律,提出"义法"说。他说:

> 《春秋》之制义法,自太史公发之。而后之深于文者亦具焉。义即《易》之所谓'言有物'也;法即《易》之所谓'言有序'也。义以为经而法纬之,然后为成体之文。①

还说:

> 夫纪事之文成体者,莫如左氏;又其后,则昌黎韩子;然其义法,皆显然可寻。②

这段话,方苞先说"义法"之渊源,再阐述其主要内容。方苞把《易经》作为他"义法"说立论之本,这不仅抬高了"义法"说的地位,而且也明确指出了"义法'说中"义"与"法"的关系,强调了"义"与"法"的统一,要体现"义以为经而法纬之",即内容与形式要相符合。也就是说"义"包含在"法"之中,而"法"又是"义"的具体表现。因此,方苞以"义法"论文,不仅注重文章的义理精当、深刻,而且要求作文必须遵循文章的体例和写作的规则,如对材料的取舍和安排以及遣词造句的要求等问题。所以说,方苞"义法"说的文论思想是桐城派文论的基石,内容丰富,内涵深刻,影响久远。

1. 方苞"义法"说形成的历史背景

首先,方苞"义法"说的产生,是匡正时代文风的需要。明末清初,是中国社会动荡、王朝更迭的时期,也是中国传统文化、学术思想开始剧变的时期。文人士大夫经过农民革命和满族入关的巨变,在阶级矛盾和民族矛盾激烈冲击下,他们不得不面对现实,或奋起反抗,或归附于清,或削发为僧,隐迹山林,寄情山水。在文学创作上表现为:一是重道轻文;二是空洞无物,无病呻吟,模仿之风越演

---

① [清]方苞著,刘季高校点:《方苞集》卷二《又书货殖列传后》,上海:上海古籍出版社,1983年,第58页。
② [清]方苞著,刘季高校点:《方苞集》卷二《又书货殖列传后》,上海:上海古籍出版社,1983年,第59页。

越烈。有识之士或激烈抨击,或忧心忡忡,或无可奈何。如戴名世对明末以来"文风坏乱""文妖迭出"的现象,认识非常深刻。他说:"往者文章风气之趋于雷同,而先辈之文世所不好。"①"文体之坏也,是非工拙,世无能辨别,里巷穷贱无聊之士,皆学为应酬之文,以游诸公贵人之门。"②因此,戴名世以振兴古文为己任,还寄希望于方苞来挽救当时颓废的文风,曾说:"今幸灵皋以其文行于世,而所为维挽救正之者,灵皋果与有责焉。"③方苞针对当时的文风,更是忧心忡忡,提出自己的看法。他在训示门人沈廷芳时说:"南宋、元、明以来,古文义法不讲久矣。吴、越间遗老尤放恣,或杂小说,或沿翰林旧体,无一雅洁者。"④方苞在批评各个时期文坛怪异现象的同时,提出了自己作文的一套主张,即要"言有物""言有序",并以此为基础,建立起自己的"义法"说,这是对清初文坛现象的一种拨乱反正,是代表时代要求和文学创作发展方向的,它的形成和发展是一种历史的必然。

其次,方苞的"义法"说,是在吸收同时代进步之士文论主张基础上,加以升华、提炼形成的。在戴名世、方苞周围,形成了一个作家群体,相互砥砺,不断提高。戴名世说:"余年十七八时,即好交游,集里秀之士凡二十人,置酒高会,相与砥砺以名行,商榷文章之事。"⑤他入京师后,广交宾朋,讨论文章得失。他常说:"余自入太学,居京师及游四方,与诸君子讨论文事,多能辅余所不逮……同县

---

① [清]戴名世撰,王树民编校:《戴名世集》卷四《庆历文读本序》,北京:中华书局,1986年,第107页。
② [清]戴名世撰,王树民编校:《戴名世集》卷十一《北行日记序》,北京:中华书局,1986,第293页。
③ [清]戴名世撰:《方灵皋稿序》,见江小角、方宁胜主编:《桐城明清散文选》,合肥:安徽美术出版社,2011年,第75页。
④ [清]方苞著,刘季高校点:《方苞集》附录一《年谱》,上海:上海古籍出版社,1983年,第890页。
⑤ [清]戴名世撰,王树民编校:《戴名世集》卷三《齐天霞稿序》,北京:中华书局,1986年。

方百川、灵皋、刘北固,长洲汪武曹,无锡刘言洁,江浦刘大山,德州孙子未,同郡朱字绿,此数人者,好余文特甚。"戴名世在《方灵皋稿序》中说:"盖灵皋自与余往复讨论,面相质正者且十年。每一篇成,辄举以示余,余为之点定评论,其稍有不惬于余心,灵皋即自毁其稿。而灵皋尤爱慕余文,时时循环讽诵,尝举余之所谓妙远不测者,仿佛想像其意境。"①方苞自己也曾说:"余自有识,所见闻当世之士,学成而并于古人者,无有也;其才之可拔以进于古者,仅得数人,而莫先于褐夫。"②从这里可以看出,戴名世对方苞作文不乏指点之功,方苞文论思想的形成也与戴名世的交流和影响是分不开的。

再次,方苞"义法"说的立论根据,就是《易》中的"言有物""言有序"。在方苞之前,戴名世就提出:"今夫立言之道,莫著于《易·家人》,《象》曰:'君子以言有物而行有恒。'"③可见,他们立论之源同是《易》。因此,"戴名世以'言有物'为'立言之道',是方苞义法说的先导"④。方苞"义法"说的文论思想,正是在前人的基础上,不断发展完善起来的。

最后,万季野、程绵庄等人对方苞"义法"说的创立,也产生过积极的影响。万季野是明末清初著名的史学家,他曾告诫方苞说:"子诚欲以古文为事,则愿一意于斯,就吾所述,约以义法而经纬其文。他日书成,记其后曰:'此四明万氏所草创也。'则吾死不恨矣。"⑤方苞还就修史问题和万氏讨论,无疑会涉及史书的体例、书法、行文等问题,这对方苞以"义法"来立论的文学思想,必然产生一定的影响。

---

① [清]戴名世撰:《方灵皋稿序》,见江小角、方宁胜主编:《桐城明清散文选》,合肥:安徽美术出版社,2011年,第75页。
② [清]方苞:《南山集序》,见[清]戴名世撰,王树民编校:《戴名世集》附录,北京:中华书局,1986年,第451页。
③ [清]戴名世撰,王树民编校:《戴名世集》卷一《答赵少宰书》,北京:中华书局,1986年。
④ 周中明:《桐城派研究》,沈阳:辽宁大学出版社,1999年,第84页。
⑤ [清]方苞著,刘季高校点:《方苞集》卷十二《万季野墓表》,上海:上海古籍出版社,1983年,第333页。

方苞"义法"说的理论,既受到了历代古文大家的启发,又是在汲取同时代文人、学者论述成果的基础上创立的。方苞的过人之处,就在于他善于思考前人的文学创作理论,结合自己学习、创作实践,予以全面总结,使之具体化、理论化,并在实践中广泛运用与交流。

2. 方苞"义法"说的主要内容及其影响。

首先,"义法"是指文章体裁对写作内容的要求和限制。方苞从文学自身的主体性出发,在文章内容方面,强调"言有物",在文章形式方面强调"言有序",并且认为内容决定形式,形式服从内容。他通过评析、考察前代作家的文学作品,得出各种文体在创作上的不同要求。如方苞在评论前人作品时说:"记事之文,惟《左传》《史记》各有义法。"这些史书中每篇文章,脉相灌输,而不可增损。并且前后呼应,或隐或现,或偏或全,变化随宜,"不主一道"。这就是说写作的内容必须符合文体要求,也就是方苞所说的"夫法之变,盖其义有不得不然者"①。根据这一"义法"说的要求,创作出来的文章,就可以戒空戒浮,达到内容与形式的完美结合。

其次,"义法"是对文章选材以及材料取舍详略提出的要求。方苞在《与孙以宁书》中说:"古之晰于文律者,所载之事,必与其人之规模相称。太史公传陆贾,其分奴婢、装资、琐琐者皆载焉。若《萧曹世家》而条举其治绩,则文字虽增十倍,不可得而备矣。故尝见义于《留侯世家》曰:'留侯所从容与上言天下事甚众,非天下所以存亡,故不著。'此明示后世缀文之士以虚实详略之权度也。"②这里方苞明确指出文章材料的取舍以及安排,必须与人物的身份相符,"虚实详略"要因人而异,即由"义"来决定"法"。方苞在《书〈汉书·霍光传〉后》中说:"《春秋》之义,常事不书,而后之良史取法焉。"还说:

---

① [清]方苞著,刘季高校点:《方苞集》卷二《书五代史安重诲传后》,上海:上海古籍出版社,1983年,第64页。
② [清]方苞著,刘季高校点:《方苞集》卷六《与孙以宁书》,上海:上海古籍出版社,1983年,第136页。

"其详略虚实措注,各有义法如此。"①这里方苞明确指出文章体裁的选择以及材料的运用,都是"义法"所要讨论的范畴。方苞在《史记评语》中,也是从繁简详略方面来规范"义法"的。他评《史记·项羽本纪》这一长文时,赞赏该文"先后详略,各有义法,所以能尽而不芜也"②。他认为《项羽本纪》中对"高祖、留侯、项伯相语凡数百言,而以三语括之"是因为"其事与言不可没,而与帝纪则不可详也。"③ 再次说明作文宜详则详,当略则略,必须符合"义法"的法度。所以方苞说:"盖纪事之文,去取详略,措置各有宜也。"④

再次,"义法"要求作文追求言简、雅洁的文风。方苞所言简洁,不仅指作文在语言文字方面要简练,而且要在义法的原则下,对文章所要表达的内容有所取舍,只有这样才能真正符合他所说的"气体最洁"。方苞特别称赞《史记》行文的雅洁,如在《书萧相国世家后》中说:"柳子厚称太史公书曰洁,非谓辞无芜累也,盖明于体要,而所载之事不杂,其气体最为洁耳。以固之才识,犹未足与于此,故韩、柳列数文章家,皆不及班氏。"⑤他认为《史记》行文符合义法的准则,就能实现文风"雅洁"。因此他说《史记》"变化无方,各有义法,此史之所以能洁也"。⑥ 方苞常常以《史记》等文作为自己创作时的语言典范,旨在提倡典雅、古朴、简洁的文风。方苞在创作中力求实

---

① [清]方苞著,刘季高校点:《方苞集》卷二《书〈汉书·霍光传〉后》,上海:上海古籍出版社,1983年,第62页。
② [清]方苞著,刘季高校点:《方苞集·集外文补遗》卷二《史记评语》,上海:上海古籍出版社,1983年,第850页。
③ [清]方苞著,刘季高校点:《方苞集·集外文补遗》卷二《史记评语》,上海:上海古籍出版社,1983年,第851页。
④ [清]方苞著,刘季高校点:《方苞集·集外文补遗》卷二《史记评语》,上海:上海古籍出版社,1983年,第851页。
⑤ [清]方苞著,刘季高校点:《方苞集》卷二《书萧相国世家后》,上海:上海古籍出版社,1983年,第55页。
⑥ [清]方苞著,刘季高校点:《方苞集·集外文补遗》卷二《读书笔记》,上海:上海古籍出版社,1983年,第856页。

践自己的文论思想,写出了一系列的精美散文,如《左忠毅公逸事》等。

方苞"义法"说的文论思想,强调作文在内容与形式方面达到完美统一,并对文学创作上的艺术表现手法,提出了一些符合古代文学自身发展规律的具体要求,在我国文学理论发展史上颇具特色,具有一定的历史地位。由于他的文论思想偏重于对古文传统的继承,注重对我国古文创作经验进行全面科学的总结,评斥是非得失,使人们在创作实践过程中便于运用。因此,方苞以后,桐城派文论思想日臻完善,文风大振,作家云集,作品广为流传,一时倾倒朝野,这些与方苞"义法"说的理论容易被人们接受、符合时代发展需要是分不开的。因此,后人称颂他有"能集古今文论之大成"的历史功绩①。

五、情真义挚、寓意深远的散文创作特色

方苞的散文创作实践是以他自己创立的文论思想为指导。他的文章结构严谨,讲究取材的多样性和典型性。其散文创作特色,主要体现为叙事简洁传神,说理透彻新颖,语言质朴雅洁,描写人生动形象。因此,从他的创作实践来看,方苞也堪称为桐城文派之正宗与楷模,为后人树立了典范。

首先,方苞的散文创作注重写实,强调详略得当。他说:"吾平生非久故相亲者,未尝假以文,惧吾言之不实也。"②他在《儒林郎梁君墓表》中写到:"余谢以平生非相知久故不为表志,非敢要重,惧所传之不实也……君子之善善也,务求其实耳。"③这说明方苞把创作

---

① 郭绍虞:《中国文学批评史》,上海:上海古籍出版社,1979年,第634页。
② [清]方苞著,刘季高校点:《方苞集》卷七《送官庶常觐省序》,上海:上海古籍出版社,1983年,第200~201页。
③ [清]方苞撰,徐天祥、陈蕾点校:《方望溪遗集》碑传类《儒林郎梁君墓表》,合肥:黄山书社,1990年,第103页。

的源泉,建立在真实生活的基础之上,文章的生命力就在于有丰富多彩的生活实践。如他在写《孙征君传》中,就很好地贯彻"所载之事,必与其人之规模相称"的创作要求①。方苞在此文中,通过写孙奇逢为杨涟、左光斗等人的营葬,上书孙承宗,斥责魏忠贤,入清后誓不为仕等事例,将孙奇逢不阿权贵、嫉恶如仇的高风亮节,表现得淋漓尽致,达到了"详者略,实者虚,而征君所蕴蓄,转似可得之意言之外"的效果。②再如他撰写的《左忠毅公逸事》,突出重点地介绍左光斗与史可法交往中的几个片断,即初次相识,狱中探视,不忘师训等,表现出左光斗的识才之智、爱才之心、护才之行。同时,方苞作品中的人物描写,达到了出神入化、栩栩如生的境界。这也是他写的许多人物传记能被后人传诵的主要原因。方苞通过对左光斗、史可法两人形貌、动作、语言对话的描写,刻画出左光斗身陷囹圄,心系国家大事的爱国情怀。同时方苞也深刻揭示了人物内心的矛盾,左光斗为了国家利益,为了保护人才,让天下事有人来支柱,极力压抑师生之谊,读后令人肃然起敬,振奋不已。此外,他撰写的《田间先生墓表》《石斋黄公逸事》《狱中杂记》等文章,无不以形象生动的人物描写而取胜,这也是方苞文名震天下的原因之一。

  其次,方苞的散文创作,寓论理于叙事之中。方苞在撰写人物传记之类的作品时,往往在文章的结尾或文章中间,插入自己的议论,或加上他人的评述,有的以传赞的形式出现;有的言古道今,讽刺现实,抨击时弊;有的借题发挥,抒发个人情怀,畅言对社会及人生的感悟,或褒或贬,无不暗含作者心志。方苞撰写《左仁传》,叙述左忠毅公后代左仁,在其祖患了传染病之际,家人害怕传染,没有一个人敢与之接近。其时左仁才只有十五岁,也知道此病有传染的危险,但为了燠祖足寒,陪居六年,终染病而殁,乡人以为"愚",而方苞

---

① [清]方苞著,刘季高校点:《方苞集》卷六《与孙以宁书》,上海:上海古籍出版社,1983年,第136页。
② [清]方苞著,刘季高校点:《方苞集》卷六《与孙以宁书》,上海:上海古籍出版社,1983年,第136页。

在文末却说:"呜呼!当明将亡而逆阉之炽也,如遭恶疾,近者必染焉。忠毅与同难诸君子皆明知为身灾,独不忍君父之寒而甘为燠足者也。世多以仁之类为愚,此振古以来,国之所以有瘳者,鲜与!"①方苞就是从家庭中的小事入题,小中见大,广而推及国家之大事,从笃于亲人而推之为忠于君父,从而颂扬左忠毅公与同难诸君的孤忠大节和报国之志。方苞有时在叙事过程中,插入人物对话或人物自白,对某事某人作出评价,点明旨意,起到一针见血的效果。如方苞撰写的《狱中杂记》就是用这种笔法,取得了非常好的效果,成为传世典范之作。

再次,方苞的散文创作,运用各种艺术手法,力求散文语言的形象、生动。方苞认为文之工致,不在辞繁言冗,必须坚守"在文言文,虽功德之崇,不若情辞之动人心目也"②,即以真情来打动人心。在《弟椒涂墓志铭》一文中,方苞把自己的兄弟之情、父子之爱,表达得淋漓尽致。他说在其兄赴芜湖之后,家境更加困难,常常是"旬月中屡不再食",而弟弟非常关爱自己,"或得果饵,弟托言不嗜,必使余啖之。时家无童仆,特室在竹圃西偏,远于内。余与弟读书其中,每薄暮,风声肃然,则顾影自恐。按时,弟必来视余;或弟坐此,余治他事,间忘之矣"。③ 这种兄弟手足情深,令人感动。他写的《兄百川墓志铭》《先母行略》《书孙文正传后》《亡妻蔡氏哀辞》《仆王兴哀辞》等文章,或讲述家境、叙述兄弟手足之情;或感慨先贤生不逢时,难有施展才华的用武之地。字里行间,或表达兄弟之情;或讲述母子之情;或颂扬爱国忧民之情;或怀念夫妻之情;或畅言朋友之情;或描述主仆之情。言语质朴,情真义挚,读之动人心魄,感人肺腑,回味无穷。

---

① [清]方苞著,刘季高校点:《方苞集》卷八《左仁传》,上海:上海古籍出版社,1983年,第222页。

② [清]方苞著,刘季高校点:《方苞集》卷六《与程若韩书》,上海:上海古籍出版社,1983年,第181页。

③ [清]方苞著,刘季高校点:《方苞集》卷十七《弟椒涂墓志铭》,上海:上海古籍出版社,1983年,第497页。

方苞在其撰写的一些文章中,还经常运用修辞手法,以增强文章的活泼性和感染力。他在《书老子传后》一文中,为了讲述老子确有其人,从老子的姓氏、籍贯、官守到他的子孙后代的封爵、居住等情况,运用整齐的排比句式,不厌其烦,详细描述,旨在加深读者印象,张扬文章气势,增强说服力,同时让读者欣赏起来,达到愉悦心情的效果。有时他还在文章中插写一些比喻,通过形象而又生动的比喻,来阐明抽象深奥的道理。如在《与程若韩书》中,反对行文繁琐冗长,认为"文未有繁而能工者,如煎金锡,粗矿去,然后黑浊之气竭而光润生"①。可谓比喻生动贴切,寓意深刻明了。有的文章他还用比兴手法,如在《与鄂张两相国论制驭西边书》中,为了表达自己对国事的关心和焦虑,处庙堂之上,心忧边疆安危之大事,体现自己的爱国情怀。他说:"然古者国有大事,谋及庶人……盖以食土之毛,皆有忠君忧国之心……而士之义又与庶人异,学先圣之道,仁义根于心,视民之病,犹吾兄弟之颠连焉;祖国之疵,犹吾父母之疾痛焉。"②在上述文章中,方苞托物言志,喻人喻己,表现出他仰慕先贤、忧国忧民的人格魅力与爱国之情。

方苞还在与友人书信作品中,夹杂一些对山水风光、自然景色的描写,让人读起来意韵深长,无枯燥之感,别有一番情趣。同时也体现他借景抒怀,怀古思贤,热爱生活,热爱自然,与世无争的处世哲学。

总之,方苞以他简严精实的文风,在"义法"理论指导下,追求道与文并重,把古文写得清新雅洁、自然流畅,并富有极强的感染力,在清初文坛可谓独树一帜,开创了一代文章风气之先。

(江小角)

---

① [清]方苞著,刘季高校点:《方苞集》卷六《与程若韩书》,上海:上海古籍出版社,1983年,第181页。

② [清]方苞著,刘季高校点:《方苞集·集外文》卷五《与鄂张两相国论制驭西边书》,上海:上海古籍出版社,1983年,第637页。

第八讲

刘大櫆的古文创作及其影响

刘大櫆是桐城派重要代表作家,学界尊称为"桐城派三祖"之一,是桐城派的继承者和发展者。刘大櫆以"古文"立世,造诣颇高,受到时人和后人的赞赏。刘大櫆曾游学方苞门下,传其义法,并予以发扬光大。姚鼐随之继起,其学说盛行于时,尤推崇刘大櫆。世人遂称"方刘姚"。他们在古文继承和发展方面,可谓亦师亦友,代代相传,执清代文坛之牛耳。据《国朝先正事略》载:"当康熙末,方侍郎苞名大重于京师,见先生文,大奇之。语人曰:'如苞何足言!同里刘大櫆乃今世韩、欧才也。'自是天下皆闻刘海峰。"[1]韩愈、欧阳修分别是唐宋文学大师,他们在当时推崇古文,反对骈文,力图恢复古文的写作传统。刘大櫆在清朝汉学昌盛的氛围中,潜心古文创作,在继承方苞古文理论的基础上,勇于创新,在桐城派理论形成与发展过程中,起到了承上启下、承前启后的重要作用。

一、坎坷不平的人生道路与幕府生涯

刘大櫆(1698—1779),字才甫,一字耕南,安徽桐城人。自幼聪

---

[1] [清]李元度纂,易孟醇校点:《国朝先正事略》第2册,长沙:岳麓书社,2008年,第1202页。

慧好学,读古人文章,即知其意而善效之①。青年治古文,二十多岁入京师,其时方苞负海内众望,独奇赏刘大櫆②,自是天下皆闻刘海峰③。雍正时期,刘大櫆参加科举考试,两登副榜,竟不获举。乾隆元年(1736),方苞荐应词科,落第。乾隆十五年(1750),特以经学荐,复不录。科场失意的刘大櫆,时时要面对来自社会、生活等方面的压力,私塾授徒、主讲书院、入幕理事成为他解决生计的重要途径,寻找出个人发展的良好平台。

雍正三年(1725),刘大櫆在家乡设塾授徒,与姚范、叶酉等桐城地方文士谈学论艺,通过张若矩结识了张廷玉家族。一方面参加科考,另一方面在京城授徒,与沈廷芳、方道希等京城名士均有交往。此后二十年间,刘大櫆往来各地,或于家乡设帐课徒,或入幕中校试阅文,兼主书院。江南、京城、荆楚等地,都留下了他的足迹。失之科场,收之杏坛,姚鼐在这一时期,始从刘大櫆学文,发展并完善古文创作理论,并最终被誉为"桐城派集大成者"。乾隆二十四年(1759)后,刘大櫆先后担任徽州府黟县教谕、主讲歙县问政书院,其时环境相对稳定,作文甚多。与程瑶田等徽州学者、文人切磋学问,谈论时势。金榜、吴定等人都曾受业于问政书院。在徽州的十余年时间,是刘大櫆人生取得成就的主要阶段。从乾隆三十六年(1771)到去世前的九年时间,刘大櫆回到家乡,著文立说,讲学不断,桐城后辈王灼、方绩等人,师从问学;一些昔日生徒还渡江来到桐城,向他请教。刘大櫆对这些生徒精心辅导、启发奖掖,助其成才。

1. 勤奋读书、科举场上失意归

刘大櫆从小受到良好家庭环境的熏陶,养成了刻苦读书的好习

---

① [清]姚鼐:《海峰公传》,见《桐城陈洲刘氏支谱》卷十三,民国五年(1916)刻本。
② 赵尔巽等撰:《清史稿》卷四八五《文苑》二《刘大櫆传》,北京:中华书局,1977年,第13377页。
③ [清]姚鼐著,刘季高标校:《惜抱轩诗文集·文集后集》卷五《刘海峰先生传》,上海:上海古籍出版社,2008年,第308页。

惯。刘大櫆七岁时,就"与伯兄、仲兄从塾师在外庭读书。每隆冬,阴风积雪,或夜分始归,僮奴皆睡去,独大家(引者注:指章氏,刘大櫆祖父之妾。)煨炉火以待"。刘大櫆对章氏为自己所付出的辛勤劳动,从内心深处无比感激,在《章大家行略》中,对章氏的崇敬与怀念,情真意切,读后回味无穷。少年时期的勤学苦练,使他的古文功底日渐深厚,十三岁就能吟诗作文,文采飞扬,名闻乡里。

刘大櫆少年时期,深受乡贤吴直的影响。他十四五岁,受业于吴直。他在《吴蕊圃先生七十寿序》中说:"先生之弟生甫(吴直)先生馆于予家,予诸兄多从之游。"①吴直深研古文,刘大櫆及其兄弟从其受教,得其真传,为日后的古文创作打下了良好的基础。

康熙六十年(1721),刘大櫆应张若矩课弟之约,在张家勺园课徒。张若矩是礼部侍郎张廷璐之子,大学士张英之孙,大学士张廷玉之侄。刘大櫆通过张若矩结缘张廷玉家族,为张氏许多名人撰写了传记、序跋等。同时,刘大櫆还与同乡姚范、叶酉等人关系密切,交往频繁,谈学论艺。姚氏和叶氏也都以文章著称当世。

雍正时期,刘大櫆开始游历京城,一边参加科举考试,一边讲课授徒。经吴阁学推荐,结识同乡方苞,方苞初见刘大櫆,就非常欣赏其才华,认为他是韩愈传人。后来,刘大櫆科考不顺,于雍正五年(1727)秋,至工部侍郎吴士玉家设馆,历时近十年。其间,与高仰亭、徐昆山、沈维涓、王载阳、沈廷芳、杭世骏、方道希等人相识,谈经论道,吟诗作赋,唱和不绝。刘大櫆与沈廷芳关系甚好,常拿自己的诗文向沈廷芳求教,诗文创作大有长进。后来,刘大櫆参加科举考试,都名落孙山。受此打击,刘大櫆决意南归,离开伤心之地。

2. 入幕谋生,治学撰文名声显

清乾隆时期,刘大櫆往来各地,或于家乡设帐课徒,或入幕中校阅试文;或主讲书院,参与"经学"诏举,继续接受朋友举荐和朝廷选

---

① [清]刘大櫆著,吴孟复标点:《刘大櫆集》卷四《吴蕊圃先生七十寿序》,上海:上海古籍出版社,1990年,第144页。

拔,江南、京城、荆楚等地,都留下了他频频奔波的艰辛足迹。

乾隆初年(1736),广纳贤才,开"博学鸿词"特科,刘大櫆应方苞之举荐,是年三月到安庆参加院试,最终被录取。九月在保和殿参加"博学鸿词"特科考试,大学士鄂尔泰、张廷玉等阅卷,结果与刘大櫆交好的杭世骏被授予翰林院编修、沈廷芳被授予庶吉士,而刘大櫆再次落选,情绪低落,忧郁寡欢,吟诗解闷,抒发心中的痛苦与不满。此时,安徽巡抚举荐刘大櫆为孝廉方正,但被其拒绝,继续留在京城。乾隆四年(1739),刘大櫆的好友叶酉中进士,刘大櫆遂与其同舟南渡回桐城。乾隆五年(1740),刘大櫆在家设帐课徒。与叶酉经常去姚鼐的伯父姚范家,每次和姚范交谈,姚范总要向刘大櫆提及侄儿姚鼐,刘大櫆对姚鼐甚是喜欢,后来姚鼐师从刘大櫆学习古文。

桐城派名家与书院或多或少都有关系,桐城文派能绵延二百余年,原因颇多,其中重要一条是靠书院讲学来传衍。刘大櫆不仅文章有"昌黎"之风,并且先后主讲过山西百泉书院、安庆敬敷书院、歙县问政书院,真正开创桐城派名家主讲书院、广泛培养人才之先河。刘大櫆初次主讲书院和其兄刘大宾有直接关系。乾隆七年(1742),"余兄(大宾)奉之官徐沟,余偶至其署"[①]。刘大櫆因其兄挽留,开始了人生第一次书院讲学和游历山西的经历,留下了《游晋祠记》《游百门泉记》等文章。

乾隆十四年(1749),刘大櫆至江宁,见到久别的恩师方苞。是年秋天方苞去世,刘大櫆悲痛之极,撰文悼念。乾隆十五年(1750),张廷玉举荐刘大櫆参加经学考试。只可惜刘大櫆并不擅长经学,最终无功而返。刘大櫆落榜之后,没有南归,而是留在京城授徒,书法

---

① [清]刘大櫆著,吴孟复标点:《刘大櫆集》卷九《游晋祠记》,上海:上海古籍出版社,1990年,第297页。

家朱孝纯师从刘大櫆①。第二年,姚鼐至京城参加会试,不幸落榜,与恩师再次相见,"闻所论诗、古文法,甚喜"②。刘大櫆又把朱孝纯介绍给姚鼐,刘大櫆追忆:"子颖(朱孝纯)偶以七言诗一轴示余,余置之座侧。友人姚君姬传过余邸舍,一见而心折,以为已莫能为也,遂往造其庐而定交焉。姬传以文章名一世,而其爱慕子颖者如此。"③不久后,姚鼐南归,此时年近花甲的刘大櫆,为了生计也被迫南下,客居扬州两淮盐运使卢见曾家。乾隆十九年(1754),刘大櫆又应湖北学政陈浩的邀请④,充幕宾,负责校诗阅文。

刘大櫆在湖北参幕时间不长,就回桐城。时逢桐城闹灾荒,为了解决生计,刘大櫆应聘至浙江学政幕中。在此期间,《海峰诗文集》刊刻印行。

3. 潜心教育,培养人才铸辉煌

刘大櫆在徽州担任教谕、讲席书院十二年,由于生活环境相对稳定,作文甚多,占其全部文章的五分之二。此前,刘大櫆客游各地,除了短暂主讲山西百泉书院外,主要通过私塾授徒。而在徽州期间,则是以教谕、书院讲席的身份,讲学论艺,施教育人。

乾隆二十六年(1761),刘大櫆初到黟县。他曾说:"黟、歙邻近,歙尤多英贤,敦行谊,重交游,一时之名隽多依余以相为劘切,或抗

---

① 朱孝纯(1729—1784),益州书画录附录误作朱纯孝。字子颖,号思堂,一号海愚,人呼戟髯。乾隆二十七年(1762)举人,任四川叙永县令,官至两淮盐运使。诗画得家法,工山水,官泰安时作泰山全图,蟠郁苍浑,不愧家风。其孤松怪石,尤有逸气。花木巨帧,亦可与钱瓠尊颉颃。卒年六十七。著有《绘境轩读画记》《读画辑略》《墨林今话》《墨香居画识》等。
② [清]刘大櫆著,吴孟复标点:《刘大櫆集》附录二《刘海峰简谱》,上海:上海古籍出版社,1990年,第619页。
③ [清]刘大櫆著,吴孟复标点:《刘大櫆集》卷二《朱子颖诗序》,上海:上海古籍出版社,1990年,第63页。
④ 尚小明《清代士人游幕表》载刘大櫆"1753—1755在湖北学政陈浩幕"。张体云女士考证刘大櫆入幕时间应为"1754年",今从其说。陈浩(1695—1772),字紫澜,号未斋。清雍正二年(1724)进士,官少詹事。

论今时之务,注念生人之欣戚,慨然太息,相对而歌。盖余生平之乐无以加于此矣。"①由此可见,刘大櫆的徽州岁月,是其平生最快乐的时期。在其生徒中,歙县籍弟子较多,约有十三人②,由此可见刘大櫆在徽州的影响力和讲学成果。

刘大櫆赴任之时,"惨淡趋程急,崎岖怨路长。青春成过客,白首向殊方。志业全芜没,朋交半死亡。更闻猿啸哭,清泪不成行"③。内心充满悲凉。但黟县知县孙维龙对文教事业的热情④,让刘大櫆感动和敬佩。他对孙维龙在黟县的政绩,给予了很高评价,对孙在教育方面的贡献,更是赞叹不已。

在教谕任上,刘大櫆同程瑶田、方根矩、汪梧凤等学者文人,切磋学问,谈论时势,关系密切。他把对朋友、弟子的热爱之情,融入教学管理和教育实践之中,担当起培养徽州人才的重任。

程瑶田(1725—1814),字易田,一字易畴,号让堂。安徽歙县人。清代著名学者,徽州朴学代表人物之一。程氏擅长训诂,主张"用实物以整理史料",开启了传统史料学与考古相结合的新路。其在数学、天文、地理、生物、农业种植、水利、兵器、农器、文字、音韵等领域的成就较为突出,著有《通艺录》等。程瑶田和刘大櫆互相切磋,彼此影响。程瑶田在谈到作文"要言之有物"时,曾说:"谈理必步趋儒先,树义必元本经训,修辞必出于古文大家。"⑤可见在作文修

---

① [清]刘大櫆著,吴孟复标点:《刘大櫆集》卷二《程易田诗序》,上海:上海古籍出版社,1990年,第58页。

② 王丽:《桐城派三祖与桐城派的立派及学术传播》,安徽大学硕士学位论文,2012年,第41页。

③ [清]刘大櫆著,吴孟复标点:《刘大櫆集》卷十六《赴黟县》,上海:上海古籍出版社,1990年,第587页。

④ 孙维龙,字普田,寄籍宛平,先官安徽黟县知县,创立书院,延请刘大櫆教士,又建石桥于鱼亭镇,通浙、楚往来,行旅称之。见赵尔巽等撰:《清史稿》卷四八九,北京:中华书局,1977年,第13495页。

⑤ [清]程瑶田撰,陈冠明等校点:《程瑶田全集》第一册《丰南留别生徒赠言》,合肥:黄山书社,2008年,第105页。

辞上,程瑶田是推崇古文大家的。对学习古文,程瑶田也提出自己的意见和建议,"而目前最要紧者,每日读经书若干字,读古文若干字,读时文若干遍"①,程瑶田文集关于诸家评论中,提到"刘海峰先生九事"②,保留了老师对古诗的评价,既反映了刘大櫆的诗学观点,又再现了他培养生徒的原始记录。

方矩(1729—1789),又名根矩,字晞原,歙县诸生。为文用意高远。其学宗婺源江慎修,其文宗桐城刘海峰③。刘大櫆称赞他是歙之贤者。方根矩于古文用力尤多,连戴震都为之叹服,在《与方希原书》中说:"得郑君手札,言足下(晞原)大肆力古文之学。④""仆尝以为此事(指学习古文)在今日绝少能者,且其途易歧,一入歧途,渐去古人远矣。⑤"刘大櫆还与方晞原、程瑶田等友人,于乾隆二十九年(1764)同游黄山,撰写《游黄山记》一文,详述出游路线、沿途风光景色和自己的感受。

汪梧凤(1726—1772),字在湘,号松溪,乾隆时期举人。从师方楘如、江永。学问渊博。戴震、郑牧、金榜与其交谊深厚。有《松溪文集》传世。刘大櫆曾对汪梧凤的文章进行了点评:"事奇文亦奇,神气摹绘——胎息史迁。⑥"汪梧凤撰有《送刘海峰先生归桐城序》,

---

① [清]程瑶田撰,陈冠明等校点:《程瑶田全集》第一册《杭州留别洪生受嘉赠言》,合肥:黄山书社,2008年,第107页。
② [清]程瑶田撰,陈冠明等校点:《程瑶田全集》第四册《刘海峰先生九事》,合肥:黄山书社,2008年,第148~149页。
③ [清]姚鼐著:《惜抱轩全集·文集》卷十《方晞原传》,北京:中国书店,1991年,第110页。
④ [清]戴震撰,张岱年主编:《戴震全书》第六册《东原文集卷九·与方希原书》,合肥:黄山书社,1995年,第374页。
⑤ [清]戴震撰,张岱年主编:《戴震全书》第六册《东原文集卷九·与方希原书》,合肥:黄山书社,1995年,第374~375页。
⑥ [清]汪梧凤:《松溪文集·金华杜鼇叙传》(清不跛园刻本),见《清代诗文集汇编》编纂委员会编:《清代诗文集汇编》第三百五十九册,上海:上海古籍出版社,2010年,第19页。

情真意切,让人感动。

总之,刘大櫆在黟县教谕任上,与地方文人、生徒讨论学术文章,通过评点前人诗文等形式,开展教学,对徽州学人的帮助很大,尤其是在古文创作上的影响十分明显。刘大櫆离开黟县时,有人作对联相赠,文曰:"白发萧然,半盏寒灯,替诸生改之乎者也;黄金尽矣,一支秃笔,为举家谋柴米油盐。"①这也是刘大櫆晚年在徽州任职生活的真实写照。

在担任黟县教谕期间,刘大櫆因巡抚檄令主安庆敬敷书院,约两年左右时间。敬敷书院是当时的安徽省级书院,在省内地位最高。没有科甲功名的刘大櫆,能够主讲此书院,这本身就是对他才学的充分肯定。乾隆三十二年(1767),刘大櫆应邀赴歙县主讲问政书院。刘大櫆来到书院后,生徒日众,凡是不能进紫阳书院读书的学生,都来到问政书院学习。问政书院与紫阳书院相得益彰,从不同层次为徽州地方文士和生徒,提供交流学术与学习知识的重要场所。对书院进行扩建,即是书院发展的明证,也是刘大櫆主讲书院取得成功的体现。

吴定、金榜等人在这一时期受业于刘大櫆。"吴定,字殿麟,歙县人。举孝廉方正,著有《周易集注》十卷,《紫石泉山房文集》十二卷、《诗集》六卷"②。吴定师从刘大櫆,主要是学习古文文法,吴定曾说:"见闻濡染,相劝以成,亦其势也。予昔学文于海峰先生之家塾。"③

金榜(1735—1801),字辅之,歙县人。清代著名学者,徽派朴学代表人物之一。早年师从江永,与戴震和程瑶田同学,又师从刘大

---

① 杨怀志、江小角主编:《桐城派名家评传》,合肥:安徽人民出版社,2001年,第53页。
② 赵尔巽等撰:《清史稿》卷四百八十五,北京:中华书局,1977年,第13396页。
③ [清]吴定:《紫石泉山房文集》卷六《王滨麓古文序》,清光绪十三年(1887)黟县李氏重刊本。

櫆学习古文。少工文词,"以才华为天下望"①。乾隆二十九年(1764),召试举人,授内阁中书,军机处行走。乾隆三十七年(1772)中状元,授翰林院编撰。后师事江永,致力于经学。刘大櫆曾与之同游黄山,并为其祖父撰《金府君墓表》。

刘大櫆在问政书院主讲四年时间,这也是他四十余年在外奔波的最后阶段。经过长期的教育实践与积累,他对书院的建设与课学,以及书院在社会中的地位与作用,有了自己的认识与思考,这些集中反映在《问政书院记》中。一是强调立学的意义,是使"四海之广,兆民之众,无一人之不同归于善也"。二是如何对学生施教。他认为在学习方法上,既要循序渐进,又要润物无声,强调学习的境界体验。三是肯定书院设立的必要性。他说其"于学为近""非孔子之庙所可兼"。在中国古代教育活动中,孔庙不仅有祭祀孔子的功能,同时兼作教学场所。但孔庙的设立并不能取代书院。四是强调书院设立的条件。他认为建立书院需要有时、有地、有官、有器、有朋、有事等六大条件。刘大櫆的书院"六有"说,也是建立在"非孔子之庙所可兼"的基础上提出来的。虽然他在书院记中,并未充分论述"六有"的具体内容,但还是可以推测大致范畴,其中前三条尤为重要。"时"指时代与时机,书院是适应这一时期教育活动的需要而产生的,孔庙不能完全取代它的功能。"地"是书院设立的基本条件,即场地,所以他着重介绍了问政书院初设之所和后来扩建的情况。"官"指官方的支持,书院在清代官学化特征十分明显,虽然很多书院的建立有民间性质,但是官方已经深度参与到书院的建设、管理、监督之中,从书院兴建资金筹措,到书院日常运转,从书院讲习选择,到书院日课月考,无不体现官方参与的色彩。刘大櫆的"有官"说,准确地概括了清代书院官学化的特点。

---

① 王钟翰点校:《清史列传》卷六十八《儒林传》下一《金榜》,北京:中华书局,1987年,第5532页。

刘大櫆在徽州施教经历和生活感受,让他体会到了"生平之乐"。这一时期,文章多产,诗文风格也发生重要转变,姚鼐曾说:"海峰先生诗,初尤有摹古之痕,入黟后所作,如鲲化为鹏,超然万里矣。"①同时,生徒日众,成名者居多,使刘大櫆颇有成就感。在徽州生活十余年,刘大櫆也对徽州的山水景色、风土民情产生了深厚感情,他曾称赞黄山是"严峦万象呈"②,参与编修《歙县志》,更使他深入地了解了徽州的旧闻掌故、风土人情和山川形胜。在徽州讲学十余年,是刘大櫆四十多年在外奔波生涯的重要阶段,从教取得丰硕成果,诗文风格发生转变并日臻成熟。

4. 晚年居乡,言传身教振兴文风

刘大櫆于乾隆三十六年(1771)结束在徽州的从教工作,回到故里,颐养天年。

归乡之后,刘大櫆仍在家传道解惑、著文施教。此时,王灼、左坚吾等人师从刘大櫆,学习古文。王灼,字明甫,一字滨麓,号晴园,一号悔生,安徽桐城人。乾隆五十一年(1786)中举。官东流县教谕。王灼讲学穷经,"自汉、唐、宋诸家,无不穿穴贯通,而折衷于义理"③。师事刘大櫆,受古文法,长达八年之久。刘大櫆称其"初试落笔,已脱世俗语言数十辈"④。后人曾称:"大櫆在桐城门人以灼为最,大櫆亦极称许。"⑤古文确有宗法,虽步趋刘大櫆,得其形貌,而雅洁可诵,冲裕和平。纪传体文章尤为精彩。喜作诗,"沉雄雅健,卓

---

① [清]刘大櫆著,吴孟复标点:《刘大櫆集》附录四《跋海峰先生诗》,上海:上海古籍出版社,1990年,第629页。
② [清]刘大櫆著,吴孟复标点:《刘大櫆集》卷十六《题巴予藉梦游黄山图二首》,上海:上海古籍出版社,1990年,第606页。
③ 王钟翰点校:《清史列传》卷七十一《文苑传》二《刘大櫆》,北京:中华书局,1987年,第5857页。
④ 王钟翰点校:《清史列传》卷七十一《文苑传》二《刘大櫆》,北京:中华书局,1987年,第5857页。
⑤ 刘声木:《桐城文学渊源考》卷三,合肥:黄山书社,2012年,第127页。

然为一大宗"①,而七言短章尤为超绝。曾主讲徽州祁门东山、衡山等书院,培养生徒众多。

左坚吾,字叔固,安徽桐城人,监生。师事外祖刘大櫆,受古文法。读经史类能得其大意。后世称颂他:"为文尤能得古人文章深处,极似刘大櫆。"②对当世名人撰述作品,评价精辟准确,被誉为"真能知古人诗文之枢奥"③。工书法,得宋代书家之妙;精医术,名闻乡里。此外,还有像博学能文的谢庭、诗文皆有师法的吴中兰、诗文并重的吴逢盛、诗文皆具义法的许节、力追古人自成一家的张敏求等桐城学子,亲聆教诲,获益良多,远近闻名,为弘扬师法,光大桐城派影响,发挥了积极作用。

在刘大櫆七十九岁高龄之际,姚鼐辞官归里,得以数次见恩师。刘大櫆和姚鼐经常一起讨论文章,"每穷半夜"④。刘大櫆八十寿辰时,姚鼐作《刘海峰先生八十寿序》⑤,自称"学文于先生",用精练的语言,盛赞刘大櫆一生之成就;称颂刘大櫆虽然年届八旬,"聪明犹强",并且闭户伏首几案,"著述不辍",是"斯世之异人也"⑥。刘大櫆回到桐城后,徽州弟子时常牵挂,吴定不顾路途遥远,几次渡江至桐城,拜望老师。乾隆四十四年(1779),刘大櫆病重,吴定前来看望,刘大櫆见到吴定之后,精神为之一振,还和吴定讨论文法,并拿出自己的文章与吴定商定去取。乾隆四十四年(1779),刘大櫆病逝于桐城东乡梅子岭。其得意门生吴定撰写墓志铭和祭文,姚鼐撰写传记。

---

① 刘声木:《桐城文学渊源考》卷三,合肥:黄山书社,2012年,第127页。
② 刘声木:《桐城文学渊源考》卷三,合肥:黄山书社,2012年,第129页。
③ 刘声木:《桐城文学渊源考》卷三,合肥:黄山书社,2012年,第129页。
④ [清]姚鼐著,刘季高标校:《惜抱轩诗文集·文集》卷八《刘海峰先生八十寿序》,上海:上海古籍出版社,2008年,第115页。
⑤ [清]姚鼐著,刘季高标校:《惜抱轩诗文集·文集》卷八《刘海峰先生八十寿序》,上海:上海古籍出版社,2008年,第114页。
⑥ [清]姚鼐著,刘季高标校:《惜抱轩诗文集·文集》卷八《刘海峰先生八十寿序》,上海:上海古籍出版社,2008年,第115页。

我们纵观桐城派发展史,特别是在桐城派作家群体中,那些科举仕途不得意的文人学士,大多有着相同的人生轨迹。早年私塾授徒,参加科举;中年甚至到晚年,迫于生计,奔波各地,或讲席书院,或入幕主事;晚年归里,著述写作,整理诗文和乡邦文献。而刘大櫆是这一轨迹的最早践行者,他在徽州地区讲学活动所取得的成果,也奠定了其在桐城派发展史上的地位。刘大櫆一生虽无功名,但倾心教育、培养人才、著书立说,并通过学生进一步弘扬自己的文论思想,这些都为后世桐城派作家的成长、桐城派文学思想的传播,起到了示范作用。

二、刘大櫆"神气"说的文论思想

桐城派经过戴名世、方苞等人的努力,到刘大櫆之时,在古文理论、文章创作等方面已经有了明确的规范,并以重视"雅洁"为其文风特点。方东树曾说:"学博(指刘海峰)论文主品藻,侍郎(指方苞)论文主义法。"①也就是说方苞重在文章学,而刘大櫆重在文艺学,从文论的角度来看,无疑刘大櫆把方苞的文论思想,向前推进了一步。刘大櫆的文艺学思想体现在《论文偶记》之中。在《论文偶记》中,他提出了著名的"神气"说,从艺术创作的角度,指出了古人为"文"创作之门径。

刘大櫆师承方苞,自言:"余受知于望溪方先生。"②方苞的"义法"说,对刘大櫆文论思想影响很大。"义法"说是方苞文论思想的核心,也是桐城派文论形成的基石。如果说方苞的"义法"说,侧重文学理论和学术思想之间的关系,那么刘大櫆则在方苞的基础上予以阐释,赋予新的内涵。所以,郭绍虞先生在《中国文学批评史》中

---

① [清]方东树:《考盘集文录》卷五《书惜抱先生墓志后》,清光绪刻本。
② [清]刘大櫆著,吴孟复标点:《刘大櫆集》卷二《杨黄在文序》,上海:上海古籍出版社,1990年,第53页。

指出,刘大櫆的理论是"义法说之具体化"①。

1."神气说"的主要内容

学术界对刘大櫆"神气说"非常关注。宋效永认为"刘大櫆所论的'神',其实是指作家创作时的临文前的一种精神状态。它的含义……指神思之神。另一方面也包含着作者在作品中所表现的充满于作者主观本身的内在生气、意蕴和思想"②。王献永认为"所谓'神气'主要是指作家的个性、气质、胸怀之类的精神状态或思想感情"③,"气"是指文章的气势以及气势所产生的审美感受。

(1)"神气说"的内涵。刘大櫆的"神气说"由三个要素构成——"神气""音节""字句"。关于"神气"的理解有不同的解释。我们认为刘大櫆所说的"神气"包括两个方面,其一,为文者的思想情感和精神态度。所以,刘大櫆说:"文章者,古人之精神所蕴结也。"在文章创作上能否取得成就,关键要看"其精神之大小厚薄",否则,即使专以义理为主,也未必就能"尽其妙"。其二,强调文章取材和行义艺术的重要性。有好的"匠人之材料",还要看是否有"能事"之匠人,有好的材料,再通过"能事之匠人"的加工,才能出好作品。这里,刘大櫆抓住了文学创作的特殊性,只有思想内容和表现手法完美结合,才能创作出传世作品。

刘大櫆在谈到"神"与"气"的关系时,认为二者既有区别,也有联系。他说:"行文之道,神为主,气辅之。"④"神者,文家之宝。文章最要气盛;然无神以主之,则气无所附,荡乎不知其所归也。神者气

---

① 郭绍虞编著:《中国文学批评史》,天津:百花文艺出版社,1999年,第321页。

② 安徽省社会科学院文学研究所、安庆师范学院中文系、淮北煤炭师范学院中文系编:《桐城派研究论文选》,合肥:黄山书社,1986年,第236页。

③ 王献永:《桐城文派》,北京:中华书局,1992年,第38页。

④ 郭绍虞、罗根泽:《中国古典文学批评专著选辑·〈论文偶记〉》,北京:人民文学出版社,1959年,第3页。

之主,气者神之用。神只是气之精处。"①"神气者,文之最精处也。"②"神"为"气"之主,"气"随着"神"转动,对于作文来说,"神"是"宝"。

通过对刘大櫆"神气说"内涵的分析,可以看出,刘大櫆主张古文创作,首先要有良好的精神状态,要做到神情专注;创作手法上,要体现艺术性,要把好的素材通过艺术加工,使之成为传世作品;语言表达要文辞简洁,语意明了,切忌繁言赘语。要真正把"神"和"气"贯彻到整篇文章之中,使文章更具有艺术感染力。

(2)"神气""音节""字句"之间的关系。刘大櫆的"神气说"是由"神气""音节""字句"三个方面构成。搞清楚三者之间的关系,对于理解"神气说",非常重要。人们在讨论刘大櫆文论思想时,大多关注"神气"说,对"音节""字句"的文论思想,未能予以足够关注。刘大櫆对"神气""音节""字句"三者之间的辩证关系,作了精辟的阐述:

> 神气者,文之最精处也;音节者,文之稍粗处也;字句者,文之最粗处也;然予论文而至于字句,则文之能事尽矣。盖音节者,神气之迹也;字句者,音节之矩也。神气不可见,于音节见之;音节无可准,以字句准之。
>
> 音节高则神气必高,音节下则神气必下,故音节为神气之迹。一句之中,或多一字,或少一字;一字之中,或用平声,或用仄声;同一平字仄字,或用阴平、阳平、上声、去声、入声,则音节迥异,故字句为音节之矩。积字成句,积句成章,积章成篇,合而读之,音节现矣;歌而咏之,神气

---

① 郭绍虞、罗根泽:《中国古典文学批评专著选辑·〈论文偶记〉》,北京:人民文学出版社,1959年,第4页。
② 郭绍虞、罗根泽:《中国古典文学批评专著选辑·〈论文偶记〉》,北京:人民文学出版社,1959年,第6页。

出矣。①

刘大櫆认为"神气"是文章最精华的部分,是内在的,超感官的,只能用思维的方法予以表现美的特质。"稍粗"是一种外在的表现形式,是具体的、固化的。"音节""字句"相对于"神气"来说,他们是"稍粗"的。由于"神气"本身的特点极其抽象,因此唯一的表现途径就是通过"音节"和"字句"予以表达。"音节"对文章的"神气"具有决定作用,"音节"高,则"神气"高,反之亦然。只有把握了"音节",才能理解刘大櫆的文章之"神气"。好的作品,体现在"音节"上,就是抑扬顿挫,让人读起来有韵味;只有好的"音节",方能决定文章的高度。"字句"是领略"音节"的载体,既然"音节"决定"神气",那么"字句"就决定了"音节"。在刘大櫆的诗集中,他非常重视"音节"的应用,"音节"通过人的吟诵可以感悟内在的文章之神气。古人强调吟诗,而不是读诗,只有吟诗,才能体会到每首诗神韵之所在。因此,音节的抑扬顿挫,在一首诗里扮演着非常重要的角色。字有四个声,若改变其一,文章的"神气"就会改变,足见声调的重要程度。可见,刘大櫆非常讲究音韵之美。如果一首诗没有"简洁""典雅"的文字,就无法达到"神气"的标准。

2. "神气说"的影响

刘大櫆的"神气说",是对方苞"义法说"的继承和发展。方苞的"义"(言有物)、"法"(言有序),直接影响到刘大櫆的"神气说"。"故义理、书卷、经济者,行文之实,若行文自另是一事。譬如大匠操斤,无土木材料,纵有成风尽垩手段,何处设施?然即土木材料,而不善设施者甚多,终不可为大匠。故文人者,大匠也;义理、书卷、经济者,匠人之材料也"②。"义理、书卷、经济",是文章之"实",即具体的

---

① 郭绍虞、罗根泽:《中国古典文学批评专著选辑·〈论文偶记〉》,北京:人民文学出版社,1959 年,第 6 页。
② 郭绍虞、罗根泽:《中国古典文学批评专著选辑·〈论文偶记〉》,北京:人民文学出版社,1959 年,第 3 页。

事物,这相当于方苞"义法"中的"言有物"。刘大櫆做文章讲究"神气""音节""字句",此是如何做文章,相当于方苞"义法"中的"言有序"。探求"神气说"的内涵可知,刘大櫆用他的理论去阐释方苞的"法"的思想,即如何去做文章,并且在方苞的基础上加以扩展。方苞的"义法"中的"法",就是"言之有序",在刘大櫆"神气说"里相当于"音节""字句"。"义"即内容,相当于刘大櫆的"神气"。刘大櫆把重心由重视义理转向专注文法,在方苞"义法"的基础上,发展自己的"神气说"。同时,刘大櫆主张在诗文创作中,都要重视神气、音节、字句,即把文论思想运用到诗歌创作之中,这一观点相对于方苞"古文与诗赋异道"的认识来说,是一个提高与发展。后世也说:"大櫆虽游方苞之门,所为文造诣各殊,苞择取义理于经,所得于文者义法;大櫆兼并古人神气、音节得之,兼集庄、骚、左、史、韩、柳、欧、苏之长,其气肆,其才雄,其波澜壮阔,尝著《观化篇》,奇诡似庄子。其他言义理者,又极醇正。"①而姚鼐在此基础上,提出了"神理气味""格律声色""阴阳刚柔"的理论,将古文创作理论推至一个新的制高点。可见,桐城派文学理论就是在前后相承中,谋求不断完善与发展。

总之,刘大櫆"神气说"的文论思想和他的诗文创作,对后期桐城派作家的影响是比较深远的,他在方苞与姚鼐之间,起到了桥梁和纽带作用。刘大櫆继承方苞的文论思想,并有所创新,为桐城派的繁荣兴盛,奠定了基础,起到了承前启后的作用。后人在刘大櫆的基础上,继续创新,并且因时而变,与时俱进,日益发展,日臻完善。

三、刘大櫆诗文创作及特点

刘大櫆的诗文创作,语言上追求"雅洁",风格上气肆韵丰,善于细节、神态描写,表达方式多样化,特点十分鲜明。

---

① 王钟翰点校:《清史列传》卷七十一《文苑传》二《刘大櫆》,北京:中华书局,1987年,第5856页。

1. 语言上简朴雅洁

方苞强调"清真雅洁",刘大櫆表述为"文贵简"。如何做到这些,他说:"凡文笔老则简,意真则简,辞切则简,理当则简,味淡则简,气蕴则简,品贵则简,神远而含藏不尽则简,以简为文章尽境。"①刘大櫆的山水游记作品,最能体现这一特点。《游晋祠记》是他在山西讲学时所作,文章不仅描述了晋祠情形,还用不到百字的篇幅,将四周山水景色描述其中。勾勒出太原西南周叔虞祠、圣母庙、台骀祠与悬瓮山的分布,从圣母祠流出两条泉水,"溪水洄洑,绕祠南",道出了溪水的走向,"洄洑"两字描绘了溪水的形态。阐述溪水功用、颜色,"溉田殆千顷""水碧色,清冷见底,其下小石罗布,视之如碧玉"②。还有如《游碾玉峡记》《游浮山记》《游黄山记》等。

语言上追求雅洁,不仅体现在文章长短上,还体现在语言的境界上。"味淡""气蕴""品贵""神远"等,这些都是他在语言运用上强调的具体标准。序文、墓志铭等作品,有时候多是应酬之文,刘海峰在一些序中同样体现出"品贵""神远"的特色。

2. 风格上气肆韵丰

在桐城派创立阶段,戴名世、方苞、刘大櫆三人风格各有不同,"论者以为侍郎以学胜,学博以才胜,郎中以识胜,如太华三峰矗立云表"③。戴名世文章风格的突出特点是"生气逸韵",南山与海峰在文章风格上有相似之处,气势宏肆,神采丰韵,感情强烈,这在刘大櫆诗文中体现得更为充分。

在《江汉川诗序》中,刘大櫆回忆了雍正乙卯秋与江汉川在京师应举,未能找到号舍,适逢大雨,二人同坐编蓬之下,衣襦皆湿,相顾

---

① [清]刘大櫆著,舒芜校点:《论文偶记》,北京:人民文学出版社,1959年,第8页。
② [清]刘大櫆著,吴孟复标点:《刘大櫆集》卷九《游晋祠记》,上海:上海古籍出版社,1990年,第296页。
③ [清]方宗诚:《柏堂集·次编》卷一《桐城文录叙》,清光绪方氏柏堂遗书本。

失色。二十年后再次相遇,两人鬓发皆白,取酒共酌,感慨不已。旧友重逢,同是天涯沦落人,朋友之情,借此次写序得以表述。将友谊蕴于叙述之中,二十年光景,回眸往昔,真是"豪纵自喜",这四个字令读者可以想象当年才俊交游时的情形,而随之"十已减去五六",感情一变,至"余与江君其皆老矣乎",感情再变。三句话将作者二十年的曲折经历和人生苦乐呈现出来,由青年时豪气纵横,到此时老友皆老,感叹不已。

除回忆性文章外,一些传记文对人物描写传神毕肖,表现出人物的神韵。如《樵髯传》,首段以"性疏放,无文饰,而多髭须"开篇,七个字将樵髯的外貌性格予以概括,并说明"樵髯"号的缘由。樵髯少时读书,聪颖超出同辈,艺术匠巧嬉游,"靡不涉猎",后引用"吾以自娱而已",樵髯的话语体现疏放的性格特点。

刘大櫆的一些诗作,也呈现出气势宏肆的特点,如《天马》:"天马渥洼来,意态何雄杰!峻耳方两瞳,朝燕夕至越。"①天马的形貌,"峻耳""两瞳"。"朝燕夕越",一日之内纵横南北,天马行空,这也是作者本人的意愿。"遭逢命使然,甘受尘埃没。谁云汉血姿,肯为盐车屈"。在这诗作最后,实际说出作者不甘受世俗尘埃的污染,不肯向命运低头的意志。《对菊》则是神韵丰富的代表之作,开头描绘秋风之下百草萎黄,反衬秋菊"粲其英""含馨香",但秋菊可贵在于"受彼风与霜"。诗作后半段描述四五友人,"啸歌至深夜,乐哉殊未央"②。但游宴之乐又与"入户见孤影,怅然怀感伤"相对比,一首诗前言志,后抒情,先乐后伤,诗作表达的感情突变,将秋菊宴饮之乐与作者孤寂之情,尽现于词句之间。

3. 表达方式多样化

刘大櫆诗文创作风格气势宏肆、神采丰韵,强烈的感情需要在

---

① [清]刘大櫆著,吴孟复标点:《刘大櫆集》卷十一《天马》,上海:上海古籍出版社,1990年,第371页。

② [清]刘大櫆著,吴孟复标点:《刘大櫆集》卷十一《对菊》,上海:上海古籍出版社,1990年,第378页。

表达方式、表现手法上的变化多样。刘大櫆诗文创作,采用多样化的叙述方式,来表达自己的思想与情感,使主题更为明确,意境更为超逸。如《息争》:"吾以为天地之气化,万变不穷,则天下之理亦不可以一端尽。"①此句阐明观点后,引用曾子、子贡增加说服力。文中还增加一段"大盗"寓言,"大盗至,胠箧探囊,则荷戈戟以随之",意在说明"言之是非"。

刘大櫆山水游记文章,多运用比喻、拟人等手法。如在《游黄山记》中,对黄山奇松、怪石、云海、温泉都有描述。其中写云海最为精彩,从"山半云出",到"一白无涯,渺极天际",云雾形态、气势、色彩都一一再现,而且读之音节简短有力,让你想象云雾随风及光影的变化,同时体验到作者极目此景的喜悦与赞叹。在写登山时,不仅记载游踪地名,亦写登山状态,如"其依冈而横者如岸,其冒树而拔者如樯,其因风而时高时下如浪,人在巅峰,如乘槎而浮于海上",沿途山岩变化,以船在海上颠簸起伏作比喻,情景相互呼应,读之音律韵味绵长。

刘大櫆的一些传记作品,在塑造人物形象时,多通过对人物细节描写、典型事例描述来反映人物的性格、特征及心理活动。如《章大家行略》,他选取章大家失明后,操持家务,在"阴风积雪"的隆冬之夜,章氏在炉火边等待儿孙回家,家中小辈回家后,还不忘督责功课,"若书熟否?"②作者将传主这样一位勤劳持家、悉心培养儿孙的女性,通过细节描写,展现传主的风采,体现作者对章大家的崇敬与感激。在描写过程中,使人物性格尽现在人物的语言、行动之中,凸显人物个性。此外,还采取侧面描写方法,体现人物特点,这种侧面描写方法主要在"赞曰"中。如《赠大夫方君传》,记述了方嗣文孝友

---

① [清]刘大櫆著,吴孟复标点:《刘大櫆集》卷一《息争》,上海:上海古籍出版社,1990年,第16页。
② [清]刘大櫆著,吴孟复标点:《刘大櫆集》卷五《章大家行略》,上海:上海古籍出版社,1990年,第161~162页。

行谊和率直性格,最后"赞曰"引用马少游的话语,"使乡里称善人足矣"①。体现方君之为人,且提出称善乡里难于称善天下的观点。在一篇诗文中,运用多种表达方式,目的是追求境界上的气势、神韵,更好地实现语言"简朴雅洁"的特征。

  此外,在清代乾隆末期和嘉庆时期,桐城文派在全国的影响进一步扩大,作家人数不断增加,形成了多个以区域作家为主体的创作中心,如江苏阳湖、广西岭西等。阳湖是江苏的湖泊名,雍正二年(1724),两江总督查弼纳以苏、松、常三府赋重事繁,奏请置县升州,把武进、无锡、宜兴三县分置为二。从武进县中分出阳湖县,阳湖县因境内有阳湖而命名。乾嘉之际,阳湖地区文化发达,文风昌盛,名人众多,在桐城派的大旗下,以钱鲁斯、恽敬、张惠言、李兆洛等为代表的阳湖诸子,不断传播并发展桐城派文学创作理论,形成了桐城文派发展史上的阳湖创作中心。阳湖诸子恽敬、张惠言等人致力古文,并通过刘大櫆的弟子钱鲁斯和王灼介绍,师从刘大櫆学习古文。从刘大櫆到钱鲁斯、王灼,转而再至张惠言、恽敬,他们的师承交游关系是十分清晰的,也是毋庸置疑的。恽敬关于"气"的理解和刘大櫆"气"的概念稍有不同,刘氏认为"气"只有作用于"文章"之中方能体现出来。恽敬的"气"是一种超然的心态,而刘大櫆的"气"是一种实践。恽敬"气"的概念,应该是在刘大櫆"气"的基础上,有所发展,不能因此而否定恽敬对桐城派的继承。后人由于看到恽敬的古文理论、治学方向和刘大櫆稍有不同,便言阳湖诸子超越桐城派而自立门户。就目前研究而言,这一说法,尚缺足够的事实根据。与其说阳湖诸子另立宗派,不如说阳湖诸子凭借自己的睿智和才华,拓展了桐城派理论。特别是乾嘉之际,桐城派作家对时势和社会都有较为清醒的认识,体现在他们的文章创作上,就是与时俱进,因时而变,经世致用。特别是那些关注民生、关注现实、

---

① ［清］刘大櫆著,吴孟复标点:《刘大櫆集》卷五《赠大夫方君传》,上海:上海古籍出版社,1990年,第178页。

关注社会的作品,经久不衰,影响后世,意义深远。这也是时至今日人们仍然关注桐城派、研究桐城派的原因所在。

　　桐城籍桐城派作家均曾参加科举考试,有顺利取得功名者,如姚鼐、吴汝纶等;也有困顿科场、屡试不中者,前期有刘大櫆,后期则有方东树、戴钧衡、马其昶等。但刘大櫆在科举失利后,转而通过私塾授徒、书院讲学等途径,培养出一批桐城派作家,为后世桐城派名家树立了榜样。刘大櫆晚年把培养生徒作为自己的人生寄托,在同生徒、友人的讲论中,他的文学思想内涵和诗文创作水平不断提升,人才培养队伍逐渐壮大,在文坛上的影响日益扩大,为桐城派传承和发展,作出了巨大贡献。

(江小角　朱杨)

第九讲

姚鼐的文论与诗论

在桐城派文学理论建构的过程中,姚鼐发挥了重要作用,他的文学主张继承了同乡前辈方苞、刘大櫆及叔父姚范等的观点,又有了进一步的拓展。桐城派发展至姚鼐而真正成为一个文学流派,桐城派的文学理论也因他而更加成熟、完善。

姚鼐的文学理论主要包括文论和诗论,在具体阐释时,他往往将诗文合论。虽然他也承认二者"取径不同",但更认识到"诗之与文固是一理"①,主张诗文创作的相通。有鉴于此,本文在论述时也多合论二者,只有在独特之处,才区别对待。

一、"道与艺合,天与人一"

姚鼐论文重文道合一,先天禀赋与后天努力的结合,他说:"夫文者,艺也。道与艺合,天与人一,则为文之至。"②在他看来,文的极致就是道与艺、天与人的高度结合。

首先看"道与艺合"。这一观点继承并发展了方苞的义法论,道

---

① [清]姚鼐著,刘季高标校:《惜抱轩诗文集·文集后集》卷三《与王铁夫书》,上海:上海古籍出版社,1992年,第289页。
② [清]姚鼐著,刘季高标校:《惜抱轩诗文集·文集后集》卷四《敦拙堂诗集序》,上海:上海古籍出版社,1992年,第49页。

与艺一定程度上同义和法相近。姚鼐所谓的"道",与程朱理学的"理"相当,一方面是指道德原则的当然,一方面是指事物规律的必然。他说:"天下所谓文者,皆人之言,书之纸上者尔。言何以有美恶?当乎理,切乎事者,言之美也。"①"理""事"即就当然与必然而言,文只有符合理与事,才称之为美。姚鼐拓展了方苞义法论中"义"仅注重道德原则的一面,更为全面。所谓"艺",即是艺术技巧,一方面是指具体的法(即"文之粗"),一方面是指抽象的法(即"文之精")。姚鼐认为方苞作文、论文停留在具体的法之上,而他则更为关注抽象的法,故而对方苞批评较多。他说:"望溪所得,在本朝诸贤为最深,而较之古人则浅。其阅太史公书,似精神不能包括其大处、远处、疏淡处及华丽非常处;止以'义法'论文,则得其一端而已。"②所谓"大处、远处、疏淡处及华丽非常处",就是抽象的法。抽象的法不是固定不变的,因此文无定法,姚鼐说:"文字者,犹人之言语也,有气以充之,则观其文也,虽百世而后,如立其人而与言于此;无气,则积字焉而已。意与气相御而为辞,然后有声音节奏高下抗坠之度,反复进退之态,采色之华。故声色之美,因乎意与气而时变者也,是安得有定法哉!"③意与气的结合而为辞,但文辞又因意、气二者的变化而丰富多彩,所以文法是千变万化的,而非一成不变。

因为讲究"道与艺合",自然要求文以表现道为指归。姚鼐说:"夫古人之文,岂第文焉而已,明道义、维风俗以诏世者,君子之志;而辞足以尽其志者,君子之文也。达其辞则道以明,昧于文则志以晦。"④道是文表现的目的,但如果"昧于文",则道也不能得到阐扬,

---

① [清]姚鼐著,刘季高标校:《惜抱轩诗文集·文集后集》卷一《稼门集序》,上海:上海古籍出版社,1992年,第273页。
② [清]姚鼐撰:《惜抱轩尺牍·与陈硕士》,北平:商务印书馆,1928年。
③ [清]姚鼐著,刘季高标校:《惜抱轩诗文集·文集》卷六《答翁学士书》,上海:上海古籍出版社,1992年,第84~85页。
④ [清]姚鼐著,刘季高标校:《惜抱轩诗文集·文集》卷六《复汪进士辉祖书》,上海:上海古籍出版社,1992年,第89页。

所以二者是紧密结合的。不过在姚鼐看来,道是起决定作用的,如果道充于诗人胸中,则其胸襟自然高旷,发之于文,自然成为至文:"夫诗之于道固末矣,然必由其人胸臆所蓄,行履所至,率然达之翰墨,扬其菁华,不可伪饰,故读其诗者如见其人。"①所以,诗人不能仅仅以作为一个诗人自命,善为诗不仅要在艺术手段上下功夫,而且更重要的是涵养自己的胸襟,姚鼐说:"古之善为诗者,不自命为诗人者也。其胸中所蓄,高矣、广矣、远矣,而偶发之于诗,则诗与之为高、广且远焉,故曰善为诗也。"②这种观点,与欧阳修"道胜者,文不难而自至也"③,及沈德潜"有一等胸襟,方且为一等诗人"④等观点相同。而如果仅仅以作为一个诗人为目标,则尽管"为之虽工",艺术手法高明,也难以达到很高的成就,"其诗则卑且小矣"⑤姚鼐不忽视艺术的层面,但也注重道的主导作用。

  道与后天的学习与涵养相关,艺则同先天的禀赋与后天的努力分不开,所以,"道与艺合"又同"天与人一"结合在一起。

  所谓的"天",是指先天的禀赋;所谓的"人",是指后天的努力。这二者在姚鼐的观点中是并重的,"言而成节合乎天地自然之节,则言贵矣。其贵也,有全乎天者焉,有因人而造乎天者焉"⑥。"全乎天者"即先天的禀赋;"因人而造乎天者"即后天的努力。关于道,姚鼐从理学家的立场出发,特别提倡涵养:"为学之要,在于涵养而已。

---

  ① [清]姚鼐著,刘季高标校:《惜抱轩诗文集·文集后集》卷一《朱二亭诗集序》,上海:上海古籍出版社,1992年,第260页。

  ② [清]姚鼐著,刘季高标校:《惜抱轩诗文集·文集》卷四《荷塘诗集序》,上海:上海古籍出版社,1992年,第50页。

  ③ [清]沈德潜著,霍松林校注:《说诗晬语》,北京:人民文学出版社,1979年。

  ④ [宋]欧阳修撰:《文忠集·答吴充秀才书》。

  ⑤ [清]姚鼐著,刘季高标校:《惜抱轩诗文集·文集》卷四《荷塘诗集序》,上海:上海古籍出版社,1992年,第50页。

  ⑥ [清]姚鼐著,刘季高标校:《惜抱轩诗文集·文集》卷四《敦拙堂诗集序》,上海:上海古籍出版社,1992年,第49页。

声华荣利之事,曾不得以奸乎其中,而宽以期乎岁月之久,其必有以异乎今而达乎古也。"①具体的法,也是后天的努力可造就的,他教导刘开说:"诗律细处,精意读书,可以必得,然非数年之深功不能。"②至于抽象的法,如"诗境大处",如果"勤心深求"的话,"或半年便得,或一年乃得",但也有可能"终身不得",毕竟有些是属于先天禀赋的层面。为文既需后天的努力,更需要先天的禀赋;后天的努力已属不易,先天的努力更为难得:"抑人之学文,其功力所能至者,陈理义必明当,布置取舍、繁简廉肉不失法,吐辞雅驯不芜而已。古今至此者,盖不数数得。然尚非文之至,文之至者通乎神明,人力不及施也。"③所以,欲成为文学家,需要努力学习,更需要具有一定的天赋,天赋是成为杰出文学家的重要条件。他以《诗经·国风》中诗为例,这些诗:"成于田野闾阎、无足称述之人,而语言微妙,后世能文之士,有莫能逮,非天为之乎?"但姚氏同时也认识到此仅是"言《诗》之一端",《雅》《颂》诸篇,乃"道德修明,而学术该备,非如列国《风》诗采于里巷者可并论也"。如果仅具天赋,"天机间发,片言一章之工亦有之";但若言"裒然成集,连牍殊体,累见诡出,闳丽谲变"之作,"则非巨才而深于法者不能",天赋与学习都不可偏废。既具有先天的禀赋,又付出后天的努力的,姚鼐认为杜甫是文学史上最杰出的一位:"子美之诗,其才天纵,而致学精思,与之并至,故为古今诗人之冠。"④姚氏对杜甫的推崇,于其言论中随处可见。姚氏强调先天与后天结合的创作倾向,乃是鉴于在袁枚性灵诗风影响下诗坛上盛

---

① [清]姚鼐著,刘季高标校:《惜抱轩诗文集·文集》卷六《答鲁宾之书》,上海:上海古籍出版社,1992年,第104页。
② [清]姚鼐著,刘季高标校:《惜抱轩诗文集·文集后集》卷三《复刘明东书》,上海:上海古籍出版社,1992年,第291页。
③ [清]姚鼐著,刘季高标校:《惜抱轩诗文集·文集》卷六《复鲁絜非书》,上海:上海古籍出版社,1992年,第94页。
④ [清]姚鼐著,刘季高标校:《惜抱轩诗文集·文集》卷四《敦拙堂诗集序》,上海:上海古籍出版社,1992年,第49~50页。

行的浮薄诗风的弊端而提出的,他借鉴袁枚的理论又加以完善,观点更为宏通。

为沟通天人,姚鼐特别提倡"悟"的功夫。在教导弟子为诗为文时,他反复提及禅悟,他对陈用光说:"文家之事,大似禅悟;观人评论圈点,皆是借径。一旦豁然有得,呵佛骂祖,无不可者。"①又说:"学文之法无他,多读多为,以待其一日之成就,非可以人力速之也。士苟非有天启,必不能尽其神妙。"②他对侄孙姚莹说:"凡诗文事与禅家相似,须由悟入,非语言所能传……欲悟亦无他法,熟读精思而已。"③禅宗以为佛性人人本来就有,但为外物遮蔽;欲得佛性,须由悟入。姚鼐强调通过后天的学习,唤醒本身具有的天分,这个过程和禅宗的顿悟原理相通。以禅论诗,并非始于姚氏;他的贡献在于当别人注重天分的时候,他亦不废后天的学习,是本体与功夫的合一。

二、阳刚阴柔

在文章风格方面,姚鼐提出了著名的阳刚阴柔说。阴阳观念来自《易》,中国古代哲学很早就认识到事物对立统一的规律,阴阳就指事物对立的两个方面,《易》云:"一阴一阳之谓道。"《老子》亦云:"万物负阴而抱阳。"道与万物就是阴与阳这对矛盾的统一体。后来用以指称男女,汉代班昭《女诫》进一步将阴阳与男女刚柔的气性对应,说:"阴阳殊性,男女异形。阳以刚为德,阴以柔为用。"④阳刚为男性的美,阴柔为女性的美。姚鼐则将这一观念移用于对文学作品中两种对立风格的表述。

---

① [清]姚鼐撰:《惜抱轩尺牍·与陈硕士》,北平:商务印书馆,1928年。
② [清]姚鼐撰:《惜抱轩尺牍·与陈硕士》,北平:商务印书馆,1928年。
③ [清]姚鼐撰:《惜抱轩尺牍·与石甫侄孙》,北平:商务印书馆,1928年。
④ [南朝宋]范晔撰,[唐]李贤等注:《后汉书》卷八十四《曹世叔妻》,北京:中华书局,1965年,第2784页。

所谓阳刚之美,姚鼐用形象化的语言描写道:"其得于阳与刚之美者,则其文如霆,如电,如长风之出谷,如崇山峻崖,如决大川,如奔骐骥;其光也如杲日,如金镠铁;其于人也,如凭高视远,如君而朝万众,如鼓万勇士而战之。"①这都是一些壮美的景象,阳刚就是表现为壮美的文学风格,如豪放、刚健、沉雄、悲壮等,均属阳刚之美。对阴柔之美,他也用形象的比喻描述道:"其得于阴与柔之美者,则其文如升初日,如清风,如云,如霞,如烟,如幽林曲涧,如沦,如漾,如珠玉之辉,如鸿鹄之鸣而入寥廓;其于人也,漻乎其如叹,邈乎其如有思,暖乎其如喜,愀乎其如悲。"②这都是一些优美的景象,阴柔就是表现为优美的文学风格,如婉约、柔和、淡雅、幽深等,均属阴柔之美。

文学作品的风格,刘勰《文心雕龙·体性篇》分为典雅、远奥、精约、显附、繁缛、壮丽、新奇与轻靡八种,并也认识到典雅与新奇、远奥与显附、精约与繁缛、壮丽与轻靡为四组相对的风格。至托名为司空图的《二十四诗品》,则将诗歌风格分为二十四类,即雄浑、冲淡、纤秾、沉著、高古、典雅、洗炼、劲健、绮丽、自然、含蓄、豪放、精神、缜密、疏野、清奇、委屈、实境、悲慨、形容、超诣、飘逸、旷达、流动。虽是论诗,实际也通于衡文。这些分类,细致地揭示了文学作品的不同风格之美,但太多的分类,也有繁琐之感。姚鼐以阳刚阴柔二端总括,显得简洁明了。以刚柔论人而至文,刘勰也可视为先导,他在《文心雕龙·体性篇》中说:"气有刚柔。"又在《定势篇》中说:"文者……刚柔虽殊,必随时而适用。"他是从人的气之刚柔而论及文的刚柔,不过他还没有将文学作品的风格归结为这两类。到了清代,人们较多地从"对待之两端"③思考文学创作的规律,姚鼐就是

---

① [清]姚鼐著,刘季高标校:《惜抱轩诗文集·文集》卷六《复鲁絜非书》,上海:上海古籍出版社,1992年,第93页。

② [清]姚鼐著,刘季高标校:《惜抱轩诗文集·文集》卷六《复鲁絜非书》,上海:上海古籍出版社,1992年,第93~94页。

③ [清]叶燮著,霍松林注:《原诗》,北京:人民文学出版社,1979年。

在这种氛围中,将文学作品的各种风格归总为阳刚与阴柔两类。但这并不是说天下文风,就此二端。阴阳之气的不同组合能化生万物:"阴阳刚柔,其本二端,造物者糅而气有多寡进绌,则品次亿万,以至于不可穷,万物生焉。"文学作品中,阳刚与阴柔两种风格各自多寡组合的不同,又产生出多种多样的风貌,所以姚鼐说"夫文之多变,亦若是已"①。阳刚与阴柔二气多寡的不同的组合,造就了多姿多彩的文学艺术之美。

"天地之道,协和以为体",道与万物都是阴与阳的统一,文也应该是阳刚与阴柔的统一,二者"并行而不偏废",这是姚鼐观念中理想的状态,既是理想的状态,则并不是所有的人都能做到,只有圣人之言才能达到二者的统一,他说:"惟圣人之言,统二气之会而弗偏。"至于其他的人,不用说是《易》《诗》《书》《论语》所载,因其时不同,面对的说话对象有异,文风也有所偏向;自诸子之文以下,"其为文无弗有偏者"②,有的偏于阳刚,有的偏于阴柔。而天地之道又是"尚阳而下阴,伸刚而绌柔,故人得之亦然",既然崇尚阳刚之人,那么在文风上,姚鼐自然也推崇偏向阳刚之文,他说:"文之雄伟而劲直者,必贵于温深而徐婉。"他回顾文学史,发现温深徐婉之才不多,而雄才更是屈指可数:"温深徐婉之才,不易得也。然其尤难得者,必在乎天下之雄才也。夫古今为诗人者多矣,为诗而善者亦多矣,而卓然足称为雄才者,千余年中数人焉耳。"③姚鼐对雄奇劲直之文的推崇,是和他呼唤雄才的用心相联系的。

不过就算是呼唤雄才,推崇雄奇劲直之文,但因为是"偏向",所以不能是"一有一绝无",否则就违背了对立统一的原理。不仅只有

---

① [清]姚鼐著,刘季高标校:《惜抱轩诗文集·文集》卷六《复鲁絜非书》,上海:上海古籍出版社,1992年,第94页。
② [清]姚鼐著,刘季高标校:《惜抱轩诗文集·文集》卷六《复鲁絜非书》,上海:上海古籍出版社,1992年,第93页。
③ [清]姚鼐著,刘季高标校:《惜抱轩诗文集·文集》卷四《海愚诗钞序》,上海:上海古籍出版社,1992年,第48页。

阳刚或只有阴柔都不能成文,而且"刚不足为刚、柔不足为柔者,皆不可以言文"①,难以为刚,难以为柔的,都是未能领悟为文之用心。姚鼐总结说:"阴阳刚柔,并行而不容偏废。有其一端而绝亡其一,刚者至于偾强而拂戾,柔者至于颓废而闇幽,则必无与于文者矣。"②文风一定要是主于阳刚或阴柔之一端,而又糅合其对立的另一端,方是为文之道。

姚鼐的阳刚阴柔理论对桐城后学影响极大。晚清曾国藩"粗解文章,由姚先生启之",在文风上,也继承并发展了姚氏的阳刚阴柔理论,他说:"吾尝取姚惜抱先生之说,文章之道,分阴柔之美,阳刚之美。大抵阳刚者,气势浩瀚;阴柔者,韵味深美。浩瀚者喷薄而出之,深美者吐吞而出之。"又说:"尝慕古文境之美者,约为八言,阳刚之美者曰:雄、直、怪、丽,阴柔之美者曰:茹、远、洁、适。"③并由阳刚阴柔发展为气势、识度、趣味、情韵的"四象",气势即太阳之属,识度即太阴之属,情韵即少阴之属,趣味即少阳之属。并选文以标配各类。曾氏还教育其为文偏于阴柔的弟子张裕钊,让他从汉赋的字法中吸取气势以提高其古文的品格。在老师的教导下,张氏为文也提倡阳刚阴柔,以"神、气、势、骨、机、理、意、识、脉、声"配阳刚,以"味、韵、格、志、情、法、词、度、界、色"配阴柔。姚鼐阳刚阴柔理论在他们的发展下,成为一个比较完备的文章风格论体系。

三、文之精粗

姚鼐编选的《古文辞类纂》是影响极大的一部古文选本,在书前

---

① [清]姚鼐著,刘季高标校:《惜抱轩诗文集·文集》卷六《复鲁絜非书》,上海:上海古籍出版社,1992年,第94页。
② [清]姚鼐著,刘季高标校:《惜抱轩诗文集·文集》卷四《海愚诗钞序》,上海:上海古籍出版社,1992年,第48页。
③ [清]曾国藩著,[清]李瀚章编撰,[清]李鸿章校刊:《曾文正公全集》第一册《求阙斋日记》,北京:中国书店,2011年。

《序目》中提出"神、理、气、味者,文之精也;格、律、声、色者,文之粗也"①的评判标准。精是指作品的内在因素——神韵、义理、气势、韵味;粗是指作品的外在形式——格局、法度、音节、文采。只有精粗结合,内在因素与外在形式相辅相成,才是极致的艺术境界。八要素综合并发展了方苞的"义法"说、刘大櫆的"神气"说。姚鼐强调这八者对于文章写作的重要性:"夫文章一事,而其所以为美之道非一端,命意立格,行气遣辞,理充于中,声振于外。数者一有不足,则文病矣。"②这里虽举四者,实际兼包八类。

所谓神,乃是形容文学创作所达到的神妙、神化的境界。刘勰《文心雕龙·神思篇》以"神"论艺术构思时的心理活动时说:"文之思也,其神远矣。"这大概是以神论文的开端。杜甫在《苏端薛复筵简薛华醉歌》中用以形容诗文的境界:"文章有神交有道。"甚至是所有艺术的最高境界,在《李潮八分小篆歌》中说:"书贵瘦硬方通神。"刘大櫆《论文偶记》以神气说为核心,建立诗文创作的理论框架,他说:"行文之道,神为主,气辅之……气随神转,神浑则气灏,神远则气逸,神伟则气高,神变则气奇,神深则气静。故神为气之主。"③又说:"文章最要气盛;然无神以主之,则气无附,荡乎不知其所归矣。"④姚鼐所论之神,就是从刘大櫆之论中脱胎而来。

所谓理,即义理,相当于方苞义法说之"义"。刘大櫆也说:"作文本以明义理,适世用。"⑤姚鼐说:"《易》曰:'吉人之辞寡。'夫内充

---

① [清]姚鼐编:《古文辞类纂·序目》,上海:上海古籍出版社,1998。
② [清]姚鼐撰:《惜抱轩尺牍·与陈硕士》,北平:商务印书馆,1928年。
③ [清]刘大櫆著,舒芜校点:《论文偶记》,北京:人民文学出版社,1959年,第3页。
④ [清]刘大櫆著,舒芜校点:《论文偶记》,北京:人民文学出版社,1959年,第4页。
⑤ [清]刘大櫆著,舒芜校点:《论文偶记》,北京:人民文学出版社,1959年,第4页。

而后发者,其言理得而情当。"① 只有内心之理充扩,发之于文才能理得情当。姚鼐认为理已被前人阐明,因此很难出新;但说理之言,必须创新。他看到陈硕士所作《南池文集序》一文,觉得"论学太涉门面气",便教导他说:"凡言理不能改旧,而出语必要翻新。佛氏之教,六朝人所说,皆陈陈耳;达摩一出,翻尽窠臼,然理岂有二哉?但更搬陈语,便了无意味。移此意以作文,便亦是妙文矣。"② 清代理学家于义理无多发挥,桐城派也是如此,姚鼐亦是如此。故而姚氏不注重义理的发挥,而着意表达方式的技巧。

所谓气,即气势。养气之说,始于孟子;而以气论文,发端于曹丕。《典论·论文》云:"文以气为主。气之清浊有体,不可力强而致。"这里的气主要是就人之不可移易的气质而言,体现于文,与风格相关。曹丕评价徐干有"齐气",孔融"体气高妙",刘桢有"逸气",就是这一含义。至《文心雕龙·风骨篇》则本孟子而言气势,刘勰所说的"意气骏爽""务盈守气",主要就这一层面而言。韩愈论文亦同于此,他对弟子李翱说:"气盛则言之短长与声之高下皆宜。"其后苏氏兄弟也重视气势。刘大櫆论气就顺承这种含义而来。他说:"古人行文至不可阻处,便是他气盛。"又说:"气最重要。"他还将气与势结合起来,二者缺一不可:"论气不论势,文法总不备。"至于如何得气,他强调字句要下得有力:"要知得气重,须便是字句下得重,此最上乘。"③ 姚鼐也将气理解为"笔势痛快",达到这种境界,一要"力学古人",一要"涵养胸趣",且更注重涵养,因为"心静则气自生"。④ 姚氏论气,兼容并包了前贤的诸种看法,并有所拓展。

所谓味,有厚味、意味、深味、风味、韵味、异味、兴味、趣味诸种

---

① [清]姚鼐著,刘季高标校:《惜抱轩诗文集·文集》卷六《答鲁宾之书》,上海:上海古籍出版社,1992年,第104页。
② [清]姚鼐撰:《惜抱轩尺牍·与陈硕士》,北平:商务印书馆,1928年。
③ [清]刘大櫆著,舒芜校点:《论文偶记》,北京:人民文学出版社,1959年,第4~5页。
④ [清]姚鼐撰:《惜抱轩尺牍·与陈硕士》,北平:商务印书馆,1928年。

意思。《文心雕龙·隐秀篇》云:"深文隐蔚,风味曲包。"论味最典型的当属司空图,他自论己诗,以为"得味外味",他以梅与盐为喻,所谓的味外味,就是在"酸咸之外"。姚鼐《五七言今体诗选》选录了韦庄《长安清明》:"早是伤春梦雨天,可堪芳草正芊芊。内官初赐清明火,上相间分白打钱。紫陌乱嘶红叱拨,绿杨高映画秋千。游人记得承平事,暗喜风光似昔年。"姚氏评云:"伤乱而作此,故佳。若正序承平,而为是语,则无味矣。"写战乱中的美景和盛事,令人倍觉伤情,传达出无限的意味。

所谓格,即格局,指文章的体格。姚鼐后人姚永朴解释道:"大抵文章一类有一类之格……又一篇有一篇之格。盖欲谋篇,必制局;欲制局,必立格。"①所以可简称为"格局"。姚鼐在给弟子陈硕士的信中说"命意立格",大概就是这个意思。

格是从正面的引导来说,而律则是就反面的禁戒而言,有法度的意思。方苞曾告诫弟子沈廷芳:"南宋元明以来,古文义法久不讲。吴越间遗老尤放恣,或杂小说体,或沿翰林旧体,无一雅洁者。古文中不可入语录中语,魏晋六朝人藻丽俳语,汉赋中板重字法,诗歌中隽语,南北史佻巧语。"②对古文创作提出种种规范。姚鼐亦从正反两面论述古文创作格局与法度,他教导侄孙姚莹说:"凡作古文,须知古人用意冲澹处,忌浓重,譬如举万钧之鼎,如一鸿毛,乃文之佳境;有竭力之状,则入俗矣。"③亦可视为为文戒律。

所谓声,即音节。姚永朴解释道:"所谓声者,就大小、短长、疾徐、刚柔、高下言之。"④诗歌特别讲究音律,而桐城派于古文创作也

---

① [清]姚永朴著,许结讲评:《文学研究法》卷三《格律》,南京:凤凰出版社,2009年,第140~144页。
② [清]沈廷芳:《书方望溪先生传后》。
③ [清]姚鼐撰:《惜抱惜尺牍·与石甫侄孙》,北平:商务印书馆,1928年。
④ [清]姚永朴著,许结讲评:《文学研究法》卷三《声色》,南京:凤凰出版社,2009年,第150页。

强调字句的音节。姚鼐叔父姚范在《援鹑堂笔记》中说："朱子谓'韩昌黎、苏明允作文，敝一生之精力，皆从古人声响处学'。此真知文之深者。"①刘大櫆在《论文偶记》中也说："文章最要节奏，譬之管弦繁奏中，必有希声窈渺处。"②姚鼐也将文字声音提到很重要的位置，他对陈硕士说："诗古文要从声音证入。不知声音，总为门外汉耳。"③学诗古文从声音入手，这是桐城派的传统。

姚永朴解释"色"说："所谓色者，就清奇、浓淡言之。"④其核心在炼字、造句与用典。古人非常注重诗文的遣词造句，《文心雕龙》中就有《炼字篇》《丽辞篇》。桐城派非常注重字句的锤炼。姚范说："字句之奇，宋以后大家多不讲此，亦是其病处。"⑤刘大櫆也持此种态度，他说："近人论文，不知有所谓音节者；至语以字句，则必笑以为末事。此论似高实谬。作文若字句安顿不妙，岂复有文字乎？"⑥受叔父与老师的影响，姚鼐也将文字之色列入文之八事中。

姚鼐将神理气味视为文之精处，将格律声色视为文之粗处，并认为学文之道在由粗而入精："学者之于古人，必始而遇其粗，中而遇其精，终则御其精者而遗其粗者。"⑦这种观点也是有所师承。姚范说："字句章法，文之浅者也；然神气体势，皆阶之而见。"⑧字句章法乃文之浅者，神气体势乃文之深者，且深者由浅者而见。刘大櫆

---

① [清]姚范撰：《援鹑堂笔记》，上海：上海古籍出版社，1996年。
② [清]刘大櫆著，舒芜校点：《论文偶记》，北京：人民文学出版社，1959年，第5页。
③ [清]姚鼐撰：《惜抱轩尺牍·与陈硕士》，北平：商务印书馆，第1928年。
④ [清]姚永朴著，许结讲评：《文学研究法》卷三《声色》，南京：凤凰出版社，2009年，第150页。
⑤ [清]姚范撰：《援鹑堂笔记》，上海：上海古籍出版社，1996年。
⑥ [清]刘大櫆著，舒芜校点：《论文偶记》，北京：人民文学出版社，1959年，第6页。
⑦ [清]姚鼐编：《古文辞类纂·序目》，上海：上海古籍出版社，1998年。
⑧ [清]姚范撰：《援鹑堂笔记》，上海：上海古籍出版社，1996年。

云:"神气者,文之最精处也;音节者,文之稍粗处也;字句者,文之最粗处也……音节者,神气之迹也;字句者,音节之矩也。神气不可见,于音节见之;音节无可准,以字句准之。"①叔父与业师的观点直接启发了姚鼐。

至于如何由音节以体会神气,桐城派提出了独特的"因声求气说",即通过诵读文之粗处的音节字句来领会文之精处的神理气味。姚鼐接到陈硕士的诗文,读到其文中间有滞钝处,认为是读古人文不熟造成的。他教导学生应该这样读古人文:"急读以求其体势,缓读以求其神味。"②晚清方宗诚曾对张裕钊说:"长老所传,刘海峰绝丰伟,日取古人之文,纵声读之;姚惜抱则患气羸,然亦不废哦诵,但抑其声使之下耳。"③姚鼐之后的梅曾亮、吴汝纶等都提倡因声求气,这其实就是由粗入精的桐城派学文法门。

四、义理、考据与辞章

据说姚鼐小的时候,叔父姚范问他行身祈向,姚鼐说:"义理、考据、辞章。"此事不一定可靠,但姚鼐成人后的为学祈向就是此三者的合一。他说:"鼐尝论学问之事,有三端焉:曰义理也,考证也,文章也。"这三者不是绝然分开的,而是互相结合的:"是三者苟善用之,则皆足以相济;苟不善用之,则或至于相害。"④如果"执其所能为,而呲其所不为者,皆陋也,必兼收之乃足为善"⑤,由此构建了一种通达的文学观。形成这一路径的原因,一者在于桐城派内部的发

---

① [清]刘大櫆著,舒芜校点:《论文偶记》,北京:人民文学出版社,1959年,第6页。
② [清]姚鼐撰:《惜抱轩尺牍·与陈硕士》,北平:商务印书馆,1928年。
③ [清]张裕钊著,王达敏校点:《张裕钊诗文集·文集》卷四《答吴至甫书》,上海:上海古籍出版社,2007年,第85~86页。
④ [清]姚鼐著,刘季高标校:《惜抱轩诗文集·文集》卷四《述庵文钞序》,上海:上海古籍出版社,1992年,第61页。
⑤ [清]姚鼐著,刘季高标校:《惜抱轩诗文集·文集》卷六《复秦小岘书》,上海:上海古籍出版社,1992年,第105页。

展倾向,一者在于姚氏所处的乾嘉学术氛围。就前者而言,受程朱理学影响的桐城派作家又多是著名学者,容易将为学为文相结合,继方苞提出义法论之后,刘大櫆强调义理、书卷、经济乃行文之实。因此,到姚鼐时,提倡义理、考据与辞章三者的结合也就不足为怪。就后者而言,在乾嘉考据学氛围中,姚鼐也受到感染,并曾动过拜以考据闻名的戴震为师的念头。将考证融入文章,也是对这种学风的容受。姚氏三结合的观点受此内外学风的影响而形成。

三结合中的义理主要是指程朱理学,但宋儒重道而轻文,程颐就说过:"古之学者一,今之学者三,异端不与焉:一曰文章之学,二曰训诂之学,三曰儒者之学。欲趋道,舍儒者之学不可。"①在此倾向下,自南宋以来,形成一种以语录语为古文的创作倾向,方苞从雅洁的立场严厉批评此风。姚鼐虽固守理学,但对此种习气也表示反对,他说:"世有言义理之过者,其辞芜杂俚近,如语录而不文。"其时文坛上此风依旧延续,姚氏此论亦有现实针对性。姚氏秉承文以载道的传统,认为"达其词则道以明,昧于文则志以晦"②,欲义理说得明白透彻,必须于文上讲求,义理与辞章是合一的,这就是前面所说的"道与艺合"。

和批评重道轻文相比,姚鼐三结合的理论,更主要的是有感于其时考证与古文的关系而发。姚鼐并不否认学问对文章的益处,"今夫博学强识而善言德行者,固文之贵也;寡闻而浅识者,固文之陋也"③。然而,其时以戴震为首的考据学者重考证而轻辞章,戴震认为考证是义理、文章的来源,在与方希原的信中甚至说出"事于文

---

① [宋]程颢、程颐著,王孝鱼点校:《河南程氏遗书》卷第十八,见《二程集》,北京:中华书局,1981年,第187页。
② [清]姚鼐著,刘季高标校:《惜抱轩诗文集·文集》卷六《复汪进士辉祖书》,上海:上海古籍出版社,1992年,第89页。
③ [清]姚鼐著,刘季高标校:《惜抱轩诗文集·文集》卷四《述庵文钞序》,上海:上海古籍出版社,1992年,第61页。

章者,等而末者也"①,轻重之意非常明确;其弟子段玉裁也认为"义理、文章,未有不由考核而得"②,强调考据对于文章的支配作用,师徒二人均有取消辞章独立性的迹象。鉴于他们在当时学坛上的影响,这种观点可视为考据学者的共识。姚鼐对此极为不满,指责重考证轻文章必定产生不良后果:"为考证之过者,至繁碎缴绕,而语不可了当。"③对于"矜考据者每窒于文词"④的弊端,考据与辞章的结合是必由之路;只有如此才能达到"议论考核,甚辨而不烦,极博而不芜,精到而意不至于竭尽"⑤的妙境。

姚鼐对考证之文的抨击,根源于汉宋之争。姚氏三结合的理论,也是有所轻重的,正如晚清的王先谦所说,"惜抱自守孤芳,以义理、考据、词章三者不可一阙,义理为干,而后文有所附,考据有所归。故其文源流兼赅,粹然一出于醇雅"⑥,姚氏以宋儒义理为主干,文章、考证为归附。而汉学家要不为考证而考证,要不以汉学反宋学,与姚氏固守的行身祈向产生尖锐的冲突。《惜抱轩文集》中批评考据学者的言论比比皆是,专注点在于汉学家的反宋倾向。他说:"然今世学者,乃思一切矫之,以专宗汉学为至,以攻驳程、朱为能,倡于一二专己好名之人,而相率而效者,因大为学术之害。"⑦一方面

---

① [清]戴震撰,张岱年主编:《戴震全书》第六册《东原文集》卷九《与方希原书》,合肥:黄山书社,第374~376页。
② [清]段玉裁撰:《戴东原集序》,见[清]戴震撰,汤志钧校点:《戴震集》,上海:上海古籍出版社,1980年,第452页。
③ [清]姚鼐著,刘季高标校:《惜抱轩诗文集·文集》卷四《述庵文钞序》,上海:上海古籍出版社,1992年,第61页。
④ [清]姚鼐著,刘季高标校:《惜抱轩诗文集·文集》卷四《谢蕴山诗集序》,上海:上海古籍出版社,1992年,第55页。
⑤ [清]姚鼐著,刘季高标校:《惜抱轩诗文集·文集》卷四《述庵文钞序》,上海:上海古籍出版社,1992年,第61页。
⑥ [清]王先谦纂:《续古文辞类纂序》,合肥:黄山书社,1992年。
⑦ [清]姚鼐著,刘季高标校:《惜抱轩诗文集·文集》卷六《复蒋松如书》,上海:上海古籍出版社,1992年,第95~96页。

看到考据对学问的重要性,另一方面又反对考据学者对宋学的攻击,在种种合力的作用下,姚鼐有限度地吸收考证入文,正如他对陈硕士所说的,"以考证助文之境,正有佳处"①,考证是处在辅助文章的地位,这就与汉学家所说的考证以考据为文之源头的观点恰好相反。

同时,姚鼐所说的考证与汉学家说的也有所不同。姚氏晚年与弟子陈用光谈文论学的信函极多,陈氏较能领会其师意图。他曾对朋友说:"吾师之所谓考证,岂世之所谓考证乎?"他所理解的姚鼐的考证之学,"非欲以名物象数之能,考证矜其博识",而是宋儒格物致知之学,所以他说:"循吾师考证之说,则于宋儒之学,未必其无所合也。"②

姚鼐义理、考据与辞章三者结合的为文路径,扩大地说就是强调主旨、材料与文辞的统一,要求材料、文辞为表现观点服务,这种通达的文学观出现在清代乾嘉时期,是极为可贵的,即使在现代仍具有一定的借鉴作用。

五、熔铸唐宋

清代中期诗风多元化趋向极为突出,宗唐的有沈德潜格调诗,宗宋的有翁方纲的肌理诗、厉鹗的浙派诗。这些诗人各持一家之说,有所得亦有所失。而姚鼐则融会各家之说,明确提出"熔铸唐宋"的诗学主张,他说:"熔铸唐宋,则固是仆平生论诗宗旨耳。"③他又说:"常德之诗,贯合唐宋之体。"④"贯合唐宋之体"即"熔铸唐宋"。他称赞谢启昆为"诗人之杰",就在于谢诗"风格清举,囊括唐、

---

① [清]姚鼐撰:《惜抱轩尺牍·与陈硕士》,北平:商务印书馆,1928年。
② [清]陈用光撰:《太乙舟文集·复宾之书》,《续修四库全书》本。
③ [清]姚鼐撰:《惜抱轩尺牍·与鲍双五书》,北平:商务印书馆,1928年。
④ [清]姚鼐著,刘季高标校:《惜抱轩诗文集·文集》卷四《高常德诗集序》,上海:上海古籍出版社,1992年,第47页。

宋之箐,备有闳阔幽深之境"①,囊括唐宋精华者受到他的高度评价,可见姚鼐的确是将熔铸唐宋作为"论诗宗旨"的。在他推崇的前代诗人中,唐代有李白、杜甫、韩愈,宋代为苏轼、黄庭坚与陆游,此数人可谓唐宋诗最杰出的代表人物。他编有《五七言今体诗钞》,除收入众多的唐代作家外,还编选了若干宋代诗人的作品,尤以苏轼、黄庭坚、陆游三家为最。在序言中他称赞苏轼为天才,"有不可思议处。其七律只用梦得、香山格调,其妙处岂刘、白所能望哉";推崇黄庭坚"刻意少陵,虽不能到,然其兀傲磊落之气,足与古今作俗诗者澡灌胸胃,导启性灵";表彰陆游"激发忠愤,横极才力,上法子美,下揽子瞻,裁制既富,变境亦多。其七律固为南渡后一人"②。

之所以将"熔铸唐宋"作为"诗论宗旨",是因为在姚鼐看来唐宋诗不仅各有优长,而且还可以相容。他考问应试士子:"七言律诗,明人之论,或主王维、李颀,或主杜子美,而尽斥宋、元诸作者,意亦隘矣。然苏、黄而下,气体实自殊别。意有不袭唐人之貌,而得其神理者存乎?"③显然他觉得尽管唐、宋诗气体殊别,但其神理相通,所以唐、宋诗本质上是可以熔铸为一体的。

至于熔铸唐宋的操作方法,他也有明确的主张。曾向他求学的郭麐在《樗园消夏录》中记载姚氏之语云:"近日为诗当先学七子,得其典雅严重,但勿沿习皮毛,使人生厌。复参以宋人坡谷诸家,学问宏大,自能别开生面。"④为诗先学明代前后七子,复参以苏轼、黄庭坚,就能别开生面。就具体方面来说,姚氏熔铸唐宋之举体现在性情与学力并重,格调与法度兼容。

首先是性情与学力并重。一般认为,唐诗主性情,宋诗重学力,

---

① [清]姚鼐著,刘季高标校:《惜抱轩诗文集·文集》卷四《谢蕴山诗集序》,上海:上海古籍出版社,1992年,第54页。
② [清]姚鼐:《五七言今体诗钞》卷首,清嘉庆刻本。
③ [清]姚鼐著,刘季高标校:《惜抱轩诗文集·文集》卷九《乾隆庚寅科湖南乡试策问五首》,上海:上海古籍出版社,1992年,第139~140页。
④ [清]郭麐:《樗园消夏录》,《续修四库全书》本。

姚氏论诗兼取二者。姚鼐提倡诗歌表达性情,他用形象的比喻批评"今之工诗者"如贵介达官相对,穿戴着华美的衣冠,迈着谨慎的步伐,看上去很美,但却"寡情实"①,这种评价,可以看出他呼唤诗歌表现作者独特真实情感的渴望。正因如此,他对长白永卧冈的《晚香堂集》中诗"情深而体正"之风大加赞扬。对于《诗经》中的怨刺之诗,姚鼐也持肯定的态度:"孔子录《小雅》,怨诽君子风。"司马迁发愤著《史记》,遭后世腐儒的诸多不满,姚鼐却说"美善而刺恶,史笔非不工",肯定太史公"怨诽"的合理性。姚氏论文主张义理、考据与辞章三者的结合,论诗必然注重学力。不过他所重视的学问,要和性情融合在一起。姚氏对翰林密友谢启昆的诗赞叹不已,就在于其诗"空灵骀荡,多具天趣,若初不以学问长者"。谢启昆为小学家,其学问不容置疑,他作诗将学问与性情融合,"非如浅学小夫之矜于一得者"②。重学问而不卖弄学问,这是姚鼐所看重的。性情得于天者,学问出于人为,性情与学力并重,就是"天与人一"。

　　其次是格调与法度兼容。唐诗格高气雄,后世宗唐者多尚格调,明前后七子及清代沈德潜诸人即是。姚鼐企慕具有阳刚之美的雄才,故而论诗重气势,他说:"夫文以气为主,七言今体,句引字赊,尤贵气健。"③为此,他以文为诗,后人评价姚氏之诗时说:"作诗亦用古文之法,七律劲气盘折,独创一格。"④当然,姚鼐崇尚阳刚,并非完全摒弃阴柔之美,正如他所说,一有一绝无,都不是为文的路径。宗唐者末流易入庸滥,宗宋者末流稍涉槎桠,招致后人的诸多批评。姚鼐意识到二者的弊端,故而熔铸唐宋,蕴雄直之气于深婉表述之中,以避末流之失。姚氏主张从格、律、声色这些文之粗者领会神、

---

① [清]姚鼐著,刘季高标校:《惜抱轩诗文集·文集》卷四《吴荀叔杉亭集序》,上海:上海古籍出版社,1992年,第45页。
② [清]姚鼐著,刘季高标校:《惜抱轩诗文集·文集》卷四《谢蕴山诗集序》,上海:上海古籍出版社,1992年,第55页。
③ [清]姚鼐:《五七言今体诗钞》卷首,清嘉庆刻本。
④ 徐世昌:《晚晴簃诗话》卷九十一,北京:中国书店,1988年,第615页。

理、气、味这些文之精者,格、律、声、色又可以通过模拟学习而得,因此,他对明代前后七子并不是一味的蔑弃。他教导弟子,"学诗须从明七子诗入手"①,并编《明七子律诗选》示为准的;他还告诫方东树说:"凡学诗文,且当就此一家用功,良久尽其能,真有所得,然后舍而之他。不然,未有不失于孟浪者。"②出于"天与人一"的理论认识,姚氏注重作诗的法度。前代诗人中,他极为推崇杜甫,正如曾国藩所说:"姚惜抱最服杜公五言长律,以其对仗工,使典切,而其实复纵横如意也。"③在《五七言今体诗钞》中,选杜诗也最多,林昌彝赞其"深知杜法"④,不为虚美。但姚鼐能"由模拟以成真诣"⑤,方东树《昭昧詹言》认为这一点姚鼐是超过刘大櫆的。姚氏论诗注重格调与法度的兼容,就是遵循其由文之粗入文之精的理论追求而来。

姚氏文论、诗论在继承前人尤其是桐城前辈的基础上,又多所创获,故而自成一家。他在各地书院教学四十余年,弟子众多,有此明确的理论指导,故而桐城文学的影响扩大至全国范围,形成声势浩大的桐城派。姚鼐的文学主张,不仅是桐城派的理论支柱,在中国文学史上也占据着重要的地位。

(潘务正)

---

① [清]刘声木撰:《苌楚斋随笔》卷一《论明七子诗》,北京:中华书局,1998年,第9页。

② [清]方东树著,汪绍楹校点:《昭昧詹言》,北京:人民文学出版社,1961年。

③ [清]曾国藩著,王澧华校点:《曾国藩诗文集·题蜕敩斋稿》,上海:上海古籍出版社,2005年,第450页。

④ [清]林昌彝著,王镇远、林虞生标点:《海天琴思录》,上海:上海古籍出版社,1988年。

⑤ 杨钟羲撰集,刘承干参校:《雪桥诗话余集》,北京:北京古籍出版社,1992年。

第十讲

曾国藩与桐城派中兴

曾国藩是继梅曾亮之后的桐城派重要领军人物,与先前的桐城派代表作家不同,曾国藩并不是一个纯粹的文人,而是集文学与事功于一身的政治家、军事家和古文家。他虽非桐城派嫡传,却私淑并继承了桐城先辈的经世传统,在新的历史时期予以发扬,并以镇压太平天国的赫赫军功赢得了"中兴名臣"的殊荣;他以开放的态度开展洋务运动,成为中国近代工业的奠基者;他对优秀传统文化广泛涉猎,孜孜以求,取径较为宏阔,尤其在汉宋之争、骈散之分、华夷之辨上,不偏执一端而有自家立场;他承袭桐城道统、文统而加以改造,写出了一篇化柔为刚、铺张扬厉的大文章,培养了一大批有经世之才的古文家,使清代中期渐有沉落之势的桐城派得以重振,并因此延长了近百年的气运,而他自己也在桐城派发展史上留下了浓墨重彩的一笔,占有十分重要的地位。

一、曾国藩的人生道路与学术交游

曾国藩(1811—1872),原名子城,字伯涵,号涤生。道光十八年(1838)中进士后改名国藩,以国家之屏藩自期。曾国藩祖籍湖南衡阳,清初迁至湘乡县荷塘乡,嘉庆年间其祖父又把家迁至白杨坪。此地坐落在湘乡、衡阳两县的高嵋山下(今属双峰县荷叶镇),地处

第十讲　曾国藩与桐城派中兴

丘陵,"垅峻如梯,田小如瓦"①,虽偏处僻地,但风景十分秀丽。曾国藩曾自豪地宣称:"我家双溪上,万竹围沙湾。凉夜幽篁里,月冷水潺潺。"②谁也不曾想到,这茂林修竹、流水潺潺的清幽之地,竟走出了一位叱咤风云、影响晚清历史的一代重臣。

1. 求学与举业

曾国藩祖辈世代务农,至曾祖父曾竟希时,家资丰饶。而其父曾麟书资质鲁钝,自幼读书,连考十六次,名落孙山。曾国藩是曾麟书的长子,五岁随父读书,九岁读完《五经》,为应科考,学作八股文。十四岁时文章得到父亲好友欧阳凝祉的嘉赏,并决定将女儿许配给他。道光六年(1826),曾国藩参加长沙府试,名列第七。后往衡阳从师汪觉庵先生,不久入本县涟滨书院就读。道光十三年(1833),曾国藩第一次参加科举考试就中了秀才,全家为之高兴,不仅让他完婚,而且将他送到著名的长沙岳麓书院深造。在这所很有影响力的书院里,曾国藩不仅接受了崇尚理学的湖南学风的熏陶,开阔了眼界,而且提高了写作能力与举业水平。入院不久,他即参加乡试,顺利考中举人,而后乘胜进取,去北京参加道光十五年(1835)的会试,谋取更大功名。不料首战失利,遂留在京师,参加第二年举行的恩科会试,仍然落第。曾国藩怀着失望之情怅然南归,在滞留京师期间,曾国藩接触到韩愈古文和一些经史书籍,产生了研读的兴趣。返乡途中,路过江宁,见到书肆出售二十三史,就用借贷和典当衣物的钱买了一部,带回家来,其父见了并未责怪,只是对他说,你借钱买书我不怕,可以尽力想办法替你偿还,如果你能圈点一遍,就算对得住我了。曾国藩牢记父亲的教诲,从此闭门不出,守在家里发奋苦读。他还按照父亲的要求,每天圈点《二十三史》十页,从不轻易间断,这为他养成对历史和古诗文辞的爱好,广泛深入地研究有关

---

① [清]曾国藩著,王澧华校点:《曾国藩诗文集·文集》卷四《大界墓表》,上海:上海古籍出版社,2005年,第405页。

② [清]曾国藩著,王澧华校点:《曾国藩诗文集·诗集》卷二《又赠筠仙一幅》,上海:上海古籍出版社,2005年,第54页。

学术问题打下坚实的基础。所以这次赴京赶考,对曾国藩立志高远和学术志趣的养成影响至深。在道光十五年(1835),曾国藩发出了"匣里龙泉吟不住,问予何日斫蛟鼍"的呼喊,表现了兼济天下的非凡胸襟。

道光十八年(1838),曾国藩重整旗鼓,再次赴京参加会试,中式第三十八名,殿试取三甲第四十二名,赐同进士出身,朝考一等三名,改庶吉士,入翰林院庶常馆深造,道光二十年(1840)一月,庶吉士散馆,列二等第十九名,授翰林院检讨,秩从七品。从此,开始了为期十二年的京官生活。

2. 京师交游

曾国藩的仕途发展极为顺利,到道光二十七年(1847)即超擢内阁学士兼礼部侍郎衔,两年后又升授礼部右侍郎,并于此后四年之中遍兼兵、工、刑、吏各部侍郎。十年七迁,连跃十级,这在当时极为少见,曾国藩对此既感意外,又很得意,在写给弟弟的信中说:"湖南三十七岁至二品者,本朝尚无一人。""近来中进士十年得阁学者,惟壬辰季仙九师,乙未张小浦及予三人。"①曾国藩升迁如此之快,固然因为他才能出众,办事干练,深孚众望,更是他的戊戌年会考座师、道光重臣穆彰阿大力提携的结果。等到咸丰帝即位,穆彰阿因在鸦片战争中丧权辱国而被罢黜,曾国藩也因此失势,虽屡次上奏要求革除弊政,挽救西方列强势力逐步深入、太平天国声势日壮、内忧外患交相煎迫的大清帝国命运,却不被朝廷采纳,甚至因为"好直谏,议事数与诸公贵人不和。诸公贵人见之,或引避,至不与同席,公亦视之如无也"。②

曾国藩在官场上得失参半,但他的学术与诗文功底却日益精进,个人声望也与日俱增。在师友们的引导与启发下,他潜心于学

---

① [清]曾国藩著,钟叔河整理校点:《曾国藩家书·与弟书》,长沙:湖南大学出版社,1989年,第161页。
② [清]黎庶昌:《拙尊园丛稿》卷三《曾太傅毅勇侯别传》,清光绪二十一年(1895)金陵状元阁刻本。

问,目光渐趋开阔,治学旨趣贯注于修齐治平、体用合一之中,立志做一名经世的通才大儒,而非株守饾饤之学的俗儒。的确,只有走出湖南,来到京师,曾国藩才真切地感受到"京师为人文渊薮,不求则无之,愈求则愈出"。先后结识吴竹如、窦兰泉、冯树堂、吴子序、邵蕙西、何子贞、汤海秋、黄子寿、王少鹤、朱廉甫、吴莘畬等人,可见,曾国藩在京师交游广泛,颇著声望了。

曾国藩受邵懿辰的影响,接触理学思想。在邵懿辰的推荐下,曾国藩研读张英《聪训斋语》,十分佩服,以其为训子教材。曾国藩治理学的真正老师是理学家唐鉴(1778—1840)。道光二十一年(1841),曾国藩向唐鉴请教修身之要和读书之法,唐鉴以《朱子全书》示之,让曾国藩茅塞顿开。在唐鉴的引荐下,曾国藩又向理学大师倭仁求教,按照他的要求写修身日记,每天静坐半个时辰,反省自己各种不合圣道的思想和行为,并记录下来,送请倭仁批阅,并拿给一班理学同道阅读。他按唐鉴传授的方法读书,与吴廷栋、何桂珍、窦垿等理学师友交游,讨论理学修身问题,以理学道义相互砥砺。

曾国藩起初对考据学抱轻视态度,直到道光二十六年(1846)受其友汉阳刘传莹影响,学术兴趣才发生转移。据黎庶昌考察,这年"夏秋之交,公病肺热,僦居城南报国寺,闭门静坐,携金坛段氏所注《说文解字》一书,以供披览。汉阳刘公传莹精考据之学,好为深沉之思,与公尤莫逆,每从于寺舍,兀坐相对竟日。刘公谓近代儒者崇尚考据,敝精神费日力而无当于身心,恒以详说反约之旨交相勖勉"①。未几,刘传莹遽然而逝,曾国藩异常悲痛。通过与刘传莹的交往,曾国藩懂得考据学,弥补了学识上的短板与不足,也使他能从小学、训诂上解读古人文章的"用意行气"。他认为,自宋以后,能文章者不通小学,清代以来,诸儒通小学者又不能文章。而"观汉人词章,未有不精于小学训诂者",如司马相如、扬雄、班固及司马迁、韩

---

① [清]黎庶昌撰,梅季标点:《曾国藩年谱》,长沙:岳麓书社,1986年,第10~11页。

愈五家之文,"精于小学训诂,不妄下一字也",自当效法。① 曾国藩心目中的治学境界,是能"以精确之训诂,作古茂之文章"②。他由于久事戎行,不能达到这种境界,常引为憾事。

  曾国藩用力诗歌古文是在成年之后。他自称"少时天分不甚低,厥后日与庸鄙者处,全无所闻,窍被茅塞久矣。及乙未(1835)到京,始有志学诗古文并作字之法,亦洎无良友"③。他钻研古文依靠的范本,还只是《十家文选》《斯文精华》《制艺存真集》等几部书。他最早接触桐城古文,是"自庚子(1840)以来,稍事学问,涉猎于前明、本朝诸大儒之书,而正克辨其得失。闻此间有工为古文诗者,就而审之,乃桐城姚郎中鼐之《绪论》,其言诚有可取,于是取司马迁、班固、杜甫、韩愈、欧阳修、曾巩、王安石及方苞之作悉心读之"④。曾国藩于桐城三祖,对方苞间有微词,于刘大櫆评价不高,独尊崇姚鼐,认为姚鼐《古文辞类纂》为古文最佳选本,常常研读,认真圈点,并自言:"国藩之粗解文章,由姚先生启之也。"⑤由于曾国藩未曾跟随桐城派大家学文,只能算是姚鼐的私淑弟子。

  曾国藩入京时,姚鼐的高徒梅曾亮正在京师讲授桐城义法并广收弟子,影响及于鼎盛的时期。作为晚辈,曾国藩对梅曾亮尊敬有加,但接触甚少。曾国藩在《致刘传莹》中云:"梅言翁相见尤少,蕙

---

  ① [清]曾国藩著,钟叔河整理校点:《曾国藩家书·教子书》,长沙:湖南大学出版社,1989年,第494页。
  ② [清]曾国藩著,钟叔河整理校点:《曾国藩家书·教子书》,长沙:湖南大学出版社,1989年,第509页。
  ③ [清]曾国藩著,钟叔河整理校点:《曾国藩家书·与弟书》,长沙:湖南大学出版社,1989年,第116页。
  ④ [清]曾国藩:《曾国藩全集》第二十一册《书信·致刘蓉》,长沙:岳麓书社,1994年,第5页。
  ⑤ [清]曾国藩著,王澧华校点:《曾国藩诗文集·文集》卷三《圣哲画像记》,上海:上海古籍出版社,2005年,第292页。

西言其近为诗文甚夥。"①其《赠梅伯言二首》中称颂梅氏"单绪真传自皖桐,不孤当代一文雄"②。道光二十九年(1849)八月,梅曾亮自京师徙居金陵,曾国藩作诗三首相送,其第三首云:"文笔昌黎百世师,桐城诸老实宗之。方姚以后无孤诣,嘉道之间又一奇。"③在称许梅氏文章及其崇高地位的同时,也流露出自己对古文创作的自信和光大古文传统的抱负。

曾国藩在京师为宦,仕途顺达,一路升迁至二品,虽未有突出政绩,但在治学方面收获颇丰。通过和京师名士的广泛交游与相互砥砺,他打通了理学、经学、古文之间的学术联系,"务为通儒之学,由是精研百氏,体用赅备,名称重于京师"④。

3. 幕府人才

咸丰二年(1852)六月,曾国藩得江西乡举试差,并获准事毕回家探亲。南下至安徽太湖小池驿时,接其母江氏去世讣闻,即由九江乘船西上回籍奔丧。此时,太平军如滚滚洪流,势不可挡,各地驻军或一触即溃,或望风而逃,绿营兵的腐败无用暴露无遗,而地方团练武装以其强大的战斗力越来越受到朝廷的重视。咸丰二年(1852)十一月,曾国藩被任命为湖南团练大臣,协同湖南巡抚办理团练,以平定当地农民暴乱,抵抗太平军的进攻。从此,曾国藩开始了镇压农民起义的戎马生涯。他创建湘军,纵横赣、皖、苏、浙之间,战功卓著,于咸丰十年(1860)升任两江总督,同治三年(1864),攻占太平天国首都天京,受封一等侯爵。同治四年(1865)五月,奉

---

① [清]曾国藩:《曾国藩全集》第二十一册《书信》,长沙:岳麓书社,1994年,第15页。
② [清]曾国藩著,王澧华校点:《曾国藩诗文集·诗集》卷三《赠梅伯言二首》,上海:上海古籍出版社,2005年,第57页。
③ [清]曾国藩著,王澧华校点:《曾国藩诗文集·诗集》卷四《送梅伯言归金陵三首》,上海:上海古籍出版社,2005年,第96页。
④ [清]黎庶昌:《拙尊园丛稿》卷三《曾太傅毅勇侯别传》,光绪二十一年(1895)金陵状元阁刻本。

命北上剿捻,屡遭失败,两年后回任两江总督。同治七年(1868)授武英殿大学士,调任直隶总督。同治九年(1870)奉旨查办"天津教案",遵从清朝最高统治者的意旨,一味委曲求全,媚外求和,招致举国上下谤讥纷纷,积年清望扫地以尽,不得已再回两江,两年后病逝,谥"文正"。

曾国藩以一介书生用兵,而能功成名就,所依仗者一是以朴实忠厚的湖湘子弟为主体的湘军,二是拥有各类人才以供所需。自咸丰三年(1853)在衡阳开幕取士,招揽天下英才,二十年间,多方访求人才,萃于幕府。凡道德堪称楷模,文章足为人师,韬略可用于战阵,资财能补于当前者,尽皆延揽。选才时不拘一格,不求全责备,凡于兵事、饷事、吏事、文事有一长者,不论地域、门第、冠戴、资历和年龄,无不优加奖借,量材录用,不因微瑕而弃有用之才。薛福成说:"曾国藩知人之鉴,超轶古今。或邂逅于风尘之中,一见以为伟器;或物色于形迹之表,确然许为异材。平日持议,常谓天下至大,事变至殷,决非一手一足之所能维持,故其振拔幽滞,宏奖人杰,尤属不遗余力。""其在籍办团之始,若塔齐布、罗泽南、李续宾、李续宜、王鑫、杨岳斌、彭玉麟,或聘自诸生,或拔自陇亩,或招自营伍,均以至诚相与,俾获各尽所长。内而幕僚,外而台局,均极一时之选。"①虽然随着战争形势和曾国藩个人地位的变化,曾国藩幕府呈现形成、发展、鼎盛、萎缩四个不同阶段,但其幕府机构之多、人员之众、声望之高、影响之大,是同时代李鸿章、张之洞等人的幕府难以企及的。

曾国藩幕府中文人最多,不少人有进士、举人功名,他们拼命读书,潜心著述,这种学术氛围为清末其他幕府所不及,这主要得益于曾国藩的营造和培育。曾国藩治军之暇,常与其幕僚问学论道,和诗酬文,幕府中还设立了属于思想文化性质的采访忠义局、编书局,

---

① [清]薛福成:《庸庵文编》卷一《代李伯相拟陈督臣忠勋事实疏》,《续修四库全书》本。

多方延揽加悉心培养,以至曾幕中文苑精英、宿学名儒荟萃。以文学成就而言,武昌张裕钊、桐城吴汝纶、无锡薛福成、遵义黎庶昌号称"曾门四弟子",此外,郭嵩焘、吴嘉宾、刘蓉、莫友芝、孙衣言、张文虎、方宗诚、徐子苓、吴敏树、赵烈文、王柏心等皆以古文名世。浏览曾国藩《日记》,随处可见他与幕宾谈文论艺、雅集赋诗的文事盛况,也可见曾国藩不仅是一代古文宗师,而且善于讲授传道,堪为良师。薛福成回忆:"文正每治军毕,必与群宾剧谈良久。"①对于文才出众,可堪造就者,曾国藩更加留意培养。

然而,由于曾国藩的主要身份是政治家和洋务运动的领袖,他不以文士自期,亦不以文士期诸僚友,他们之间谈论最多的是经世之学,并不专心致力于文辞。曾国藩幕府与他后半生文学和事功密切相连,随着他的长逝,幕府人物风流云散,但薪尽火传,他所开创的洋务事业有李鸿章、左宗棠、张之洞等人继承,而他的古文事业,更有"曾门四弟子"发扬光大。

二、曾国藩对桐城派的继承与改造

曾国藩是在近代继承与改造桐城派并使它气象更新、流衍发展的重要人物。虽然他在京师时与梅曾亮有所交往,但未曾从游拜师,算不上梅门弟子。他之所以被称为"桐城派古文的中兴大将",一是他自己论文以姚鼐为宗,以桐城为派,并作《欧阳生文集序》立论标榜;二是他身后以"四大弟子"为代表的门人大力揄扬;三是与他的政治地位有关。正如关爱和所言:"跟随梅曾亮学古文义法的弟子虽众,但大多在文坛上默默无闻,不足以当主坛坫、执牛耳之重任,轰烈一时的桐城事业,由全盛走向衰微。这时援以手臂并促使桐城派中兴的,是在镇压太平天国起义中逐渐成为炙手可热的人物

---

① [清]薛福成:《庸庵文编》卷三《跋曾文正公手书册子》,《续修四库全书》本。

曾国藩。"①虽然曾国藩的文名鼎盛与他官高位显、功勋卓著,备受时人及后来者推崇有关,但如果没有深厚的文学功底,没有振兴桐城派的实际贡献,人们也不会把他列入桐城派阵营并给予极高的评价。从岳麓书社推出的《曾国藩全集》来看,虽然曾国藩的诗文创作成就比不上其文论方面的建树,但置之于同时代文学家阵容之中,亦不愧为名师大家。

1. 曾国藩的理论建树

中国近代社会剧烈动荡,内忧外患纷乱交织,新旧事物夹缠纠结,作家的生存环境和内心冲突复杂多变。这一切,给从河清海晏、相对和平的康乾时期一路走来的桐城派提出了严峻的课题,抱残守缺必将烟消云散,求变求新才能走得更远。当此之际,能够担此重任者,必须有继承传统的意愿和超越传统的才能,必须对不断变化的世情、社情、民情有宏观的了解,对文学的本质和价值有深刻的认识,才能对桐城派加以继承与弘扬,引领它走向新境界。曾国藩恰恰是那个时代最适合担此大任者,而他也没有辜负时代赋予的使命。就其理论贡献而言,大体表现在以下四方面。

第一,以"经济"与"义理、考据、辞章"相提并论。桐城派代表作家中,刘大櫆于《论文偶记》中将"经济"独立一项,与义理、书卷、文章并列而论,姚莹提出"义理、经济、文章、多闻",但影响不大。只有姚鼐提出的"义理、考据、辞章"之说,后世多称颂不已,遵循不渝,至曾国藩时,乾嘉时期的"考据学"一变而为"致用之学",自魏源、贺长龄修纂的《皇朝经世文编》告成,"三湘学人,诵习成风,士皆有用世之志"②。曾国藩受其影响,早有经世之志,并且把流行一时的"经济"思潮放到文论中来,与姚鼐的"义理、考据、辞章"巧妙结合:"为学之术有四:曰义理,曰考据,曰辞章,曰经济。义理者,在孔门为德

---

① 关爱和:《桐城派的中兴、改造与复归——试论曾国藩、吴汝纶的文学活动与作用》,载《文学遗产》,1985年第3期。
② 黄濬著,霍慧玲点校:《花随人圣庵摭忆》(一),太原:山西古籍出版社、山西教育出版社,1999年,第335~336页。

行之科,今世目为宋学者也;考据者,在孔门为文学之科,今世目为汉学者也;辞章者,在孔门为言语之科,从古艺文及今世制义、诗赋皆是也;经济者,在孔门为政事之科,前代典礼、政书及当世掌故皆是也。"在这里,曾国藩将"义理、考据、辞章、经济"十分妥帖地与"孔门四科"对应起来。将义理与经济相合,以义理来规范经济,使经济在义理的轨道上运行;以经济充实义理,不使义理蹈空而落不到实处。再以考据济其谨严,以辞章广其流传,文章就会充实、饱满而能经世致用。这一独具匠心的新组合,显示出曾国藩目光远大,在一定程度上补救了桐城派空疏之弊。

"言之无文,行之不远"。过于讲求经济,强调反映现实生活,或者过于讲求义理,一味强调思想的表达,都可能使文章质木无文,淡而无味。因受唐鉴、倭仁、吴廷栋等师友的影响,曾国藩最初遵循"文以载道"的传统观点,认为文与道应当合而为一,作文应以阐发程朱义理为最终目的。随着认识的不断提高,时势环境的不断变化,他认为文与道也可彼此分离,展示各自的特点和不同的风格。曾国藩认为"古文"如果染上道学家陈腐气息,通篇讲大道理,文章就会千篇一律,枯燥寡味,丧失其文学价值和"怡悦"功能,因此应在辞章上下功夫,注意发挥自己的个性,"扫荡一副旧习,赤地新立"。

第二,区分阳刚、阴柔而崇尚阳刚。曾国藩赞同姚鼐在《复鲁絜非书》中提出的文章风格有"阳刚"与"阴柔"之美的论述,认为天地之间的文章,大抵不出乎这两大美学范畴。曾国藩将文境之美按阳刚、阴柔各析分为四:"余昔年尝慕古文境之美者,约有八言:阳刚之美曰雄、直、怪、丽,阴柔之美曰茹、远、洁、适。蓄之数年,而余未能发为文章,略得八美之一以副斯志。"他又分别把其中每个字的含意,用四句话十六个字加以概括,称为"十六字赞",作为注释:

雄:划然轩昂,尽弃故常;跌宕顿挫,扣之有芒。
直:黄河千曲,其体仍直;山势若龙,转换无迹。
怪:奇趣横生,人骇鬼眩;《易》《玄》《山经》,张韩互见。
丽:青春大泽,万卉初葩;《诗》《骚》之韵,班扬之华。

茹：众义辐辏，吞多吐少；幽独咀含，不求共晓。
远：九天俯视，下界聚蚊；寤寐周孔，落落寡群。
洁：冗意陈言，类字尽芟；慎尔褒贬，神人共监。
适：心境两闲，无营无待；柳记欧跋，得大自在。①

为了更好地说明阳刚、阴柔的文章风格，曾国藩编选了《古文四象》5卷，所录各类文章按风格分类。他以宋代邵雍分阴阳为太阳、太阴、少阳、少阴四象之说，将气势、识度、趣味、情韵与之对应分配，谓之四象。四象中又可细分，太阳气势中分喷薄之势与跌宕之势；少阳趣味中分诙谐之趣与闲适之趣，太阴识度中分闳阔之度与含蓄之度；少阴情韵中分沉雄之韵与凄恻之韵。纵观古文选本，如此分类者唯此一家。吴汝纶对此赞叹不已："自吾乡姚姬传氏以阴阳论文，至公而言益奇，剖析盖精，于是有'四象'之说。又于四类中各析为二类，则由四而八焉。盖文之变，不可穷也如是。至乃聚二千年之作，一一称量而审定之，以为某篇属太阳、某篇属少阴，此则前古无有，真天下瑰玮大观也。顾非老于文事者骤闻其语，未尝不相与惊惑。"②吴汝纶这番话，正说明曾国藩阳刚阴柔的文章风格论与姚鼐一脉相承而又有所创新。

第三，作诗、作古文应当"情理并重"，反对空谈义理。曾国藩强调作诗作文都要有真情实感，发自内心，自然流露。他反对造辞选字模仿古人，被所谓的"法"捆绑住手脚。他说："若其不俟摹拟，人心各具自然之文，约有二端：曰理，曰情。二者人人之所固有，就吾所知之理，而笔诸书而传诸世，称吾爱恶悲愉之情，而缀辞以达之，若剖肺肝而陈简策，斯皆自然之文。"虽然情能生文，文能引声，但要入情入理，首先必须感情真诚，同时也重视读书积理之功。正所谓：

---

① ［清］曾国藩著，梧桐整理：《曾国藩文集·日记》"同治四年正月廿二日"，北京：海潮出版社，1998年，第375页。

② ［清］吴汝纶撰，施培毅、徐寿凯校点：《吴汝纶全集·文集》卷四《记古文四象后》，合肥：黄山书社，2002年，第301～302页。

"作诗文,有情极真挚,不得不一倾吐之时,然必须平日积理既富,不假思索,左右逢源,其所言之理,足以达其胸中至真至正之情,作文时无镌刻字句之苦,文成后无郁塞不吐之情,皆平日读书积理之功也。若平日酝酿不深,则虽有真情欲吐,而理不足以适之,不得不临时寻思义理;义理非一时所可取办,则不得不求工于字句;至于雕饰字句,则巧言取悦,作伪日拙,所谓修词立诚者,荡然失其本旨矣!以后真情激发之时,则必视胸中义理何如,如取如携,倾而出之可也。不然,而须临时取办,则不如不作,作则必巧伪媚人矣。"①为文如果没有真感情,胸中没有义理的积累,勉强命笔,必然"巧伪媚人",倒不如不作。这是曾国藩的创作心得,也是他为人处事以诚为贵价值观的体现,常言道:文如其人,见人知文,强调的即是个人自身修养和学识水平。

第四,注意古文创作方法的探索与总结。曾国藩学习古文,兴趣高,用功深,创作体会自然深切。他认为作文之法从实践中来,前人成法可以借鉴,但不能因袭,否则写作能力难以提高。他说:"窃闻古之文,初无所谓'法'也。《易》《书》《诗》《仪礼》《春秋》诸经,其体势声色,曾无一字相袭,即周秦诸事,亦各自成体。"②虽然如此,曾国藩对创作古文的方法进行了不懈探索,提出了许多独到见解。

曾国藩继承韩愈以来古文家以气论文、因声求气的理论,主张作文以行气为第一要义,作文之法,"全在'气'字上用工夫"③。怎样的文章才算有气势?曾国藩以书法为例,进行了生动的解说:"文字之有气势,亦犹书家之有黄山谷、赵松雪辈,凌空而行,不必尽合于理法,但求气之昌耳。故南宋以后文人好言义理者,气皆不盛。大

---

① [清]曾国藩著,梧桐整理:《曾国藩文集·处世金针》"道光二十二年二月十七日日记",北京:海潮出版社,1998年,第483~484页。
② [清]曾国藩著,王澧华校点:《曾国藩诗文集·文集》卷四《湖南文征序》,上海:上海古籍出版社,2005年,第411页。
③ [清]曾国藩:《曾国藩全集》第十六册《日记》"咸丰十一年十一月初八",长沙:岳麓书社,1994年,第682页。

抵凡事皆宜以气为主，气能挟理以行，而后虽言理而不厌，否则气既衰苶，说理虽精，未有不可厌者。犹之作字者，气不贯注，虽笔笔有法，不足观也。"①在曾国藩心目中，气最可贵，它贵于理、贵于法，所以从少年习文时，就不应在文字揣摩上打转转，而应追求气象峥嵘，蓬蓬勃勃，如釜上之气。这种气势还并不局限于古文，时文、墨卷亦应讲求。曾国藩对文章气势的要求，对光明俊伟气象的推重，与他崇尚阳刚的审美观相一致，登高望远，绝去依傍，文境方高。舍此，纵然章法纯熟，却不能力去陈言，戛戛独造，终究算不得大家、名家。

曾国藩以行气为文之本，而以文之要即字句、段落与篇章结构为文之末。要使自己的文章具有阳刚之美、雄奇之气，关键在于行气，其次才是选字、选句。他说："雄奇以行气为上，造句次之，选字又次之。然未有字不古雅而句能古雅，句不古雅而气能古雅者。亦未有字不雄奇而句能雄奇，句不雄奇而气能雄奇者。是文章之雄奇，其精处在行气，其粗处全在造句选字也。"②

关于谋篇之法，曾国藩认为："古文之道，谋篇布势是一段最大工夫。"③有感于《书经》《左传》不善谋篇，以至一篇之中，实处少而空处多，正面少而旁面多，文章精神不够专注，曾国藩心有所悟，"思作古文之道，布局须有千宕万壑、重峦复嶂之观，不可一览而尽，又不可杂乱无纪"④。

关于造句之法，曾国藩自有新见，他说："造句约有二端：一曰雄奇，一曰惬适……雄奇者，得之天事，非人力所可强企。惬适者，诗

---

① [清]曾国藩：《曾国藩全集》第十六册《日记》"同治五年十月十四日"，长沙：岳麓书社，1994年，第1310页。

② [清]曾国藩：《曾国藩全集》第十九册《家书·谕纪泽》，长沙：岳麓书社，1994年，第629页。

③ [清]曾国藩：《曾国藩全集》第十六册《日记》"咸丰九年八月初九日"，长沙：岳麓书社，1994年，第408页。

④ [清]曾国藩：《曾国藩全集》第十六册《日记》"咸丰十年十月初二日"，长沙：岳麓书社，1994年，第542页。

书酝酿,岁月磨炼,皆可日起而有功。惬适未必能兼雄奇之长;雄奇则未有不惬适者。"①还强调"无论古今何等文人,其下笔造句,总以珠圆玉润四字为主"。珠圆玉润需要广泛阅读背诵、细心含蕴体会,经常动笔作文,才有可能做到,非独造句而已。

总之,曾国藩一生于古诗文用力最勤,钻研最深。他的文论思想,承袭前人特别是桐城派前辈大师刘大櫆、姚鼐、梅曾亮等人较多,但也有不少独到之见。他于理学、经学、辞章学、经世之学皆有造诣,又致身通显,高居权力中枢,目光自然阔大,气势更为恢宏,故其对此前桐城派平淡浅弱的文风颇为不满,以雄奇之气矫正之,并编选《经史百家杂钞》,不仅更易姚鼐《古文辞类纂》的编纂体例,而且选文不限于文辞之美,敢于突破《文选》以来总集不收经、史、子的惯例,扩大了总集的收录范围,体现了曾氏所要求的阳刚奇崛的古文特色。在古文理论的传播上,由于他的见解从自身实践中来,并通过谈话、日记、书信、序言等形式表达出来,不仅语言较为平实亲切,而且思想鲜活畅达,易于理解,便于运用,故能广泛流传。这也奠定了曾国藩在桐城派中承上启下、变革振兴的重要地位。

2. 曾国藩的古文创作

曾国藩不仅是一位文学批评家、文艺鉴赏家,也是一位在诗文两方面都颇有成就的诗人和古文家。虽然他的创作成就比不上其理论上的贡献,但考虑他一生并不专为诗文,有这样的成就已是非常难得。曾国藩对自己的创作表面上打分不高,骨子里却有那么一分自信。他佩服汉唐诸名家的文章,而对明清两代如归有光、方苞、姚鼐、梅曾亮等古文大家皆有微词。虽然如此,但是他从这些前辈作家身上汲取了不少创作营养,也试图在自己的创作中克服他所认为的前辈作家为文之不足,如笔力浅弱、缺少气势、罕有奇趣等。他当然不能高自标榜,而是时常谦抑示人。在他逝世后四个月,黎庶

---

① [清]曾国藩:《曾国藩全集·诗文·笔记二十七则》,长沙:岳麓书社,1994年,第373页。

昌编辑的《曾文正公文钞》便在苏州刊印行世。半年之后，又有方宗诚编印曾氏《求阙斋文钞》之事。稍后即有湖广总督李翰章列名总纂、其子曾纪泽实际主持的传忠书局刊印之《曾文正公全集》问世。近人刘声木推出辑佚本《曾文正公集外文》，因粗疏失考影响有限。真正的全编"足本"，应是岳麓书社于1994年出齐的《曾国藩全集》30册，共1500多万字。2011年，岳麓书社又将来自台湾的曾国藩奏稿、批牍等四五十万字内容补入，重新修订出版，收集曾氏著作更为完备。

曾国藩论文，于《史记》《汉书》和韩愈、柳宗元外，兼及庄骚汉赋，因此他的古文虽由姚鼐启之，但其文章气象非桐城诸老所能规模。吴汝纶指出："桐城诸老，气清体洁，海内所宗，独雄奇瑰玮之境尚少……曾文正公出而矫之，以汉赋之气运之，而文体一变。故卓然为一代大家。"①薛福成更是直言："文正一代伟人，以理学经济发为文章，其阅历亲切，迥出诸先生上，早尝师义法于桐城，得其峻洁之诣……故其为文，气清体闳，不名一家，足与方、姚诸公并峙，其尤峣然者，几欲跨越前辈。"②吴汝纶、薛福成都提到曾国藩与桐城诸老的联系与区别，而谀扬曾氏未免太过。

事实上，在曾国藩生前与身后，对其推崇备至，甚至有顶礼膜拜之情的多是他的门生故吏和友人。但随着时间的流逝，对其古文的评价也传出不同的声音。刘声木说："湘乡曾文正公国藩工古文学，在国朝人中，自不能不算一家。无奈后人尊之者太过，尤以湘人及其门生故吏为尤甚，言过其实，迹近标榜，亦非曾文正公本意。实则曾文正公古文，气势有余，酝酿不足，未能成为大家。亦以夺于兵事吏事，不能专心一志，致力于文，亦势所必至，理有固然，亦不必曲为

---

① ［清］吴汝纶著，施培毅、徐寿凯校点：《吴汝纶尺牍·与姚仲实》，合肥：黄山书社，1990年，第34页。
② ［清］薛福成：《庸庵文编·庸庵文外编》卷二《寄龛文存序》，《续修四库全书》本。

之讳也。"①持论可谓公允。评价一位作家,当然要以其作品说话。通览曾氏全集,不难看出,他的古文创作实绩虽然称不上丰厚,但在艺术方面基本上继承了桐城派有物有序并重,典雅精洁兼具的传统,同时也有自己的面目。第一,气势包举,骏快激昂。曾国藩身处高位,阅历极深,见识宏通,又一直追求雄奇万变的审美趣味,因此下笔为文,气势自非一般文人可比,高声朗读,自有一种凌越古今之气,百川归海之势。第二,剪裁得体,匠心独具。曾国藩的文章,对材料要求极高。从其日记来看,他每作一文总要广泛搜集材料,认真阅读,严格取舍,因此作文虽少,但无不精于构思,细心剪裁。第三,行文简洁,骈散杂用。曾国藩文尚阳刚,文求奔放,但语言并不拖沓,造句追求凝练,他的阳刚来自气盛理充,至于行文,则简洁而有力度,且并不排斥骈文,常引骈入散,奇偶错综,达到言语铿锵、富有情韵的艺术效果。第四,修辞立诚,戒绝大言。曾国藩尊礼,主张修辞立其诚,不妄言,不说谎,讲求性情之真;他所作江忠源、罗泽南等挚友神道碑,事既可信,又因同甘共苦,辗转百战,叙述尤为真挚。

除了古文,曾国藩的奏议也为世人所重,不仅内容上大大扩展了桐城古文的范围,艺术表现上也有可取之处。近人李慈铭言:"文正一代伟人,奏议剀切详明,规画周正,皆足千古,然最佳者,咸丰初官礼部侍郎时,《遵义大礼疏》《应诏陈言疏》《敬陈圣德疏》三首。危言至计,深有古大臣风。"②除了奏议,曾国藩于碑志也堪称是大手笔,"铭词实大声宏,极擅阳刚之美,而情韵尤富"。虽然有人认为曾国藩奏议他人捉刀者居多,古文又有举业痕迹,但总体而言,曾氏奏议以初期为佳,而古文愈晚愈精,这一方面因为他的勤于练笔,功底日深;另一方面,因其幕府中古文家众多,相互间切磋揣摩,取长补短,进步当然更快。

---

① 刘声木:《苌楚斋随笔续笔三笔四笔五笔·续笔》卷六,北京:中华书局,1998年,第355页。
② 徐凌霄、徐一士著:《凌霄一士随笔》(四),太原:山西古籍出版社,1997年,第1304页。

曾国藩于古文尊桐城，尤尊方、姚；为文出以光明俊伟之心，不虚饰，不媚俗，同时从善如流，重视修改。如此方能在姚鼐等人学术主张的基础上加以改造，自开新境，有所成就。

三、深受曾国藩影响的作家群体

曾国藩门下文士众多，或为入室弟子，或兼师友之谊，但文名鼎盛者首推张裕钊、吴汝纶、黎庶昌、薛福成四大弟子，"均以古文鸣，黎、薛兼师其经济，张、吴则最致力于文章"。而曾国藩于古文传人，属望于张者最殷，时加指点，促其进步。曾氏论古文，喜谈诙诡之趣，张氏亦致力于此。"吴于古文，所造实不亚于张。黎、薛二氏，虽功候稍浅，而亦各有所得，就大体言之，亦勉可颉颃张吴，若夫追跻曾氏，则四人均苦未能耳"①。其实，除了四大弟子外，曾国藩朋友和幕宾中尚有不少能文之士。

邵懿辰(1810—1861)，字位西，浙江仁和人，道光十一年(1831)举人。官内阁中书、刑部员外郎，入直军机处，与梅曾亮、朱琦等交游。他是曾国藩的老朋友，相交二十余年。咸丰五年(1855)五月，受曾国藩之托，联络浙江、江西两省士绅协同办理浙盐行销江西事宜，为湘军筹集饷资。八月，又奉命赴江西会商饷盐事务。咸丰十一年(1861)十二月底，太平军攻占杭州，三日不食，"骂贼遇害"，曾国藩闻讯，至为悲痛，作《仁和邵君墓志铭》，评价"位西之学，初以安溪李文贞公、桐城方侍郎为则，摈斥近世汉学家言。为文章，务先义理，不事褥色繁声，旁征杂引，以追时好"。又"博览国故朝章，其文益奥美盘析，亦颇采异己之说以自广。询访高才秀士，折节造请，交誉互证，酬恣而不厌，狎习而弥虔"②。吴敏树亦与之交厚，"大抵其于诗文，超悟古人神理高处，圆妙变动，不可提执，至其语道理人事

---

① 徐凌霄、徐一士著：《凌霄一士随笔》(一)，太原：山西古籍出版社，1997年，第163～164页。
② [清]曾国藩著，王澧华校点：《曾国藩诗文集·文集》卷三《仁和邵君墓志铭》，上海：上海古籍出版社，2005年，第339页。

截然尺寸,余甚亲而畏之"①。邵懿辰文学有此成就,赖其学方苞确有心得。他曾抄方苞奏议并作序,表示"他日当益搜先生遗文,重刻以惠学者,庶表区区私淑之志云"②。

孙衣言(1814—1894),字克绳,号劭闻,一号琴西,浙江瑞安人。道光三十年(1850)进士,改庶吉士,授翰林院编修,入直南书房。曾游曾国藩幕,历任安徽按察使、江宁布政使、太仆寺卿,曾主紫阳书院,罢官后设立诒善家塾,招引好学文章之士,专授举业,亲自督课。咸丰初年(1851),英法联军侵犯天津,孙衣言两次疏请速定战议,所言兵事甚为切当。孙衣言于同治二年(1863)三月由曾国藩奏调入幕,委办营务。受其委派,会同江苏藩司张兆栋主持江宁报销总局,办理"剿捻"期间湘、淮军军费报销事宜。曾国藩逝世后,孙衣言撰联盛赞其功业文章:"人间论勋业,但谓如周召公、唐郭子仪,岂知志在皋夔,别有独居深念事;天下诵文章,殆不愧韩退之、欧阳永叔,却恨老来缇辖,更无便坐雅谈时。"论学宗宋儒,尤喜网罗乡先辈轶事。其古文学梅曾亮,守方、姚绪论,"其为文意近而势远,气直而笔曲,词浅而旨深,反复驰骋,以曲尽事理,为吴德旋嗣音,诗亦高迈,奇崛生硬,出自山谷"③。其《演下村居记》笔触细腻,传为名篇。

刘蓉(1816—1873),字孟蓉,号霞仙,湖南湘乡人。诸生。少负奇气,不事科举,与曾国藩、罗泽南力求程朱之学,通晓古今因革损益、得失利病,慨然有用世之志。太平军兴,治团练于里中。后从军转战湖北、江西、四川、陕西等地。历官四川布政使、陕西巡抚。后因所率30营在灞桥惨败于张宗禹的西捻军,被革职回籍。罢官回乡后,筑"玩易阁",以著书自娱,足不出庭户七年。刘蓉"性沉毅,而阔达开朗,倾诚与人,一无隐饰。至其临大敌,决大计,从容淡定,内

---

① [清]吴敏树撰,张在兴校点:《吴敏树集·柈湖文录》卷八《梦二友辞》,长沙:岳麓书社,2012年,第481页。
② [清]邵懿辰《邵钞奏议序》,见[清]方苞著,刘季高校点:《方苞集》附录三《各家序跋》,上海:上海古籍出版社,2008年,第911页。
③ 刘声木:《桐城文学渊源考》卷七,合肥:黄山书社,1989年,第254页。

断之心,人莫测公所为,相顾惊疑。事定,乃大服"①。他与曾国藩是岳麓书院同窗,交好数十年,两人又为儿女亲家,学术上相互切磋,官场上相互倚重,时有唱和,堪称知己。道光十八年(1838),考中进士,进入翰林院的曾国藩给远在家乡的刘蓉寄去诗作一首,其中曰:"宁知弟昆好,忍此四年别? 四年亦云已,万事安可说! 昔者初结交,与世固殊辙。垂头对灯火,一心相媚悦。炯然急难情,荧荧光不灭。"②思念之情溢于辞间。刘蓉以为文章为"载道之器,济治之方,非特记诵词章之谓",应关系世道人心,并"在乎积理而炼识"。他是桐城后学中突出的重道轻文者,以致认为"记诵之学,止于丧志;而词章之学,终至于丧德"。他自己的文章,渊懿畅达,好议论,然识见博大而平实,文气深稳,多养道之言。

孙鼎臣(1819—1859),字子余,号芝房,湖南善化人。道光二十五年(1845)进士,改翰林院庶吉士,授编修。咸丰二年(1852)擢侍读,充日讲起居注官。后因言事得罪而归,主石鼓书院。少即能文,被誉为"神童"。后广泛读书,且不屑以文人自居,"益深考古今学术政教治乱所由,及盐漕钱币河渠兵制诸大政,事实利害,而察其通变所宜,与其所不可者,为书论数十篇"③。曾国藩曾为其《刍论》作序,赞其"志大而锐进"。孙鼎臣初工骈文,后学古文于梅曾亮,专效欧阳修、曾巩及归有光,所作古文"词旨明健,已绝去六朝婠婀之习"④。后期则骨格矜重,而出之纯浑流丽。

李元度(1821—1887),字次青,一字笏庭,自号天岳山樵,晚更

---

① [清]郭嵩焘著,杨坚点校:《郭嵩焘诗文集·文集》卷十九《陕西巡抚刘公墓志铭》,长沙:岳麓书社,1984年,第390页。

② [清]曾国藩著,王澧华校点:《曾国藩诗文集·诗集》卷一《寄怀刘孟蓉》,上海:上海古籍出版社,2005年,第14~15页。

③ [清]吴敏树撰,张在兴校点:《吴敏树集·柈湖文录》卷八《翰林院侍读孙君墓表》,长沙:岳麓书社,2012年,第471页。

④ [清]梅曾亮著,彭国忠、胡晓明校点:《柏枧山房诗文集·文集》卷二《与孙芝房书》,上海:上海古籍出版社,2005年,第43页。

号超园老人,湖南平江人。道光二十三年(1843)举人,大挑选授黔阳教谕。咸丰中入曾国藩幕,参与镇压太平军,官至贵州布政使、云南按察使。初与曾国藩交厚,后因书生意气,贻误军机,连遭曾国藩弹劾,两人一度交恶。但曾国藩以李元度为自己患难之交,虽治军无效,犹不失为贤者,故李元度《国朝先正事略》成书,曾国藩特为之作序,赞誉有加。王先谦以为其文"足以润色庙堂,而不操史笔"①。刘声木则称李元度"笃好方苞、姚鼐文。其文隽快平近,不以僻字涩句自矜,指事措语,多寓磨世励钝之意。传状诸体词旨激越悲楚,能作义烈之气"②。

俞樾(1821—1907),字荫甫,号曲园,浙江德清人。道光三十年(1850)进士,改翰林院庶吉士。咸丰三年(1853),散馆授翰林院编修,咸丰五年(1855)简放为河南学政。咸丰七年(1857),以"试题割裂经义"之罪名遭劾罢官,后历主苏州紫阳、上海求志书院,而主持杭州诂经精舍三十余年,曾总办浙江书局。其门徒广众,对后世学术影响较大。俞樾自三十七岁罢职侨居苏州,即专意著述,著作宏富,故其座师曾国藩有"李少荃拼命做官,俞樾拼命著书"之论③。生平治学重在经、子、小学,所著《群经平议》《诸子平议》《古书疑义举例》为其文字训诂方面的代表作。论文主张抒发真情而又合乎古法,不满俚俗、奇涩之文。所作古文或考据,或论学,或叙事记人,有法度而不苟作,清真可诵,不乏传世佳作。

郭嵩焘(1818—1891),字伯琛,号筠仙,晚号玉池老人,学者称养知先生,湖南湘阴人。十八岁后先后就读湘阴仰高书院、长沙岳麓书院,与刘蓉、曾国藩订交,相互切靡道义,研求经史。道光十七

---

① [清]王先谦撰,梅季点校:《王先谦诗文集·虚受堂文集》卷九《诰授光禄大夫贵州布政使李公神道碑》,长沙:岳麓书社,2008年,第204页。

② 刘声木:《桐城文学渊源考》卷十一,合肥:黄山书社,1989年,第330页。

③ [清]俞樾著,方霈点校:《春在堂随笔》,南京:江苏古籍出版社,2000年,第9页。

年(1837)乡试中式第二十四名举人。三年后入京会试未中,曾国藩病,在京护侍。道光二十七年(1847)考中进士,列二甲第三十九名,与李鸿章、沈葆桢、冯桂芬同科。咸丰二年(1852),说服曾国藩办理湖南团练,襄助不遗余力。后以"通达时务,晓畅戎机,足备谋士之选"入值南书房。不久,随僧格林沁办理天津海防。同治元年(1862),诏授苏松粮储道,次年,奉旨兼督松浙盐务,不久,诏授两淮盐运使,擢升广东巡抚。同治三年(1864),因与两广总督毛鸿宾生隙,同受革职留任处分,萌生退意。同治五年(1866)归里家居,著述讲学,历时八载,其间修《湘阴县志》,又主持湖南省通志局,修《湖南通志》。同治十一年(1872),曾国藩卒,倡建思贤讲舍于长沙曾国藩祠旁,聚徒课学。光绪元年(1875),诏授福建按察使,不久诏命开缺,以侍郎候补,命为出使英国大臣,复兼驻法国大臣,成为近代中国首位驻外使臣。次年,启程赴英。在英期间,处理外交事宜,参观访问,留心西学。光绪五年(1879)卸任归里,主讲城南书院、思贤讲舍。光绪十七年(1891)逝世。

郭嵩焘为学,主经世致用,以为国兴利除弊为己任,著文探求立国之本及强国之法,对引进西方科技之利弊也有精到分析。郭嵩焘自幼喜爱文学,长于古文。虽守桐城义法,却不排斥骈文,骈散并尊,因时而变。他的古文,多政论文,思想宏通,层层深入,反复论证,极有见地,说服力颇强;记叙文简洁生动,历历如绘,让人如临其境,向往之至;其《使西纪程》《伦敦与巴黎日记》,打开了一扇通往西方的窗口,让古老而保守的中国感受到西方文明的气息,语言生动优美,情理并生,耐人寻味。

以上所述诸家,都是与曾国藩交谊笃深的文章能手,究其成就,尚不及"曾门四弟子"及特立独行的吴敏树,但他们在桐城派发展过程中的地位与作用,不容忽视。

(方宁胜　江小角)

第十一讲

"姚门四杰"与桐城派传播

在桐城派传衍的历史进程中,"姚门四杰"地位显要,他们不仅笃守师说,继承桐城派关于义理、考据、辞章三者相济的精髓,而且对桐城派的发展和传播都起到重要的作用。本讲在考述"姚门四杰"生平的基础上,对其如何参与桐城派的建设,光大桐城派的传统,传播桐城派的思想逐层解说。

一、"姚门四杰"的形成

自清代康熙朝起,方苞文章上接明代归有光,被称为文章正轨。后刘大櫆继之益振,待姚鼐出而为集大成者,称桐城派,天下无异辞。至嘉庆年间,桐城派已具有一定影响力。然而此时骈文经乾嘉朴学的影响及一众考据学家的推崇,发展正盛,桐城派依然被排挤于文坛边缘。以阮元为代表的众人以文笔之辨来抨击桐城派所扬之"古文","今人所作之古文,当名之为何?曰:'凡说经讲学皆经派也,传志记事皆史派也,立意为宗皆子派也,惟沉思翰藻乃可名之为文也。'非文者尚不可名为文,况名之曰'古文'乎"①。尽管姚鼐已对桐城派文论加以补充,提出了将"义理、考据、辞章"三者结合的为文

---

① [清]阮元撰,邓经元点校:《揅经室三集》卷二《书梁昭明太子文选序后》,北京:中华书局,1993年,第609页。

之法,从理论的角度反击了考据派等人,但需注意的是,此法在实际操作中具有很大的难度,故一时间未能扭转桐城派在文坛上的尴尬局面。加之其时桐城文论所传之域仍囿于桐城、上元两地,这些使姚鼐内心十分苦闷。"近日后辈才俊之士,讲考证者犹有人,而学古文者最少"①。"吾孤立于世,与今日所云汉学诸贤异趣"②。姚门众弟子亦对文坛风向有所察觉,梅曾亮在《姚姬传先生八十寿序》言:"先生世无旷僚,少有令誉。"③管同亦道:"及余受学桐城姚先生,先生之文出于刘学博,学博之文源于方侍郎,是三公者,吾党以为继太仆矣。而外人谓何其所好,或不然焉,外人言不足信。要之古文甚难,从事者希,故知其真者鲜耳。"④可见桐城派诸人内心的焦虑与无奈。

姚鼐在着力构建桐城派文统时,亦颇寄望于众弟子及后世公论,"大家自当力为其所当为者,书成以待天下后世之公论"⑤。"姚门四杰"的形成很大程度上便是姚鼐焦虑意识与深切寄望下有心促之的结果。对于"姚门四杰",学界历来有两种不同的解释。最早对此名号有文献记载的来自于姚莹《惜抱先生与管异之书跋》,所指为管同、梅曾亮、方东树、刘开四人。此外,曾国藩又提出姚门"高第弟子"一说,以姚莹代刘开。其后,世人以刘开早逝、姚莹文事武功皆卓著之故,多将曾国藩所提"高第弟子"称为"姚门四杰"。

刘开(1784－1824),字明东,一字方来,号孟涂,安徽桐城人。

---

① [清]姚鼐著,龚复初标点:《姚惜抱尺牍》,上海:上海新文化书社,1935年,第14页。
② [清]姚鼐著,龚复初标点:《姚惜抱尺牍》,上海:上海新文化书社,1935年,第81页。
③ [清]梅曾亮著,彭国忠、胡晓明校点:《柏枧山房诗文集》骈体文卷上《姚姬传先生八十寿序》,上海:上海古籍出版社,2005年,第393页。
④ [清]管同撰:《因寄轩文集·二集》卷一,清光绪五年乙卯(1879)重镌本,第2A页。
⑤ [清]姚鼐著,龚复初标点:《姚惜抱尺牍》,上海:上海新文化书社,1935年,第81页。

生半岁而父卒,家境贫寒,少补县学生,后屡试不第,一生奔走四方、游幕公卿。道光元年(1821),刘开应亳州邑令任寿世聘纂修《亳州志》,道光四年(1824),其突发急症卒于亳州志局,年四十一。著有《刘孟涂集》《孟涂先生遗集》《论语补注》《广列女传》。基于刘开早逝,对桐城派的传播与发展影响有限,加之姚莹高举经世思想对桐城派后期文风所造成的实际影响,故本文论述的"姚门四杰"仍为梅曾亮、管同、方东树、姚莹四人。他们通过自身的文学创作及交游、授书等方式不断扩大桐城派的影响,发扬师说,同时又从各自的理解出发,进一步阐释桐城派的创作理论,最终以梅曾亮为核心在道光中后期将桐城派逐渐推至极盛。

梅曾亮(1786—1856),原名曾荫,字伯言,又字葛君,号相月斋居士,江苏上元(今南京)人,原籍安徽宣城。著有《柏枧山房文集》《诗集》《文续集》《诗续集》《骈体文》,编《古文词略》二十四卷。其出身于书香世家,祖辈为清代著名数学家梅文鼎,其父梅冲为嘉庆五年(1800)举人,母侯芝亦有诗才,曾改订弹词《再生缘》。梅曾亮于道光二年(1822)中进士,此后入安徽巡抚邓廷桢与江苏巡抚陶澍之幕,于道光十四年(1834)任户部郎中,居京期间文名渐盛,治古文者多从其问法,俨然有引领文坛之势,桐城文法赖以不坠。

嘉庆八年(1803),梅曾亮在钟山书院初晤姚鼐,颇受赏识,"梅总宪有一曾孙,忘其名,才廿一岁,似异日皆当有成就者,亦视其后来功力何如耳"[1]。嘉庆十年(1805),梅曾亮结识了姚鼐另一得意门生即后来位居"姚门四杰"的管同,"夏,从惜抱先生游,惜抱遣往见管异之"[2]。

管同(1780—1831),字异之,江宁上元(今南京)人,道光五年(1825)举人,后入安徽巡抚邓廷桢幕。著有《因寄轩文集》。《清史

---

[1] [清]姚鼐著,龚复初标点:《姚惜抱尺牍》,上海:上海新文化书社,1935年,第56页。

[2] [清]梅曾亮著,彭国忠、胡晓明校点:《柏枧山房诗文集》附录一《梅郎中年谱》,上海:上海古籍出版社,2005年,第670页。

稿》称:"鼒门下著籍者众,惟同传法最早。"①

管同与梅曾亮乃是同乡,其长梅曾亮六岁,在上元颇有文名。梅曾亮的父亲梅冲曾拿自己的《离骚注》请管同指正②,可见其学问渊博。在姚门众多弟子中,管同乃是一名坚定的习古文者。梅曾亮起初不废骈文,二人就是否应弃骈文进行过一番激烈的争辩,"曾亮少好为骈体文,异之曰:'人有哀乐者,面也,今以玉冠之,虽美,失其面矣。此骈体之失也。'余曰:'诚有是。然《哀江南赋》《报杨遵彦书》,其意固不快耶?而贱之也?'异之曰:'彼其意固有限,使有孟、荀、庄周、司马迁之意,来如云兴,聚如车屯,则虽百徐、庾之词,不足以尽其一意。'余遂稍学为古文词"③。可见,在梅曾亮转而专注于古文创作的过程中,管同的劝导亦不可忽视。我们亦可看出,"姚门四杰"虽皆笃守师,然其各自的接受度又并非一致,他们在习文旨趣、创作理论上的互相讨论乃至争辩又使他们由最初的疏离最终达到彼此认同。因此,认同并笃守桐城派古文创作理论是"姚门四杰"得以形成的首要条件。

"姚门四杰"中,其时同在钟山书院学习的还有方东树。方东树(1772—1851),字植之,别号副墨子,又号仪卫老人,安徽桐城人。方东树幼承庭训,聪颖好学,自幼便对桐城古文之法歆慕不已,"自十一岁学为文时,先子承海峰先生暨惜翁倡古文词之学,仆耳而熟之,虽不能尽识,然亦与于此流矣"④,年纪稍长时拜姚鼐为师。方东树少有用世之志,但多次赴考失利,道光七年(1827)后便不再应试,

---

① 赵尔巽等撰:《清史稿》卷四百八十六《列传》二百七十三《文苑》三,北京:中华书局,1977年,第13426页。

② [清]管同撰:《因寄轩文集》卷六《与梅孝廉论〈离骚〉书》,清光绪五年乙卯(1879)重镌本,第8B页。

③ [清]梅曾亮著,彭国忠、胡晓明校点:《柏枧山房诗文集·文集》卷五《〈管异之文集〉书后》,上海:上海古籍出版社,2005年,第109页。

④ [清]方东树撰:《考盘集文录》,见顾廷龙主编:《续修四库全书·1497·集部·别集类》,上海:上海古籍出版社,2005年,第356页下。

一生无缘功名。其在四十岁后专注于研习义理,著《汉学商兑》以对抗汉学家诬诋程朱之风,文辞斐然,论锋敏锐,自此名声大震。其一生以授徒为主,客游四方,著有《仪卫轩文集》《昭昧詹言》《老子章义》等。

据吴孟复《梅郎中年谱》记载,嘉庆十五年(1810),梅曾亮、管同、方东树等姚门弟子皆在金陵,"与先生及植之时依惜抱讲论道艺,而学益淳厚,文愈高古,其得义法以此时为最"①。方东树亦十分欣赏梅、管二人的斐然文采,认为此二人乃姚鼐在钟山书院所授弟子中的翘楚,"嘉庆初,姚姬传先生主钟山书院,君与梅君伯言最受知"②。基于对桐城文统的认同和对彼此才学的欣赏,三人时常相约切磋诗艺、游历山水,十分自在得意。梅曾亮写下了许多诗歌记录这段生活,仅嘉庆十五年(1810),就作有《赠方植之》《呈管异之》及《秋怀五首》,诗中颇为感慨同门有志难伸、窘于生计的困境。嘉庆十六年(1811),又有诗《偕异之游东城》《避暑过管异之斋是日小雨未成同坐者朱干臣吏部马韦伯茂才侯振廷舅氏》《放歌行示植之异之韦伯彦勤弟》《立春日送植之酒》。据吴孟复《梅郎中年谱》记载,嘉庆十七年(1812)时,梅曾亮仍"与管异之等讲论"③。生活上的频繁往来、文学上的互相切磋讨论使他们的情谊与日俱增,相似的境遇更使他们能从内心深处互相理解、惺惺相惜,这些都是"姚门四杰"得以形成的情感基础。

"姚门四杰"中的另一位为姚莹。姚莹(1785—1853),字石甫,号明叔,晚号展和,安徽桐城人。姚莹于嘉庆十二年(1807)中举,次年为进士,后南游广东,嘉庆二十一年(1816)起,在福建、江苏任州

---

① [清]梅曾亮著,彭国忠、胡晓明校点:《柏枧山房诗文集》附录一《梅郎中年谱》,上海:上海古籍出版社,2005年,第671页。
② [清]方东树撰:《考盘集文录》,见顾廷龙主编:《续修四库全书·1497·集部·别集类》,上海:上海古籍出版社,2005年,第414页上。
③ [清]梅曾亮著,彭国忠、胡晓明校点:《柏枧山房诗文集》附录一《梅郎中年谱》,上海:上海古籍出版社,2005年,第671页。

县地方官。道光十八年(1838),为台湾兵备道,后因抗英被逮,贬官至四川,又罚入藏,道光二十八年(1848)归里。咸丰初年(1851),奉旨赴广西暂理军务,先后任广西、湖南按察使,参与镇压太平天国运动,不久病死于军中。著有《中复堂全集》。

从梅曾亮和姚莹的诗文集看来,二人的往来集中于梅曾亮任户部郎中后,多论治夷之策。管同、方东树结识姚莹早于梅曾亮,他们对姚莹的为人及才学都大加赞赏。方东树称:"石甫之学既见于治矣,石甫之治与文既见于当世,而又将揭之以示后世矣。"①管同亦道:"接其人,爽而直。读其书,辨博而驰骋。甚矣!桐城之多才也。然石甫殊不自足,而慊然求益于吾侪。"②姚莹出身于书香世家,与姚范、姚鼐同宗,其因高洁的人品、出众的学识在桐城当地颇具声望,常有一群文人依附其并与之讨论古文之法,包括方东树、刘开等桐城派重要人物,"昔者,吾党之盛也,在嘉庆九年以后。维时海帆、歌堂、岳卿年最长,植之、元伯、匡叔、竹吾差次,其年相若而吾兄事之者为六襄、聿原、子方、履周、阮林、明东、易卿;弟之者则子山也,后乃得鲁岑、小东、幼楷。此十数人者,皆以文章道义相切劘,吾所为左右采获以取益者也"③。故而,于桐城派得以在桐城当地迅速传播一事上,姚莹功不可没。

"姚门四杰"的结识缘于其师姚鼐的寄望,四人的相知、相惜又是基于对彼此才学的欣赏、性情的相投及人生际遇的叹惋,是面对文坛舆论压力及桐城派人自身焦虑下的团结一致,但四人能作为一个文学团体为文坛所承认、尊重,还是因其在姚鼐去世后,笃守师说,为光大桐城派所作出的种种努力与尝试。

---

① [清]方东树撰:《考盘集文录》,见顾廷龙主编:《续修四库全书·1497·集部·别集类》,上海:上海古籍出版社,2005年,第299页上。

② [清]管同撰:《因寄轩文集》卷五,清光绪五年乙卯(1879)重镌本,第6A页。

③ [清]姚莹:《中复堂全集》,见沈云龙主编:《近代中国史料丛刊续编》(第51~60册),台北:文海出版社,1974年,第90~91页。

二、阐发师说,光大本派

嘉庆二十年(1815),姚鼐去世,梅曾亮、管同、方东树、姚莹作为姚门弟子中的佼佼者,传衍师道责无旁贷。对内,他们互相援引,支持彼此的作品整理并结集出版,不断以赠序或互赠诗文的方式将彼此的关系进一步密切化,使文坛能够了解并认可"姚门四杰"的存在;对外,他们为桐城派文统正名,追根溯源,进一步发扬师说,以彰其道。

方东树本欲焚毁所作诗文,却在姚莹的极力苦劝下保留了部分作品,并加以整理、结集。"固知不足以登于作者之录。平生雅不欲存判,欲焚弃久矣。而友人毛生甫、姚石甫力谓吾不可弃之。及是戴生钧衡、从弟宗诚强为钞录,乃收罗散佚,辑为兹编"①。管同亦为方东树的文集作序,"同少时性喜为文,与海内文士往来,而桐城方君植之为之冠。其后同更忧患疾病。四十以来悟儒者当建树功德,而文士卑不足为,以语他人,怃然莫应也。植之独深然之。盖植之之学出于程朱,观其《辨道》一论,明正轨,辟歧途,其识力卓有过人者,宜其文之冠于吾辈也。予尝论之,道非猝至,而命不可妄求。成圣贤之名而后为立德,则立德也难矣,强吾心以从善可也;擅公卿之势而后为立功,则立功也又难矣,竭吾力以为善可也。植之之文庶几古立言者,且其学日进不已,他日立德立功非予所量,予特幸其所见之同也"②。方东树为让世人知人论世,公正评价姚莹作品,亦为其文集作序。"然而人之读其文者,或誉之,或轻之,未之奇也。吾尝闻其言,其轻之者,固未必为疵;乃其誉之者,亦不得为当。要之,皆未足为知石甫者。夫治有明效,当世且不能知其所由,况能即其文而推以知其气象之何似乎?知不知亦何足损益?余独耻读人之

---

① [清]方东树撰:《考盘集文录·自序》,见顾廷龙主编:《续修四库全书·1497·集部·别集类》,上海:上海古籍出版社,2005年,第221页下。
② [清]管同撰:《因寄轩文集·二集》卷四,清光绪五年乙卯(1879)重镌本,第7A~7B页。

文而不能识其心胸面目之真,使作者之心不著于天下,亦古今斯道文章所同憾也。故亟为著之,使读石甫之文者,有以考其迹焉"①。后方东树作《〈金刚经〉解义》,为免同门此举被世人诟病,姚莹作《方植之〈金刚经〉解义十种书后》,向世人一展方东树心中的苦闷,"何植之自绝于圣人之徒耶？嗟呼,人非有沉愤隐痛于中不得已于言者,曷为有此作哉？抑植之者,博大精深,无所不学,自吐其胸中所得,借佛以发其意,初无知我罪我之见耶？吾惧天下见其书者不得植之之意,而或远于孔子之言也,乃书其后"②。除书信往来外,姚门四杰还会互赠诗文,以寻一种诗意的心灵交流,"久别无可言者,辄钞近岁诗及杂文各一册,由鹰青家兄转致,阁下观之,可知其在蜀情事也"③。

对外,"姚门四杰"扩大桐城派影响的方式主要有三种:

首先是为本派文统正名,追根溯源,以证明桐城文法的合理性。方东树于清道光二十七年(1847)作《望溪先生年谱序》,"即以古文一道论之,能得古作者义法气脉,韩欧相传之统绪,在明推归太仆熙甫,昔人号称绝学,惟望溪克承继之。实能探得其微文大义不传之秘,以尊成大业。望溪而后则有刘学博海峰、姚刑部惜抱。学者宗之以比扬马韩欧,并称曰'方刘姚',翕然无异论。夫三先生皆各以其才学识自成一家,自有千古,盖非特一邑之士,而天下之士;亦非特天下之士,而实百世之师。以愚究论其实,若从其多分言之,则望

---

① [清]方东树撰:《考盘集文录》卷三《姚石甫文集序》,见顾廷龙主编:《续修四库全书·1497·集部·别集类》,上海:上海古籍出版社,2005年,第299页下。
② [清]姚莹:《中复堂全集》,见沈云龙主编:《近代中国史料丛刊续编》(第51~60册),台北:文海出版社,1974年,第876页。
③ [清]姚莹:《中复堂全集》,见沈云龙主编:《近代中国史料丛刊续编》(第51~60册),台北:文海出版社,1974年,第787~788页。

溪之学、海峰之才、惜抱之识,尤各臻其独胜焉"①。重申了远以韩愈、欧阳修、归有光为宗,后以为方、刘、姚为传承的桐城派文统。其还作有《书望溪先生集后》《书望溪先生外集后》,有意识地保存本派前辈的文集,并梳理传承关系。管同亦在道光二年(1822)所作的《国朝古文所见集序》中提出桐城派为文的渊源及正统性,"予幼闻人言古文辞之善,或并世而数人,或数十年而一人,或数百年而后有一人。自明归太仆有光死,而世无人焉。侯、魏与汪皆不得接乎文章之统,他何论哉?及予受学桐城姚先生,先生之文出于刘学博,学博之文源于方侍郎,是三公者吾党以为继太仆矣。而外人谓阿其所好,或不然焉。外人言不足论。要以见古文之难,从事者希,故知其真者,鲜耳"②。

其次是整理姚鼐的作品,通过壮大姚鼐文名,从而扩大桐城派的影响。在姚鼐去世后,一众弟子悉心整理并大力传播其师的作品集。"二十年七月微疾,九月一夕卒于院中,年八十五。门人共治其丧。生平所修《四库书》及《庐州府志》《江宁府志》《六安州志》。官书别刻外自著《九经说》十九卷、《三传补注》三卷、《老子章义》一卷、《庄子章义》十卷、《惜抱轩文集》十六卷、《文后集》十二卷、《诗集》十卷、《书录》四卷、《法帖题跋》一卷、《笔记》十卷、《古文辞类纂》四十八卷、《五七言今体诗钞》十六卷,门人为镂版行世。"③姚鼐所编《古文辞类纂》中对文章的取舍态度,就隐以桐城派的文论思想为依止。"姚门四杰"大力地宣传此选本,也正是借此以显本门古文创作之旨。道光元年(1821),梅曾亮作诗《康中丞刊姬传先生文词类纂成

---

① [清]方东树撰:《考盘集文录》卷四《望溪先生年谱序》,见顾廷龙主编:《续修四库全书·1497·集部·别集类》,上海:上海古籍出版社,2005年,第316页上。

② [清]管同撰:《因寄轩文集·二集》卷一,清光绪五年乙卯(1879)重镌本,第4A页。

③ [清]姚莹:《中复堂全集》,见沈云龙主编:《近代中国史料丛刊续编》(第51~60册),台北:文海出版社,1974年,第267页。

书此呈石士先生》,大力赞扬其师编书之苦心,"陋儒编书书成格,不使鹏虾同一泽。高才之士贪多多,杂进粱稻羞蒿莪。先生编此心独苦,康公传刻惠不磨"①。管同亦有《题康刻古文辞类纂》,"《古文辞类纂》七十四卷,兴县康抚军刻于粤东。道光三年(1823)其侄壻黄修存印以见赠,先师于是书随时订正,盖临终犹未卒业。是刻所据乃二十余年前本,其后增删改窜抑亦多矣。又其款式批点多校书者以意为之,不尽出先师手,予见稿本知如是"②。后重刻《古文辞类纂》,管同与梅曾亮二人皆参与校雠工作,管同还代为作序,详细论述重刻本的由来及与前本的差别,供后人识别,"先生晚年,启昌任为刊刻,请其本而录藏焉。未几,先生捐馆舍,启昌亦以家事卒卒未及为也。后数年,兴县康抚军刻诸粤东,其本遂流布海内。启昌得之,以校所录藏,其间乃不能无稍异。盖先生于是书应时更定,没而后已,康公所见犹是十余年前之本,故不同也……启昌于先生既不敢负已诺,又重惜康公用意之勤,而所见未备,遂取乡所录藏本,与同门管异之同、梅伯言曾亮、刘殊庭钦同事雠校,阅二年而书成。是本也,旧无方、刘之作,而别本有之。今依别本仍刻入者,先生命也。本旧有批抹圈点,近乎时艺,康公本已刻入,今悉去之,亦先生命也"③。

　　此皆可见梅曾亮、管同、方东树三人对此选本的重视。除《古文辞类纂》外,他们还集中整理了姚鼐的一些手稿及书信。道光四年(1824)八月,管同作《跋惜抱先生手札》。咸丰五年(1855),杨志堂将新城陈氏刊本的《姚姬传先生尺牍》重新校勘,已七十高龄的梅曾

---

① [清]梅曾亮著,彭国忠、胡晓明校点:《柏枧山房诗文集·文集》卷三《康中丞刊姬传先生文词类纂成书此呈石士先生》,上海:上海古籍出版社,2005年,第491页。
② [清]管同撰:《因寄轩文集·二集》卷二,清光绪五年乙卯(1879)重镌本,第6B页。
③ [清]管同撰:《因寄轩文集·二集》卷二,清光绪五年乙卯(1879)重镌本,第7A~8A页。

亮也参与了整理工作,并为《姚姬传先生尺牍》作序,他认为这些书信能够很好地供后人研习其师的文学思想,"盖先生所论学术,非独与流俗殊也,即称为学人者,亦未尝俯同之。故信而好者或鲜。然则侍郎固有过人之识,而能心知其意者哉!"①姚莹还整理了姚鼐晚年与管同的一些亲笔书信,并作《惜抱先生与管异之书跋》。

再次,在恰当的时机,"姚门四杰"在与其他人的往来书信中还会不遗余力地复述桐城派的传衍过程及主要文学主张,包括对桐城派渊源的追溯及桐城派具体创作方法的论述。方东树在《答人论文书》中称:"世之为文者不乏高才博学,率未能反复精诵以求喻夫古人之甘苦曲折。甘苦曲折之未喻,无惑乎其以轻心掉之而出之,恒易也。若夫有知文之失在易而出力以矫之,又往往词艰而意短。词艰意短者气必弱,骨必轻,精神气脉音响必不王。是则其词虽不易,而其出言之本领未深,犹之失于易而已。"②这是在反复强调方苞提出的通过诵读而得古人之气。无独有偶,管同在《与友人论文书》中也同样强调了"气"对于文章的重要性,"孟子所云以'直养而无害'是也。日蓄吾浩然之气,绝其卑靡,遏其鄙吝,使夫为体也常宏,而其为用也常毅。则一旦随其所发,而至大至刚之概,可以塞乎天地之间矣。如此则学问成,而其文亦随之以至矣。取道之原,《六经》其至极也。而论其从入之途,则《公羊》《国策》及贾谊、太史公皆深得乎阳刚之美者,诚熟复之,当必更有所进耳。虽然,是姑就足下所问诵法者言之,若论其至,则必如前之所陈者。舍刚大而言养气,不可以为养气也。舍养气而专言为文,不可以言为文也。惟所养有浅深,则所就有高下。要之必归于此,而后为得焉"③。

---

① [清]梅曾亮著,彭国忠、胡晓明校点:《柏枧山房诗文集》,上海:上海古籍出版社,2005年,第379页。
② [清]方东树撰:《考盘集文录》,见顾廷龙主编:《续修四库全书·1497·集部·别集类》,上海:上海古籍出版社,2005年,第353页下。
③ [清]管同撰:《因寄轩文集·初集》卷六,清光绪五年乙卯(1879)重镌本,第1B页。

值得我们注意的是,"姚门四杰"笃守师说,却并非机械式地照搬全抄,而是各有理解和阐发,进一步丰富了桐城文法的内涵。桐城派以宗尚古文而有别于其他文学流派,力图一挽当时以袁枚为尊的性灵派文人流于鄙俗的颓势。"国诸贤或遗神取貌,剿袭堪嗤,其戒斯途,遂以法古为耻。由是淫哇俚唱,竞出驰声,诗道极坏"①。但对于如何习古、如何界定古文的范围,桐城派内部很长一段时间都没有明确的定论。"姚门四杰"欲广桐城派为文思想,必须对于如何学古有一个具体的阐述。管同称学文必学古人,但重在得其神韵,"后人为文不能不师古,上者神合之,次者貌肖之,最下者贩其辞。故曰惟古文于文必己出。降而不能,乃剽贼"②。如此便巧妙地应对了当时文坛讽其复古的批驳,也更容易被接纳。姚莹则进一步阐释了何谓古人精神,"仆少即好为诗古文之学,非欲为身后名而已。以为文者所以载道,于以见天地之心,达万物之情,推明义理,羽翼六经,非虚也。世俗辞章之学既厌弃而不肯为,即为之亦不能工意。欲沉潜于六经之旨,反复于百家之说,悉心研索,务使古人精神奥妙无一毫不洞然于心,然后经营融贯,自成一家。纵笔为之,而非苟作矣。诗之为道亦然,三百篇而下无悖于兴观群怨之旨。而足以千古者,汉之苏李,魏之子建,晋之渊明,唐之李杜韩白,宋之欧苏黄陆止矣。此数子者,岂独其才力学问使然哉?亦其忠孝之性有以过乎人也。世之为诗者,不求其本,而惟字句格调是求,已浅矣。矧其并字句格调,无足观耶"③。桐城派的学古是要得古人之神韵,而非仅仅肖其形似,更不是亦步亦趋地模拟古人之作,如此便从根本上驳斥了外界对于桐城文法的种种质疑。

---

① [清]姚莹:《中复堂全集》,见沈云龙主编:《近代中国史料丛刊续编》(第51~60册),台北:文海出版社,1974年,第322页。
② [清]管同撰:《因寄轩文集·二集》卷一,清光绪五年乙卯(1879)重镌本,第6A页。
③ [清]姚莹:《中复堂全集》,见沈云龙主编:《近代中国史料丛刊续编》(第51~60册),台北:文海出版社,1974年,第357~359页。

三、推动桐城派由地方发展至全国

"姚门四杰"中,管同早逝。方东树穷老不遇,以游幕、授书为生,晚年专攻义理之学,以己之力著《汉学商兑》对抗汉学派,声名大震,丰富了桐城派在学术领域中的成果。姚莹致力于吏治,比其他桐城派人更加关注国计民生,虽谦称无力于文事上立名,然其在继承师说的基础上亦高倡"经济"之学,提出"义理、经济、文章、多闻"说,为桐城文风打入一股经世致用之力。"古之学者不徒读书,日用事物出入周旋之地皆所切究。其读书者,将以正其身心、济其伦品而已。身心之正明其体,伦品之济达其用。总之,要端有四,曰义理也,经济也,文章也,多闻也。四者明贯谓之通儒,其次则择一而执之,可以自立矣"①。

四人之中,独梅曾亮仕途稍顺且专注文事。在居京的近二十年里,梅曾亮因出众的文学创作及高洁的人品,得到了以朱琦为代表的一批京中文人的敬重,在京中形成了一个具有一定规模、以梅曾亮为中心的古文圈,桐城文法的传播不再局限于桐城、上元两地,开始逐渐由地方辐射至全国。

梅曾亮于道光十四年(1834)入赀为户部郎中,道光二十九年(1849)辞官归家,深居全国的文学中心共十八年,结识了大批的文士。梅曾亮在进京为官之前,曾自称为"自废于荒江穷巷之中而不为人所从信者"②,他自知即便自己饱读诗书,坚守师说,但由于自身影响力有限,还是无法获得大众的认同。对于将桐城派的文学思想推广开一事,梅曾亮常感心有余而力不足。道光十四年(1834),梅曾亮入赀为户部郎中,虽然品级不高,却是京官,赢得了一定的地理优势。京城文化首先具有一种很好的开放性及包容性,能够吸纳各

---

① [清]姚莹:《中复堂全集》,见沈云龙主编:《近代中国史料丛刊续编》(第51~60册),台北:文海出版社,1974年,第344页。
② [清]梅曾亮著,彭国忠、胡晓明校点:《柏枧山房诗文集·文集》卷十《游瓜步山记》,上海:上海古籍出版社,2005年,第236页。

种优秀的地方文化。带有明显地域特色的桐城派不易遭到强烈的排斥。反过来,京城文化对于地方文化有一种辐射性,在这里,梅曾亮可以迅速地提升自己的知名度,不至于自废于荒江穷巷之中。在京城宣南文化背景的渲染下,他很容易便能接触到来自各地的文人及官员,长此以往,对提高自身的学术造诣有很大的帮助。

在此期间,梅曾亮一直以文人自居,仕途的不顺恰巧为他专心研习古文提供了机遇。年岁愈增,其文名渐盛。在京城为官期间,梅曾亮参与过京中几次重要的文士聚集活动。这些活动的意义有别于一般的诗酒消遣之乐,发起者一般都是官员兼文人的双重身份,他们既有着文人的豪情与浪漫,又有着关注社会现实的情怀,他们于饮酒赋诗之外,更悉心寻找着在政治观点上的志同道合者。起初,一些参与者的目的或许只是为广结友朋,但却又在潜移默化中为那些组织者的情怀与志向所感染、折服。这些文士聚会不仅在无形中推广了梅曾亮的文名,为桐城派在京城得以迅速传播提供了可能;同时还吸纳了一些优秀的文人进入到桐城派的队伍中来,以后来湘乡派的领袖曾国藩和广西的朱琦、龙启瑞等最为代表。

道光十四年(1834)五月,梅曾亮受邀参与由徐宝善、黄爵滋组织的"江亭消夏"聚会。江亭即陶然亭。康熙三十四年(1695),工部郎中江藻在慈悲庵西部筑了一座小亭,取白居易诗句"更待菊黄家酿熟,与君一醉一陶然"中的"陶然"二字为亭命名,后人亦喜用建造者的姓氏来称呼,故又称"江亭"。此处风景宜人,"乐闲旷、避烦暑,惟江亭为宜"[①]。故颇受京中文人墨客的喜爱。道光十四年(1834)的这次聚会主要是文士间相邀行令饮酒,此后,梅曾亮亦常于此地会晤文友。魏泉在其著作《士林交游与风气变迁:19世纪宣南的文人群体研究》一书中,提到了以梅曾亮为中心的京师古文圈在陶然亭聚会的盛景:"'陶然亭'本是宣南士大夫踪迹最密的雅集地点,而

---

① [清]梅曾亮著,彭国忠、胡晓明校点:《柏枧山房诗文集·文集》卷十一《江亭消夏记》,上海:上海古籍出版社,2005年,第242页。

由道咸年间的两个关系密切的文人圈子——徐宝善、黄爵滋的'春禊圈子'和梅曾亮周围的古文圈子——所构成的'江亭雅集',不仅是当时的士林交游中一道耀眼的风景,也与'桐城派'这一清代最有影响的古文流派的流衍全国有着不解之缘。"①

道光十五年(1835)冬,邓廷桢自安徽入京觐见,授两广总督。梅曾亮及同乡在京为官者共二十人便前往南寓馆拜见,共同探讨声韵之学,有《宣南夜话图》。梅曾亮作有《宣南夜话图记》记录此事:"及暮,归宣武门南寓馆,与乡人述故老逸事,商论文史,辨训诂、音声,于三百五篇诗,刺取声韵双叠音,左右逢获,如取物筐箧中。人皆神开意新,日闻所不闻。"

道光十六年(1836)四月四日,梅曾亮参与了"江亭展禊"的活动。此次活动由鸿胪寺卿黄爵滋、叶绍本,翰林院编修徐宝善、黄琮,户部主事陈庆镛、户部员外郎汪喜孙六人组织,仿照东晋永和九年(353)王羲之、谢安等四十二人参与的"兰亭修禊"而办。六名组织者各自邀请七人,共计四十八人参加。陈庆镛作《丙申四月四日江亭展禊后序》。梅曾亮亦作有《江亭展禊序》。

道光十七年(1837),陈用光组织一批文人在苏公祠聚会,梅曾亮亦受邀前往。有诗《陈石士先生苏公祠雅集图》。此类祭祀的活动,着重在于被祭祀者对于拜祭者的精神感染。京中士大夫聚集起来为苏轼祝寿之习起自于翁方纲。其与门生主持的"为东坡寿"在京中士大夫圈中引领了为前代尤其是宋代先贤贺生日的风气,如清嘉庆二年(1797)六月二十一日曾燠支持的拜欧阳修、嘉庆六年(1801)六月十二日吴山尊支持的为黄庭坚庆生等,这些活动都成为京中士大夫雅集的一种形式,并一直延续到道咸年间。道光二十六年(1846)六月,梅曾亮与邵懿辰、吴嘉宾、张穆、朱琦、赵伯厚、曾国藩、冯志沂、龙启瑞、刘传莹十人聚集庆祝黄庭坚生日,有诗《六月十

---

① 魏泉:《士林交游与风气变迁:19世纪宣南的文人群体研究》,北京:北京大学出版社,2008年,第32页。

二山谷生日邵蕙西舍人招吴子叙编修张石舟大令朱伯韩侍御赵伯厚赞善曾涤生学士冯鲁川主政龙翰臣修撰刘蕉云学正及曾亮凡十人集于寓斋舍人有诗属和》。道光二十七年(1847),梅曾亮与邵懿辰、朱琦、曾国藩、周岷帆、龙启瑞、刘传莹、孙鼎臣八人庆祝欧阳修生日,有诗《六月二十一日欧公生日集邵位西寓斋朱伯韩曾涤生周岷帆龙翰臣刘蕉云孙芝房与曾亮凡八人以天下文章莫大乎是分韵得乎字芝房编修是日抚琴》。其中,为宋代先贤庆生聚会中的部分文人后期或从梅曾亮习古文,或共同探讨为文之法,以曾国藩、龙启瑞、邵懿辰、吴嘉宾最为著名。"京师治古文者,皆从梅氏问法。当是时,管同已前逝,曾亮最为大师"①。可见,这些文士聚会无形中推广了梅曾亮的文名,为桐城派在京城得以迅速传播提供了可能。

  道光十八年(1838),京中士人活动的主要组织者徐宝善去世,黄爵滋亦离京。友人接二连三离世对梅曾亮打击甚大。此后几年,梅曾亮皆未再参加如"江亭展禊"这样较大的文士聚会。小规模聚会中较值得一提的是道光二十年(1840)由孔宪彝、秦缃业组织的"尺五庄饯春",共计十三人参加。梅曾亮有诗《孔绣山秦澹如招饮于尺五庄会者十三人即事作》,"座中醉客兼醒客,总觉樽前是故乡"。在这次聚会上梅曾亮结识了朱琦,朱琦(1803—1861),字伯韩,临桂人。道光十五年(1835)进士,官至御史,与苏廷魁、陈庆镛一起并称为"谏垣三直"。其问古文法于梅曾亮,"迹虽友而心师之",是梅曾亮在京中领导的古文圈中十分重要的一员,亦是桐城派在广西的代表人物之一。很多文人又因朱琦的引荐而加入到梅曾亮的古文圈中,以冯志沂最为代表。

  同门姚莹深感梅曾亮发扬师道、光大桐城派的功绩,道光二十七年(1847)八月作《再与梅伯言书》:"入蜀后仅一致书,而相念之情则未尝一日去怀也。著作文章想更宏富。阁下蚤岁志在有为,既而

---

① 赵尔巽等撰:《清史稿》卷四百八十六《列传》二百七十三《文苑》三,北京:中华书局,1977年,第13426页。

专攻文章。惜翁后,异之往矣。今海内兹事,舍阁下其谁属耶? 然文之至者,固皆深明于天人事物之理,与夫古今学术、人才、政治是非得失之故,宏通精实,蓄之既深且久,然后提要钩玄无所不当,此古大家之文所以异于世俗浮浅之作也。异之之文精矣,而惜其未宏意者,其在阁下乎。虞伯生宋潜溪,虽未及古作者,犹能自著一代,况不甘为虞宋者哉? 莹于此事未能深用功力,固自愧其家学矣。"① 可见,从实际的影响来看,"姚门四杰"通过自身的文学成就及交游、授徒不断扩大桐城派的影响,最终又以梅曾亮为核心在道光中后期将桐城派推至极盛。

桐城派的影响从地方扩散至全国非一人之力所致,然而其中必先有振臂高呼者、呐喊助威者,再渐有响应附和者,方能成气候。"姚门四杰"四人际遇不同,气质有异,但他们在清代嘉庆、道光年间,皆以己之力发扬师说,适时从不同角度提出自己的文学主张,进一步完善了桐城派的创作理论;同时创作出丰富的文学作品,不乏名篇佳作。梅曾亮、管同以文名行于当时,引得一批学子争相附和;方东树潜心理学研究,显桐城派学派之名;姚莹学行合一,扬名战场,穷不失义,达不离道,丰富了桐城派于文派、学派标签以外的士人精神内涵。当我们看到"姚门四杰"面对文坛舆论压力下的焦虑,亦需赞其立于姚鼐传人、桐城派中坚力量的角色下为桐城派后期发展所作出的贡献、努力与尝试。

(方盛良 秦文)

---

① [清]姚莹:《中复堂全集》,见沈云龙主编:《近代中国史料丛刊续编》(第51~60册),台北:文海出版社,1974年,第786~787页。

第十二讲

"曾门四弟子"与近代文化转型

在桐城派作家中,有些人因为地域、师从等方面的特殊关系或类似特质而拥有一个共同的代称,比如"桐城三祖""姚门四杰""岭西五大家"等,而被誉为"桐城古文中兴大将"的曾国藩,位高权重,爱护人才,其幕府之中群英荟萃,其中张裕钊、吴汝纶、薛福成、黎庶昌以杰出的文学成就,擅名一时,并称"曾门四弟子",在中国近代文化转型中扮演了重要角色。四人之中,以年龄而论,张裕钊最长,文学造诣也较深;就影响来说,以吴汝纶最大,曾国藩对张、吴二人颇为器重,称其门下弟子,"古文可望成功者",唯此二人。薛福成、黎庶昌亦长于古文,又游历西洋多年,都是近代著名外交家,政声卓著,文名反被掩盖,他们的西游杂记,开拓了桐城派散文的新境界,堪称现代散文的先声。

一、以治文教学为事的张裕钊

张裕钊(1823—1894),字廉卿,号濂亭,湖北武昌人。出身于书香门第,自幼好读唐宋古文辞,探求历史等经世之学。道光三十六年(1846)中举,四年后以举人身份入京考授内阁中书。当时的主考官是曾国藩,读到张文,以为似曾巩文风,特地召见相询,多加勉励。居京供职年余,眼看朝政腐败,国势日衰,不愿与时俯仰,毅然离职南归。咸丰二年(1852),受湖北按察使江忠源之聘,主讲武昌勺庭书院。咸丰四年(1854),曾国藩闻张裕钊尚在家乡,即召入戎幕参办文案。咸丰九年(1859),应湖北巡抚胡林翼之聘,赴省城编辑《读史兵略》。咸丰十一年(1861)十一月,往安庆谒见曾国藩,留幕府专治文事。同治十年(1871)到金陵主讲凤池书院。光绪九年(1883),应李鸿章招聘赴保定,主讲莲池书院,前后历时六年。光绪十五年(1889)主讲武昌江汉、经心书院,次年转赴襄阳鹿门书院,一年后辞职。光绪二十年(1894)正月因偶感寒疾,逝于西安寓所。著有《濂亭文集》《濂亭遗诗》等。

张裕钊追随曾国藩二十年,古文颇得其真传。两人私谊之深厚,非一般幕僚可比。据曾国藩日记,仅咸丰九年(1859)八月二十二日至九月八日,短短半个月,曾国藩会见张裕钊就达八次之多。如:"旋送廉卿去。廉卿近日好学不倦,作古文亦极精进,余门徒中可望有成就者,端推此人。临别依依,余亦笃爱,不忍舍去。求为其祖作墓志,近日尝应之也。"① 可见曾国藩对张裕钊寄予了殷切的期望。他知道张裕钊生平淡于仕宦,独喜文事,专心致志,日后定成大器,因此军营中的事务都不让他做,也没有举荐其做官,而是在古文上对他勤加点拨,引领他在创作中弃柔弱而趋雄奇。曾国藩推崇"雄奇瑰玮"的文境,他认为张裕钊"为古文,笔力稍患其弱"②,期望他研习扬雄、韩愈之文,参以两汉古赋,以补柔弱之短。张裕钊听从他的教诲,悉心揣摩,文气很快由柔弱一变而为雄奇,曾国藩见之心喜,不住地夸奖,时而称张文"精进可畏",时而又说其文"日进无疆",时而喜其"学问又已大进"。张裕钊对桐城文章情有独钟,自称"自少时治文事,则笃嗜桐城方氏、姚氏之说,常诵习其文"③。师从

---

① [清]曾国藩:《曾国藩全集》第十六册《日记》,长沙:岳麓书社,1987年,第417~418页。
② [清]曾国藩:《曾国藩全集》第二十二册《书信》,长沙:岳麓书社,1994年,第934页。
③ [清]张裕钊著,王达敏校点:《张裕钊诗文集·濂亭文集》卷三《吴育泉先后暨马太宜人六十寿序》,上海:上海古籍出版社,2007年,第71页。

曾国藩后,看法有所改变,觉得"桐城实有不可磨灭之处,亦实有不满人意之处"。自云:"裕钊虽取途与文正各有所自,而区区微旨,欲取桐城之所长,而弃其所短,则颇与曾文正同。"①咸丰十一年(1861),湘军在安庆大捷后,左宗棠、李元度等一群谋士以联相贺,隐劝曾氏"反满复汉",曾国藩阅后不以为然,当张裕钊最后送来一联:"天子预开麟阁待,相公新破蔡州还。"得到曾国藩高度赞赏,命令传示诸将佐。有人认为:"麟"对"蔡"字不工整,曾国藩勃然大怒:你们只知道推我上皂壳树,以取功名、图富贵,而不读书求实学。用"麟"对"蔡"(多义字,其义一为大龟),还要如何工整?

张裕钊的古文,反映的社会生活面并不宽广,但因其讲究写作技艺,讲求章法义理,提倡"意""辞""气""法"的辩证统一,故而具有较高的艺术品位。其序跋、书信、赠答等议论之文,长于说理,大多写得言辞恳切,情深意长,具有较为浓郁的感情色彩和感人的表达效果。他的朋友、湖北随州人黄克家,道光举人,官至江苏候补知府,在仕途顺利、青云直上之际,却急流勇退,辞官归里,很多人都不理解。张裕钊应朋友之请写了《送黄蒙九序》一文,论述人的出处进退,阐述理想信念,批判现实流俗,行文则由古及今、古今对比地铺展开来,述论结合,突出黄克家特立独行的个性特点,显示了作者善于说理的能力,字里行间流露出对朋友的挚爱之情。其《送黎莼斋使英吉利序》观点鲜明,论理充分,条理清晰,层层相扣,情真意切。其记叙、纪游之文,长于写景,富于变化,能以点睛之笔,精练之文,含无尽的意蕴,其《北山独游记》《游狼山记》堪为代表。

从张裕钊文章的内容来看,在世界形势、中国危局以及救国方法等问题上,他的思想颇近于洋务派。他看到了由于西方挟其先进科技和武器,把势力扩张到世界各地,中国不可避免地被卷入其中,各种矛盾纠葛由此而生,中国人在看到许多新奇事物的同时,也不

---

① [清]张裕钊:《复蒯礼卿》(见李松荣《张裕钊书札辑补》),载《中山大学研究生学刊》(社会科学版),2008年第3期,第29页。

得不面临前所未有的困局和危机。应当说,张裕钊这种"世界观"和时局观是比较全面而深刻的。虽然与官场相对疏离,但张裕钊较早看出,中国要真正自强,还有许多困难,其中很重要的两点是中国人的故步自封和办事敷衍。他提出,要适应亘古未有、既大且剧的"世变",必须首先破除拘守,认真了解和学习西方国家的情况。他还批评虚应故事的表面文章,主张讲实质、求实效,称"天下之患,莫大乎任事者好为虚伪,而士大夫喜以智能名位相矜。自夷务兴,内自京师,外至沿海之地,纷纷藉藉,译语言文字,制火器,修轮舟,筑炮垒,历十有余年,糜帑金数千万。一旦有事,责其效,而茫如捕风,不实之祸,至于如此"①。他希望清政府在不改变封建专制制度的前提下,有步骤地进行一些政治上的改良,达到富国强兵的目的,这些在《送张謇之山东序》《送吴筱轩军门序》等文中都有较为真切的表达,显然与洋务派的政治思想倾向有些相近。

张裕钊是近代著名教育家,后世誉其"弟子三千,名士逾百",知名者有清末状元、近代实业家张謇,著名诗人范当世、朱铭盘,古文家马其昶、姚永朴、贺涛等,这些学生又都与"曾门四弟子"之一的吴汝纶有较为密切的关系,或为其挚友,或为其门生。张、吴二人互为知己,两人始晤于同治七年(1868),一见如故,惺惺相惜,张裕钊赞誉吴文"辨博英伟,气逸发不可衔控。裕钊深退避,以为不能及也"②。吴汝纶则称赞张文"多劲悍生炼,无恬俗之病,近今之能手也"③。两人常相往来,门下弟子也音问相通。吴汝纶任冀州知州时,力邀张门高第范当世主讲境内信都书院,而范氏其时正助乃师纂修《湖北通志》,张裕钊慨然允之,并鼓励范当世多向吴汝纶求教,锐意精进。随后吴汝纶复命门下翘楚贺涛、马其昶到莲池书院向张

---

① [清]张裕钊著,王达敏校点:《张裕钊诗文集·濂亭文集》卷二《送吴筱轩军门序》,上海:上海古籍出版社,2007年,第43页。
② [清]张裕钊著,王达敏校点:《张裕钊诗文集·濂亭文集》卷三《吴育泉先生暨马太宜人六十寿序》,上海:上海古籍出版社,2007年,第70~71页。
③ 郭立志:《桐城吴先生年谱》卷一,《雍睦堂丛书》本,第8页。

裕钊请益,张氏大喜,视为奇宝。

张裕钊又是中国近代最早接纳外国留学生的教育家。光绪十年(1884)十一月二十四日,日本著名汉学家冈千仞随同中国驻日参赞杨守敬,经北京来到张裕钊任教的莲池书院,向其请教文章事宜。张裕钊应冈千仞之请,为其所著《藏名山房文钞》作序,宾主之间进行了推心置腹的交谈。冈千仞认为应当顺应世界潮流,改革让学生埋头苦读的八股教育方法,造就国家急需人才,书院学生更应努力学习从西方翻译过来的书籍。这番话引起张裕钊的深思,坚定了其革新求变、培养通经致用人才的信念。光绪十三年(1887)五月十九日,日本汉学家宫岛诚一郎的儿子宫岛咏士因渴望师从张裕钊,毅然渡海来华,要求进入莲池书院读书,经李鸿章批准,于六月三日向张裕钊行拜师礼,宫岛咏士也成为近代中国第一位外国留学生。在此后的数年,他一直追随老师左右,须臾不离,张裕钊病逝时,其众多学生中也只有宫岛咏士一人在侧。张裕钊书法造诣精深,名重一时,宫岛咏士从之学书,所得尤多,回国之后,设立"咏归舍",后更名"善邻书院",亲任院长,以弘扬张氏书法为宗旨。其子宫岛贞亮、孙宫岛吉亮继任二、三代院长,先后多次来华,为推动中日文化交流,促进两国人民的友谊作出了贡献。

二、兼通新旧、详悉中外的吴汝纶

吴汝纶(1840—1903),字挚甫,安徽桐城人。出身贫寒,不废耕读。父亲吴元甲咸丰元年(1851)以诸生征举孝廉方正,生性淡泊,不乐仕进,曾国藩慕名有意聘其为家塾教师。吴汝纶自幼从父读书,因为家境贫寒,夜读时照明的松脂常不够用。他曾经偶尔得到一个鸡蛋,但舍不得吃,用它去换了松脂。同治二年(1863),吴汝纶和兄长吴汝经一同出应县试,名列第一,其兄列第二。府试时兄长名列第一,吴汝纶列第二,院试时吴汝纶又居第一。次年江南乡试,吴汝纶以第九名考中举人。同治四年(1865)参加会试,取进士第八名,"遂以内阁中书用"。曾国藩奇其文,爱其才,"劝令不必遽尔进京当差,明年可至余幕中专心读书,多作古文"。他在日记中说:"吴挚甫来久谈,吴,桐城人,本年进士,年仅26岁。而古文、经学、时文皆卓然不群,异材也。"①从此,吴汝纶留在曾国藩幕府充当文案,与其交往密切,得到曾国藩的关怀与教诲,曾氏"教以说经之法",有时达到"说话太多,舌端蹇滞"的地步。因赏识其才华,曾国藩特地向朝廷上书举荐:"兹查有内阁中书吴汝纶……该员始终追随左右,臣与之朝夕讨论察看。该员器识明敏,学问该洽,实有希古援俗之志。若使之莅事临民,必能渐除积习,造福一方,拟将该员改为直牧同知,留于直隶补用。"②同治十年(1871)经其奏荐,吴汝纶出任深州知州。后因父丧去官,相继入张树声、李鸿章幕。光绪五年(1879)九月,署理天津知府,光绪六年(1880)任冀州知州,"仍锐意兴学,深冀二州文教斐然冠畿辅"③。光绪十五年(1889)任保定莲池书院院长,光绪二十八年(1902)被聘为京师大学堂总教习,随即东渡日本考察学制,归国后创办桐城学堂,积劳成疾,遽然而逝。吴汝纶勤于著述,著作等身,总计达170余种,由黄山书社点校出版的《吴汝纶全集》,包括《文集》《诗集》《易说》《尚书故》《夏小正私笺》《尺牍》《日记》及《东游丛录》,吴汝纶一生学行大节,大略可见。

在"曾门四弟子"中,吴汝纶的科名比其他三人发达。他虽没有像薛福成、黎庶昌那样游历欧洲诸国,没有像张裕钊那样远离官场,以纯儒终其身,但他也曾赴日本考察教育,又当过多年的地方官,可谓兼跨政学、详悉中外。任直隶深州知州时,他以脚踏实地的作风,做实实在在的事情,得到当地老百姓的称颂。上任当年,直隶洪水泛滥,久雨成灾,境内几成泽国。为根治水患,吴汝纶指出治水必须

---

① [清]曾国藩:《曾国藩全集》第十七册《日记》,长沙:岳麓书社,1988年,第1197页。

② [清]曾国藩:《曾国藩全集》第十册《奏稿·请淮将吴汝纶留于直隶补用折》,长沙:岳麓书社,1993年,第6265页。

③ 蔡冠洛编著:《清代七百名人传·吴汝纶》,北京:中国书店,1984年,第1808页。

先自下游兴工,建议直隶总督李鸿章从身边的"异域材伎之士"中,选派"通习算法,熟于测量者"至各河下游查勘,逐段测量,用西洋治河之法,"随宜疏浚",方可根除水患。其时,直隶境内盗抢案件频发,省里制订了"联捕章程",要求各县州一有盗案发生,即刻分报四邻州县,遍传全省,协查缉拿。吴汝纶对此不以为然,他认为,直隶盗案多发,原因在于定例对未能如期破案的官员处分过重,许多州县官员为逃避处分,故意"讳盗不报",事后即使抓住盗贼,也因没有报案记录而无法依律治罪,往往从轻发落,以此盗风日炽。只有对破案的期限稍加宽展,使各州县官员能够根治辖区内的盗贼,"内盗既除,外盗自不能入,似不必多立条教也"①。尽管吴汝纶勤于政事,深得民心,但因为人正直,淡于仕途,虽与曾国藩、李鸿章关系密切,但他始终没有走后门请托,也没有接受二人的举荐,因此入仕二十年,一直未曾升官增级,品服如初。他的家境不富裕,一个人要负担二十多人口的衣食,但以清廉自守,从不搜刮民财。同治十三年(1874)四月,他的父亲病逝,丁忧去官,扶丧南归之时,写信给李鸿章,说:"所可告慰者,未肯朘削灾黎,以饱囊橐。全家数十口,绝无负郭之田;服官以后,未尝增置一金之产。此次南旋资斧,现尚一筹莫展,迢迢数千里,无计谋归。"②任知州两年,居然连回乡的路费都凑不起,其廉洁可知。吴汝纶无意通过仕宦之途显名于世,自信:"今人升官发财之术,吾尽知之",只是不愿学之而"改节事人"③。宝鋆是吴汝纶会试时的座师,官至军机大臣,武英殿大学士,两人虽有书信来往,但他闭口不提自己的处境,天津道吴毓兰曾经为他保加知府衔,吴汝纶当面辞谢了。吴毓兰说公文已经上报到直隶总督衙

---

① [清]吴汝纶著,施培毅、徐寿凯校点:《吴汝纶尺牍·上李相国》,合肥:黄山书社,1990年,第1～2页。
② [清]吴汝纶撰,施培毅、徐寿凯校点:《吴汝纶全集》第三册《上李相》,合肥:黄山书社,2002年,第610页。
③ [清]吴汝纶撰,施培毅、徐寿凯校点:《吴汝纶全集》第三册《与诒甫》,合肥:黄山书社,2002年,第641～642页。

门,吴汝纶便亲自跑到总督衙门找出公文,从中划去了自己的名字。薛福成与他同为曾门弟子,又是儿女亲家,但吴汝纶"于薛叔耘官贵之后,不通一书"①。以这样的关系,吴汝纶尚且不以其贵相趋,何况是他人呢?

吴汝纶出任地方官员以后,施治都"以教育为先,不惮贵势。籍深州诸村已废学田为豪民侵夺者千四百余亩,入书院资膏火,聚一州三县高材生亲教课之",以至于"民忘其吏,推为大师"。② 在冀州时,吴汝纶锐意兴学,发展书院,"招新城王树楠、武强贺涛、通州范当世为之师,且自教督之,一时得人号称极盛"③。正是因为心中有这样浓厚的教育情结,因此,光绪十四年(1888)冬,当主讲保定莲池书院的张裕钊要到武昌主持江汉书院,莲池讲席空缺时,吴汝纶主动辞去冀州知州之职,接任莲池书院山长,一时"上下惊叹,以为奇事,倾倒一城"④。

吴汝纶主持莲池书院长达十二年,成效卓著,名满天下。他倾心培养人才,致力教育改革,创办东文、西文学堂,设置日文、英文、欧美历史、政治宪法等课,选聘日师、西师任教。针对封建教育的腐败和新型人才的匮乏,他提出了废科举、兴学校、培养人才的主张。这一主张的提出,早于戊戌、维新,比康有为、梁启超改八股为策试的主张,更具有革命意义,不啻为我国传统知识分子中明确提出废除科举的第一人。对于如何处理中学与西学的关系,他提出了"熔中西于一冶"的办学方针,主张采用日本及欧美的方式,对教材进行

---

① [清]吴汝纶撰,施培毅、徐寿凯校点:《吴汝纶全集》第三册《答李季皋》,合肥:黄山书社,2002年,第128页。
② [清]马其昶著,毛伯舟点注:《桐城耆旧传》卷十一《吴挚甫先生传》,合肥:黄山书社,1990年,第444页。
③ [清]吴汝纶撰,施培毅、徐寿凯校点:《吴汝纶全集》第四册《吴挚甫先生传》,合肥:黄山书社,2002年,第1128页。
④ [清]吴汝纶撰,施培毅、徐寿凯校点:《吴汝纶全集》第三册《与诒甫》,合肥:黄山书社,2002年,第641页。

全面的改革,让学子们不用再皓首穷经,去学习无用的"帖括之学"等类知识,而应通知古今,涵茹学识,以图经世致用。他自己平时非常注意搜集西方译著,从中了解西方的科学技术和先进文化。光绪二十三年(1897),他为严复所译《天演论》作序时,已经认识到赫胥黎的进化理论对国人产生重大启蒙作用。在给严复的回信中指出:"天演之学,在中国为初凿鸿濛",并且表达了得阅此书,"虽刘先主之得荆州,不足为喻"的狂喜心情①。《天演论》出版后,吴汝纶想方设法为该书拓展销路,扩大影响。严复感佩不已,吴汝纶去世,他写下"平生风义兼师友,天下英雄唯使君"的挽联。

光绪二十七年(1901),李鸿章病逝,吴汝纶辞去莲池书院讲席,欲南归故里。适逢清廷酝酿恢复京师大学堂,任命张百熙为管学大臣,张氏力荐吴汝纶出任京师大学堂总教习一职。吴汝纶坚辞不受,张百熙求贤心切,竟着官服在其面前长跪不起,朝廷也批旨赏加五品卿衔充大学堂总教习。迫于无奈,吴汝纶只得应命,但提出"往日本一访学制",得到批准,遂于光绪二十八年(1902)六月二十日抵达日本,随后的四个多月,他以花甲之年,冒着酷暑马不停蹄地奔波于长崎、神户、大阪、京都、东京各地,鸡鸣而起,夜中始休,认真参观访问各类小学、女校、师范学校、大学堂和各类专业学校近四十所,对学校的学制、教材、课程设置、学校布局、师资、设备等,详加询问,细细考察。据其子吴闿生回忆:"尝独携一译人,往访该国宫中顾问田中不二麿,相距甚远,府君又不肯乘马车,独以人力车往,中途路滑,车子倾跌,府君伤鼻,血流如注,昏不知人,译人大惊,扶掖至近旁医院,用冷水疗洗,血止,即驱车至田中之宅,与谈辨详甚;又过教育家辻新次等数人,乃归;归后数日,伤处犹隐痛也。其勤事不顾身,大率如此。"②回国后,吴汝纶将东游调查访问材料整理成《东游

---

① [清]吴汝纶撰,施培毅、徐寿凯校点:《吴汝纶尺牍·答严幼陵》,合肥:黄山书社,1990年,第98页。

② [清]吴汝纶撰,施培毅、徐寿凯校点:《吴汝纶全集》第四册《先府君哀状》,合肥:黄山书社,2002年,第1155页。

丛录》四卷,约十二万字,在日本三省堂书店出版。又着手创办桐城县学堂,招收正取生六十名(实取五十二名)、附取生六十名(须自带伙食费),还把从日本带来的教习早川新次郎留下执教,并亲书匾额"勉成国器",以及楹联"后十百年人才奋兴胚胎于此,合东西国学问精粹陶冶而成"。至今这一校训仍激励桐城学子勤奋好学,努力成才。

吴汝纶是"曾门四弟子"中唯一的桐城人。他的文章能够宗法桐城、湘乡二派之长,同时又主张"有所变而后大""道贵正,而文者必以奇胜",以为"桐城诸老,气清体洁,海内所宗,独雄奇瑰玮之境尚少"[①]。因此,他的文章既得桐城派整饬雅洁之长,又不落桐城派末流之弊,既有宏通远识,又具雅洁气象,平质老练,意境淳厚,在曾门中独树一帜。

三、致力经世之学的薛福成

薛福成(1838—1894),字叔耘,号庸庵,江苏无锡人。他的父亲薛湘自幼饱读诗书,起初以教授蒙童养家,后来步入仕途,被擢升为广西浔州知府。薛福成自小受到良好的教育,"稍长,纵览经史,好为经世之学"。同治四年(1865),曾国藩奉命赴山东督师剿捻,沿途张榜招贤,行至江苏宝应时,正侨居于此的薛福成觉得这是建功立业的大好机会,连夜起草了一篇洋洋万言的《上曾侯相书》,以"门下晚学生"的身份,面呈曾国藩。这篇万言书阐述了他的"养人才、广垦田、兴屯政、治捻寇、澄吏治、厚民生、筹海防、挽时变"等八项主张,不仅文字典雅畅达,而且显示出超人一等的识见,让正在筹划洋务建设、力主"经世致用"的曾国藩眼前一亮,他兴奋地对左右说:"吾此行得一学人,他日当有造就。"当即决定留下薛福成充当幕僚,

---

[①] [清]吴汝纶著,施培毅、徐寿凯校点:《吴汝纶尺牍·与姚仲实》,合肥:黄山书社,1990年,第34页。

并对他说:"子文长于论事,年少加功,可冀成一家言。"①

此后七年,薛福成在曾幕主要从事草拟文稿的工作,在捐得同知衔后,被保为候补同知,在剿平西捻时又叙功为直隶州知州,并赏加知府衔,成为朝廷的五品官员。不仅仕途上顺利进步,薛福成在"兵事、饷事、吏事、文事"四方面也都齐头并进,更与曾国藩结下了深厚的师生情谊。曾国藩酷爱围棋,薛福成亦善弈,于是每天早上都要被叫去对弈。曾国藩公务余暇,常和幕僚们交谈国事,常命众人即兴发挥,当场成文,再相互品评,取长补短。就连吃饭也要等幕僚们到齐后才开席,饭毕围坐在一起,谈经论史,孜孜不倦,吃一顿饭无异于上了一堂课,薛福成置身其间,受到很大教益。

同治十一年(1872),曾国藩因处理天津教案时采取避战求和的方针,迭遭清流非议,愧疚交加,病故于南京两江总督衙署,薛福成也就此结束了自己的曾幕生涯。他在为曾国藩撰写的挽联中,表达了对恩师的尊崇与感激:"迈萧曹郭李范韩而上,大勋尤在荐贤,宏奖如公,怅望乾坤一洒泪;窥道德文章经济之全,私淑亦兼亲炙,迂疏似我,追随南北感知音。"

同治十三年(1874),朝廷下诏求言,号召内外大小臣工"各抒所见""据实直陈""竭诚抒悃,共济时艰"。正在山东济南探亲的薛福成从邸报上获此消息,连忙挥笔疾书,把自己深思熟虑的有关整顿内政、改革时弊的种种设想,整理成包括"养贤才""肃吏治""恤民隐""筹漕运""练军实""裕财用"在内的《治平六策》,同时,又草拟"择交宜审""储才宜豫""制器宜精""造船宜讲""商情宜恤""茶政宜理""开矿宜筹""水师宜练""铁甲船宜购"和"条约诸书宜颁发州县"等十条建议,名之为《海防密议十条》,一并构成《应诏陈言疏》,上呈山东巡抚丁宝桢,请其代为转呈朝廷,立即引起朝廷重视,分发

---

① [清]薛福成:《薛福成集·庸庵文外编》卷三《上曾侯相书》,见严云绶、施立业、江小角主编:《桐城派名家文集》第十册,合肥:安徽教育出版社,2014年,第351页。

中央各有关部门议复。诸如"择交宜审""储才宜豫";"联与国而练人才";汰减绿营、添设练军;停止捐例、津贴京员;蠲免米商厘税等建议,均为朝廷采纳,陆续施行。

薛福成这次应诏陈言,让他声名鹊起,李鸿章认为他是一位不可多得的洋务奇才,立刻礼聘其入参北洋戎幕,并以李鸿章主要文案的身份,建言献策,参与军机。在处理内政外交各重大事件中,薛福成都显示出杰出的政治才能。一是参与处理了"马嘉理案"和烟台谈判,提出了"以拒为迎"的主张,建议李鸿章对英国"先加驳斥",再因势利导,在保持不决裂的前提下和对方谈判,同时做好应战准备,防止英国扩大事端。虽然李鸿章在与英使的交涉中并未完全采纳他的意见,最终与英方签订了《烟台条约》,但薛福成"识微鉴远、洞中机宜"的远见卓识还是得到人们的高度评价。二是挫败赫德窃取中国海防大权的阴谋。光绪五年(1879),日本吞并了清朝藩属琉球王国,朝野上下对负责海军建设的李鸿章十分不满,时任海关总税务司的英国人赫德以帮助中国筹建海军为由,诱骗清政府委其为总海防司。薛福成识破了他的真正动机,建议李鸿章以退为进,以总海防司须"亲赴海滨、专司练兵"为由,让赫德先辞去总税务司一职,赫德不舍得总税务司的权益,只好主动放弃了总海防司的要求。薛福成此举不同凡响,有力地捍卫了国家的海防权。三是果断处理朝鲜内乱。光绪八年(1882),朝鲜发生壬午政变,日本借机准备大举进兵朝鲜。清廷尚在辗转协商发兵朝鲜事宜,薛福成为防止贻误战机,建议立即派遣驻扎附近的"超勇"等三艘北洋军舰东渡,迅速控制朝鲜仁川海口,而后再派陆军东渡,直逼朝鲜都城,乘日军未至,协调朝鲜尽快平定内乱。薛福成的建议被朝廷采纳,日本失去了发兵的借口,其通过侵朝进一步侵华的企图和野心暂时受到遏制。

光绪十年(1884),薛福成结束了长达二十年的幕僚生涯,出任浙江宁绍台道。其时,法国在侵入越南后,将侵略矛头指向中国,薛福成所任职的浙东是法国远东舰队进攻的重点,浙抚刘秉璋让薛福成全权负责筹划浙东防务。为防御法国海军向浙东重镇镇海发起进攻,薛福成吸取中法马尾海战失利的教训,充分利用金鸡山和招宝山隔岸对峙的有利地形,在镇海海口钉桩、沉船设障,口外遍设水雷,防止法舰入港登陆;同时加强岸防炮台火力,加强内部团结,严明作战纪律,严防军情外泄。次年初,法国海军头领孤拔率军舰向镇海发起进攻,但在薛福成的严密防守下,多次进攻均未得手。三月二十日夜,薛福成以重炮向海上法舰实施猛攻,击中法军旗舰,孤拔身受重伤,数月后不治身亡,法舰仓皇南逃,再也不敢侵犯浙东。薛福成因筹防有功,擢升布政使。

  光绪十四年(1888),薛福成被任命为湖南按察使,在赴部引见时,又被改派为出使英、法、意、德四国大臣,两年后成行。在四年任职驻外公使期间,他认真考察英、法等国的政治和经济,注意研究欧洲科学技术的发明和应用,同时开展了卓有成效的外交活动,显示了坚决维护民族利益的决心和不屈于列强压力的斗争精神,以及灵活的外交艺术。他十分关心海外华人权益,巧妙地援引国际公法,经过坚决的斗争,最终迫使英国政府同意中国向英国及其属地派驻领事,结束了海外华人遇事孤立无援的状况。为使华工回国后不受歧视,他建议清廷允许华工回国谋生置业,享有与国内民众一样的权利,同时呼吁朝廷革除海禁。光绪十七年(1891),为了防范英国在强占缅甸后又伺机侵略中国的图谋,薛福成主动向英国政府提出中英会同勘定中缅边界的问题,并为此做了充分的准备,迫使英国同意谈判。薛福成作为中国全权代表,在伦敦与英国政府展开了长达一年半的极其艰难的谈判,于光绪二十年(1894)初签订了《中英续议滇缅界务、商务条款》,收回部分被英国强占的领土,初步解决了中缅边界长期存在的领土争议,也为清朝驻外使节对外交涉树立了成功的典范。光绪十九年(1893)秋,薛福成奉命回国任都察院左副都御史,回国途中感染疾病,次年六月病逝,享年五十七岁。

  晚年的薛福成,身在异国,思念故乡,时有林下之思,曾寄对联示子:"情话悦亲朋,莫谈邑中狱讼钱粮事;交游择贤俊,愿识天下学问经济人。"他公务之余,勤于著述,著有《庸庵文编》《庸庵文续编》《筹洋刍议》《出使回国日记》等。他的古文,多记述晚清史事和社会民俗风情,"皆所谓经世要务"。出使欧洲后,见闻博洽,为文也逐渐摆脱了桐城义法的束缚,文字平易畅达,议论切中时弊,曲尽事理,引人入胜,尤以《巴黎油画记》为人称颂。

四、不尽守桐城义法的黎庶昌

黎庶昌(1837—1897),字莼斋,贵州遵义人。少年时代师事外兄郑珍及内兄莫友芝习经史,县试、府试屡获第一,但后来失意科场,两应北京应天府乡试都名落孙山,还由于经济困难,滞留京师,无法南归。在进退两难之际,同治元年(1862),朝廷下诏求言,诏书颁布一个多月,"中外大小臣工"怕上书惹祸,都缄口不言。黎庶昌审察情势,经过一番思想斗争,决心上书,借以抒发多年积愤,展示自己的才识和胆略。九月上旬,呈上洋洋数千言的《上皇帝书》,以"振士气、求贤才"为纲,分述诸种弊端,提出兴利除弊之策,洞察精微,指陈周密,有一种不可掩抑的豪气、正气,充满了撼人心魄、令人折服的力量。这封"万言书"呈递上去后,引起清朝最高统治者的关注,谕令其将所陈事项,条分缕析,详细具呈。黎庶昌忙伏案撰写了第二封"万言书",详细论列当革当行的具体措施,共有二十五款之多。这两道"上皇帝书",充分表现了黎庶昌敏锐的社会洞察力、精深的政治见解和经邦济世的才识。虽然朝廷对黎庶昌的上书,表面上摆出一副虚怀纳谏的样子,对其中一些"尚属可行"的措施,谕令有关方面"遵照办理",但议而未行者更多。为了表明延揽人才的"诚意",还是决定把唯一的"应诏进言"者特优擢拔,恩赏知县,发交曾国藩军营听用。

同治二年(1863),黎庶昌来到安庆府曾氏大营,起初,曾国藩并未注意到这位来自边远地区的年轻人,只是派他去稽查保甲。渐渐地有所了解,关系便深了一层,将其收归门下,授以古文法。当曾国藩得知黎庶昌老家园庐尽毁,便资助白银一百两,促其接生母吴太夫人来江南奉养。同治七年(1868)七月,曾国藩调任直隶总督,念及黎庶昌家贫亲老,留其在江南补缺。他苦等两年,终于盼来了补缺的机会,调署吴江县,旋改青浦知县。曾国藩去世后,他写下情真意切的祭文,并参与搜集编辑《曾文正公全集》,撰写《曾文正公年谱》十二卷,写了近万言的《曾太傅毅勇侯别传》,概述曾氏生平行略。同治十一年(1872)初冬,黎庶昌卸任赋闲家居,迫于饥寒,北上保定,谒见时任直隶总督的李鸿章以求事,碰壁而归。因两江总督李宗羲照顾,得了个淮阳堤工支应的差事,光绪元年(1875)调扬州管荷花地厘金局榷务,次年又调到通州任专门管理花布厘捐的榷务,不久因首任驻英公使郭嵩焘檄调,充三等参赞,开始了十多年的外交生涯。光绪四年(1878)四月初,郭嵩焘兼任驻法公使,调黎庶昌去法国巴黎任参赞,次年底出任驻西班牙二等参赞。光绪七年(1881)三月,清廷擢升黎庶昌为记名道员,赏给二品顶戴,派充出使日本钦差大臣。光绪十年(1884)任期届满回国,在家乡修复禹门寺,营建拙尊园,过了两年多乡居生活。光绪十三年(1887)十一月再度出任驻日公使,其间潜心治学,编选了《续古文辞类纂》,于光绪十七年(1891)任满回国,因此前奏请建乡先生祠一事受到降调三级任用的处分,黎庶昌不能像别的公使那样依级升迁,经李鸿章保请,总算保住了"二品顶戴"的头衔,被任命为四川川东兵备道道员,兼重庆海关监督。中日甲午战争爆发后,黎庶昌精神上受到极大创伤,终日不食,渐成心疾,神志恍惚,不能任事,于光绪二十一年(1895)回遵义老家,两年后病逝。

黎庶昌师法曾国藩,他的文论和文风都深受感染,并得到老师的充分肯定:"莼斋生长边隅,行文颇得坚强之气,锲而不舍,均可成一家之言。"①对其人品才干,曾国藩在向清廷举荐的奏折中亦有评

---

① [清]薛福成:《薛福成集·庸庵海外文编》卷四《拙尊园丛稿序》,见严云绶、施立业、江小角主编:《桐城派名家文集》第十册,合肥:安徽教育出版社,2014年,第643页。

价:"臣查黎庶昌自到营以来,先后六年,未尝去臣左右。北征以后,追随臣幕,与之朝夕晤对。察看该员笃学耐劳,内怀抗希先哲补救时艰之志,而外甚朴讷,不事矜饰。"①受曾国藩重视"经济"、倡导雄健文风的影响,黎庶昌的古文长于言事析理,关切政务民生,注重遣词,所写文章骨格峭折似王安石,风神逸宕像欧阳修。早年长于议论,后来驻留外国,对世界有较深切的了解,笔下多海外题材,所写古文超脱桐城义法的拘束,自由抒发。为文从容沉着,于清新雅健中流动着超逸的气象,尤其是他的白描手法,在近代文学中堪称凤毛麟角。他出使西方时所著《西洋杂志》,对欧洲政治、外交、经济、军事、文化、天文、地理以及欧陆生活场景有较为全面的介绍,一幅幅前所未有的外国景象,生动而形象地展现在国人面前。其纪游文字,清新澄碧,历历如绘,剪裁得法,错落有致,如《奉使伦敦记》《卜来敦记》《游盐源记》《日光山记》《夷牢亭图记》等无不如此。

黎庶昌在传承桐城薪火,巩固文学阵地方面的突出贡献,就是在光绪十五年(1889)编选二十八卷的《续古文辞类纂》,该书选文四百四十九篇,分上、中、下三编,上编经、子,中编史,都是姚鼐《古文辞类纂》所未录者;下编为方、刘以来之文,对咸同之际的各家选录尤多。它虽名为"续",却不是在时间上延续姚选未及的乾隆至咸丰年间的作品,而是在横向范围上,补充姚选所忽略或遗缺的作品,清代的占一半多,也算是"厚今薄古"了。他认为"桐城宗派之说,流俗相沿,已逾百岁。其弊至于浅弱不振,为有识者所讥"②。故其选文较为宽泛,旨在拓宽古文师法的范围,以纠正桐城派古文的流弊,为以曾国藩为核心的"湘乡派"古文作宣传。

黎庶昌是近代第一批接触西方文明的外交家之一,任内恪尽职守,在不损害国家利益的前提下,开展文化外交,主张以和为贵。他

---

① [清]曾国藩:《曾国藩全集》第十册《奏稿·黎庶昌请留江苏候补片》,长沙:岳麓书社,1993年。
② [清]黎庶昌:《拙尊园丛稿》卷二《续古文辞类纂序》,北京:中国文史出版社,2007年,第45页。

在深入了解各国情况、体察国际形势的基础上,提出与日本联盟,争取西欧、英、法等一两个大国支持,防备沙俄东侵的外交策略。在新疆问题上,他力主以武力抗俄,索还伊犁。光绪二年(1876),左宗棠出兵与入侵我国南疆的阿古柏作战,大获全胜,阿古柏自杀,南疆光复。黎庶昌坚决支持这场反侵略战争,他在柏林闻听捷音,兴奋地赋诗一首:"轻车度幕不惊尘,矫矫将军号绝伦。回准降幡齐入汉,图书旧版复收秦。雪消葱岭鸿难度,草长蒲梢马易驯。索地陈兵君莫让,乌孙西去付行人。"①在出驻日本的六年多时间里,黎庶昌与外交涉中,坚决维护国家尊严和华侨权益,在与日本外务卿井上馨谈判时毫不妥协。当日军打算偷袭朝鲜时,他力促发兵护朝,终于迫使日军撤退,"不战而屈人之兵"。同时,他注重以文会友,广交日本朝野文士,诗歌唱和,互跋文字,与藤野海南、宫岛诚一郎、三岛中洲等日本文士结下了深厚的友谊,更以自己正直诚恳的德操和渊博精深的学识,赢得了他们的尊敬。归国之日,送行者盈途塞巷,各国驻日使节无不啧啧称赞。

　　黎庶昌在日本期间,已是明治维新之后,西学兴起而汉学渐微,旧版秘籍不为书肆重视。先于黎庶昌入日本使署为随员的学者杨守敬,"日游市上,日报已毁坏者皆购之,不一年遂有三万余卷"。待黎庶昌出使日本,杨守敬为张裕钊所荐,留任随员,两人又共同搜求,收获更多,历尽辛苦,最终辑印出《古逸丛书》,共二十六种二百卷,其中不少为孤本、善本。黎庶昌为刻印这套丛书,"节三年薪俸万数千金,耗二年心力"筹集。不仅搜访之勤、寻求之难前所未见,而且刊刻之工、纸墨之良、印刷之精更是超乎前古,一时海内震动,洛阳纸贵。

　　黎庶昌治学以经世致用为宗旨,在史学、地理学、校勘学、民俗学等方面都取得了很高的成就,与他的老师郑珍、莫友芝鼎足而三,

---

① [清]黎庶昌著,喻岳衡、朱心远校点:《西洋杂志·郭少宗伯咨英国外部论喀什噶尔事》,长沙:湖南人民出版社,1981年,第29页。

号称"郑、莫、黎"。在未出国前,他是一个传统的士大夫,政治思想没有超越儒家思想的范畴。游历西洋后,逐渐消除了"夷狄"成见,以强烈的使命感和仰慕的心情对欧洲各国进行了全方位的考察,探寻其发达之由。在《西洋杂志》中,他赞誉西方国家国力的强盛、制造的精良,而且关注西方社会的文明、政治制度的优越,突破了洋务派"中学为体、西学为用"的藩篱,意识到要使中国富强,不仅要"变器",而且要"变法",改良政治制度,此实为维新变法之前奏。在驻日公使任上,他有感于日本明治维新之后国势强盛,遂于光绪十年(1884)写成《敬陈管见折》一道,呈奏朝廷,强调"穷则变,变则通,通则久",主张整饬内政、酌用西法,所提变法内容,涉及军事、政治、经济、外交诸方面,着眼于发展工商业,整顿财政、税收,以增强财力、充实军备、提升国力,这比洋务派单纯造洋枪、洋炮、洋船,练洋操新军的做法,自然高明得多,也切合当时实际。这种敏锐的眼光、超前的意识,在当时难能可贵,在今天仍令人钦佩。

中国近代社会处于古今更替、中西交会的大转折时期,这个时期的人文知识分子,承担文化的古今转换和民族性传承的双重使命,无论是认知系统、行为系统,还是情感系统,都呈现多重性、过渡性的特征。"曾门四弟子"都出身书香门第,均有功名,都曾入大吏幕府,或一度执掌州县、出使海外,或长期主持书院,潜心教育,他们是中国近代文化转型的推动者而非引领者,思想平和而不保守,行事务实而不乖张,言辞中正而不偏激,却也是走在时代前列的先进知识分子,理应得到人们的尊敬。

(方宁胜)

后记

  安徽大学一直重视桐城派研究,一些专家学者数十年如一日,潜心桐城派研究工作,并取得了丰硕成果。2006年,朱万曙教授出任文学院院长以后,更是极力推动桐城派研究工作,与桐城市合作,召开"桐城派与明清学术文化研讨会",成立"桐城派研究所",网罗桐城派研究人才,指导并参与拟定桐城派研究规划和各级课题申报,把安徽大学桐城派研究带入新境界。在安徽大学"211工程"三期建设中,学校将桐城派研究列入"徽学与地域文化"之中,给予大力支持,一批研究成果得以问世,桐城派研究在国内外的影响力不断提升。

  2013年,学校响应中共安徽省委、省政府文化强省号召,继续加强桐城派研究工作,成立"安徽大学桐城派研究中心",提供办公用房,购置办公设备,拨发科研经费,聘任研究专家,支持资料库建设和科研工作。许多校领导亲自过问桐城派研究工作,到桐城派研究中心考察指导,了解并听取中心工作汇报,帮助解决建设、研究中存在的困难和问题,对中心工作和取得的成绩,给予充分肯定。四年来,在学校文科处的直接指导下,在中心全体同仁的共同努力下,在各位兼职研究员和社会各界的关心支持下,我们在课题立项、成果出版、学科建设、服务社会等方面都取得了一定的成绩。一是获批国家社科项目五项(含兼职研究员)、省部级社科项目七项(含全国高校古委会项目）。二是出版了《桐城派名家文集》《张英全书》《张廷玉全集》《松泉集》《张廷玉年谱》《张英年谱》《桐旧集》等资料性图书，还有一批成果即将出版面世；整理出桐城派研究成果目录。三是在文典学院开设"桐城派十二讲"、在研究生中开设"桐城派研究专题"等课程，指导硕士生、博士生以桐城派相关内容作为论文选题，开展研究，促进了相关学科建设与发展。四是积极做好社会服务工作，中心和安庆市有关部门签订了长期合作协议，精心组织专家到安庆大讲堂，开展桐城派系列讲座；中心专家应邀到中国科技大学、安徽师范大学、安徽医科大学、安徽工业大学、安庆师范大学等高校开展桐城派学术讲座；积极参与省社科联举办的科普宣传活动和安徽人文讲坛讲座；积极参与全国信息资源共享工程安徽历史文化专题片录制工作。五是搞好学术交流。邀请国内外从事桐城派研究的名家到中心讲学，先后邀请中国社科院、安徽省社科院、江苏省社科院、南京大学、安徽师范大学、安庆师范大学和本校的专家学者来中心作学术报告；积极参加省内外有关桐城派研究的学术活动，还和相关院校、科研、出版机构开展交流与合作。

安徽大学桐城派研究中心的成立，给学界提供了一个汇聚力量、拓展研究、展示成果的平台，但作为中心本身来说，在做好研究的同时，要有高度的服务意识和普及责任。所谓服务就是要团结省内外、国内外研究桐城派的专家学者，凝心聚力，强化资料搜集与整理，做好选题规划与论证，为学术研究提供交流平台；同时，要运用科学的研究方法，利用新材料，全面审视桐城派研究，做到客观评价，以理服人，弘扬传统，启迪后昆。所谓普及就是要在科学研究的基础上，组织专家学者编写普及读本，面向广大读者，全面介绍桐城派相关知识，通过讲故事、讲人物、讲事件，融桐城派知识于故事之中，让更多的人了解桐城派、认识桐城派，让桐城派作家积极向上的人生追求、不断学习的进取精神、崇尚自然的生态理念、教书育人的道德风尚和心系国家安危、关心百姓生活的家国情怀，去激励人、感染人，让桐城派这一优秀传统文化在现代社会绽放异彩。

桐城派研究中心为了编撰好十二讲，多次开会讨论，确定前五讲为宏观纵论，阐述桐城派与清代学术、文化、社会的关系以及学术界的研究概况。其中江小角、方宁胜撰写第一、五讲，方盛良、秦文、代利萍编写第二、三讲，许曾会撰写第四讲。后七讲为个案研究，介绍桐城派名家的文论思想、主要成就与影响。其中盛险峰撰写第六讲，江小角撰写第七讲，江小角、朱杨撰写第八讲，潘务正撰写第九讲，方宁胜、江小角撰写第十讲，方盛良、秦文编写第十一讲，方宁胜撰写第十二讲。初稿提交后，我和盛良、险峰三人分头审读，除个别地方略作修改之外，尽量保留作者书稿原样。十二讲的撰写和出版，得到安徽大学文科处和出版社的大力支持，也得到安徽师范大学潘务正教授和桐城市文史专家方宁胜先生的支持，特别是桐城派研究著名学者周中明教授通读全书，提出宝贵意见，并为之作序，在此一并表示衷心感谢。

　　由于我们水平有限，书中难免存在不足之处，敬请方家不吝赐教。

江小角
2017 年 10 月 9 日
于问津楼